本书中文版是以下项目的阶段性研究成果：

国家自然科学基金面上项目"基于设计的工程学习作用机理及其学习有效性研究"(72074191)

浙江省自然科学基金"基于实践共同体的工程学习作用机理及其干预策略研究"（LZ22G030004）

教育部第二批新工科研究与实践项目"学习科学视域下我国新工科人才学习质量提升路径的探索与实践"（E-GCJYZL20200812）

工程教育经典译丛

# 塑造我们的世界

## 21世纪的工程教育

## Shaping Our World

### Engineering Education for
### the 21st Century

[美]格雷塔尔·特里格瓦森（Grétar Tryggvason）

[美]迪兰·阿佩利安（Diran Apelian）

主编

张　炜　陈　洁　徐沛鋆　谢彦洁

译

ZHEJIANG UNIVERSITY PRESS
浙江大学出版社
·杭州·

图书在版编目（CIP）数据

塑造我们的世界：21世纪的工程教育 ／（美）格雷塔尔·特里格瓦森，（美）迪兰·阿佩利安主编；张炜等译. — 杭州：浙江大学出版社，2023.5
书名原文：SHAPING OUR WORLD: ENGINEERING EDUCATION FOR THE 21ST CENTURY
ISBN 978-7-308-23419-1

Ⅰ. ①塑… Ⅱ. ①格… ②迪… ③张… Ⅲ. ①工科（教育）－教育研究－美国 Ⅳ. ①G649.712

中国国家版本馆CIP数据核字(2023)第037409号

浙江省版权局著作权合同登记图字：11-2023-159

**塑造我们的世界：21世纪的工程教育**
Shaping Our World: Engineering Education for the 21st Century

[美]格雷塔尔·特里格瓦森 [美]迪兰·阿佩利安 主编
张 炜 陈 洁 徐沛鏊 谢彦洁 译

| | |
|---|---|
| 策划编辑 | 吴伟伟 |
| 责任编辑 | 杨 茜 |
| 责任校对 | 许艺涛 |
| 封面设计 | 周 灵 |
| 出版发行 | 浙江大学出版社 |
| | （杭州市天目山路148号　邮政编码 310007） |
| | （网址：http://www.zjupress.com） |
| 排　版 | 杭州林智广告有限公司 |
| 印　刷 | 杭州钱江彩色印务有限公司 |
| 开　本 | 710mm×1000mm　1/16 |
| 印　张 | 20 |
| 字　数 | 316千 |
| 版 印 次 | 2023年5月第1版　2023年5月第1次印刷 |
| 书　号 | ISBN 978-7-308-23419-1 |
| 定　价 | 68.00元 |

# 译者序

始建于 1864 年的伍斯特理工学院（Worcester Polytechnic Instit... WPI），在建校之初就将培养学生的多维度能力和全球化视野作为办学使命，确立了"理论与实践相结合"的"双塔"教育理念。秉承办学传统，WPI 的教育方式和课程体系始终将理论知识与工程实践相联系，强调相关科学知识和工程原理的学习，同时要求学生利用所学的知识和技术参与实际的生产服务。20 世纪 60 年代，面对社会、技术的发展与挑战，WPI 在时任校长哈利·P. 斯托克（Harry P. Storke）的带领下，规划了一系列的重大教育改革，形成了史称"WPI 计划"（WPI Plan）的全新教育方式。1970 年，WPI 计划正式付诸实施，它标志着伍斯特理工学院正式开启了一场重大的教育改革，该计划成为美国高等教育有史以来最彻底的工程教育变革之一，历经百余年考验的"双塔"教育模式也在这场改革大潮中进行了重塑。

WPI 计划充分吸收了全校师生的想法和观点，颠覆了传统的课程安排、评分体系和学位要求，取而代之的是一种灵活的课程体系，它赋予了学生塑造自身教育经历的权利和自由，将学习的责任由教师转移到学生身上，它还将项目作为教育的重要工具，使学生通过整合性的项目式学习和跨学科的团队合作，吸收、保留和丰富自身的知识和技能，从而具备美国工程院提出的"2020 工程师"的各项特征。伍斯特理工学院的教育改革推动了美国工程与技术认证委员会对学校评估标准的修订、大力推广"以学生为中心"教育教学模式和全球化工程教育理念。本书于 2012 年正式出版发行，每章均由工程教育领域知名专家撰写，在美国高等工程教育界引起了广泛关注并获得了良好的学术声誉。美国国家工程院前院长查尔斯·维斯特强调指出，该书具有"回归未来"的本质特征，它为全球工程教育者提供了系统指导和经验启示。

# 译者序

　　始建于 1864 年的伍斯特理工学院（Worcester Polytechnic Institute, WPI），在建校之初就将培养学生的多维度能力和全球化视野作为办学使命，并确立了"理论与实践相结合"的"双塔"教育理念。秉承办学传统，WPI 的教育方式和课程体系始终将理论知识与工程实践相联系，强调相关科学知识和工程原理的学习，同时要求学生利用所学的知识和技术参与实际的生产服务。20 世纪 60 年代，面对社会、技术的发展与挑战，WPI 在时任校长哈利·P. 斯托克（Harry P. Storke）的带领下，规划了一系列的重大教育改革，形成了史称"WPI 计划"（WPI Plan）的全新教育方式。1970 年，WPI 计划正式付诸实施，它标志着伍斯特理工学院正式开启了一场重大的教育改革，该计划成为美国高等教育有史以来最彻底的工程教育变革之一，历经百余年考验的"双塔"教育模式也在这场改革大潮中进行了重塑。

　　WPI 计划充分吸收了全校师生的想法和观点，颠覆了传统的课程安排、评分体系和学位要求，取而代之的是一种灵活的课程体系，它赋予了学生塑造自身教育经历的权利和自由，将学习的责任由教师转移到学生身上，它还将项目作为教育的重要工具，使学生通过整合性的项目式学习和跨学科的团队合作，吸收、保留和丰富自身的知识和技能，从而具备美国工程院提出的"2020 工程师"的各项特征。伍斯特理工学院的教育改革推动了美国工程与技术认证委员会对学校评估标准的修订、大力推广"以学生为中心"教育教学模式和全球化工程教育理念。本书于 2012 年正式出版发行，每章均由工程教育领域知名专家撰写，在美国高等工程教育界引起了广泛关注并获得了良好的学术声誉。美国国家工程院前院长查尔斯·维斯特强调指出，该书具有"回归未来"的本质特征，它为全球工程教育者提供了系统指导和经验启示。

　　浙江大学中国科教战略研究院研究团队长期专注于全球工程教育改革实践与前沿进展。本书译者之一张炜教授恰好于 2011 年 7 月至 2012 年 1 月期间在伍斯特理工学院访学，曾经亲身体验学习了该校的三大系列资格项目，感受良多。本书中文版的发行，旨在向更多的中国工程教育专家学者、教学管理人员、一线工科教师和工程教育专业研究生传播面向真实需求的全球一流工程教育改革理念，提供工程教育改革的实践指南，以期加快构建新时代的中国特色高等工程教育体系。

　　本书中文版是团队通力协作形成的学术成果，全书由张炜教授、博士研究生陈洁统稿校译，博士研究生徐沛鋆同学负责第一至第四章的翻译工作，陈洁同学负责第五至第九章的翻译工作，谢彦洁同学负责第十至第十四章的翻译工作。衷心感谢各位同学的辛勤付出！

张　炜

2021 年 12 月 18 日于清雅苑

# 序　言

过去 20 年里，有大量的研究、报告和书籍都明确地指出了工程教育和工程课程体系中存在的缺失和不足。这些研究和报告反复提到，尽管过去几十年世界发生了巨变，但工程课程体系却几乎依然维持着它曾经的样子。然而此类研究目前大多数都集中于对工程教育的问题识别和总体需求的阐述，在如何培养 21 世纪工程师的具体建议上并没有给出明确的描述。

我们都是从其他学校来到伍斯特理工学院工作的。阿佩利安（Apelian）1990 年前任教于德雷克塞尔大学，特里格瓦森（Tryggvason）2000 年前就职于密歇根大学，我们都曾管理多支大型研究团队，并积累了大量学术成果。出于对工程教育的热忱，我们在过去的二三十年内参与了各种各样教育改革方案的制订。在 WPI，我们开发了一个符合各个研究项目所呼吁的教育计划，换句话说，在这个计划中，学生的学习成果能够涵盖"2020 工程师"所要求具备的特征。参加该计划的本科生将获得以下学习发展成果：

- 具备数学、科学和人文研究领域的基础知识。

- 掌握主要学习领域中的基本概念和方法。

- 了解和使用最新的技术工具。

- 能够有效地进行口头、书面和视觉交流。

- 有效胜任个体工作和团队工作。

- 能够通过持续性的专业调研工作，创造性地找到问题、分析问题和解决问题。

- 能够建立学科之间的联系，整合多种渠道的信息。

- 关注不同时空和文化背景下，人们的决策如何影响他人和被他人

1

影响。

- 关注个人、社会和职业的道德标准。
- 具备终身学习所需的技能、勤奋和追求卓越的决心。

当前，我们正面临着一个悖论，尽管工程界一直在呼吁工程教育要面向真实需求，但早在 20 世纪 70 年代，WPI 所建立的教育计划范式已经对这些工程教育需求做出了回应。这就是我们编写本书的初衷。我们决定整理资料并编写一份关于如何开展工程教育的"用户手册"，而不是去撰写关于工程教育需要什么、存在哪些问题的书籍。"塑造我们的世界：面向 21 世纪的工程教育"这一标题代表了我们的观点和信念，即我们要通过整体性教育，保证下一代成功的领导者和工程师的发展。这并不是一个新的提议，早在 1794 年法国大革命期间中央公共工程学院（现巴黎综合理工大学）建立时，数学家皮埃尔·西蒙·拉普拉斯（Pierre Simon Laplace）就指出，中央公共工程学院应旨在培养"致力于成为法国的国家精英并在国家层面担任高级职务"的年轻人。如今，WPI 遵循的发展逻辑印证着校名中的"理工"（Polytechnic）之名，这与世界上第一所理工学院创始者的理念有着相似之处。

本书分为三个不同的部分，包括（1）需求与背景；（2）卓有成效的工程教育实践；（3）成果与启示。本书前四章给出了工程教育的现实需求和研究背景；接下来的八章涵盖了包括本科生计划和研究生计划的一系列有效教育实践案例，特别要关注基于项目的学习方式，这种方式确保了前面提到的各项学习成果的顺利实现；最后两章论述了 WPI 40 年来的工程教育成就和对未来的展望。

我们很幸运也很荣幸能够集结一批杰出的作者共同参与本书的编写。除了亲爱的教师同事提供的贡献和帮助，我们要特别感谢 WPI 的校长丹尼斯·伯基（Dennis Berkey）给予我们的支持和鼓励。我们还要感谢埃克森美孚公司高级副总裁迈克尔·多兰（Michael Dolan）对"培养经济全球化背景下的工程师"一章所做的贡献、斯坦福国际研究院（SRI International）院长兼首席执行官柯蒂斯·卡尔森（Curt Carlson）博士在创新经济内容方面的贡献，以及德雷克塞尔大学（Drexel University）教授、罗伊兄弟大学教授（Roy Brothers University Professor）和电子与计算机工程教授埃利·弗洛姆（Eli Fromm）。本书最后一章"成就卓著：

未尽之事"由埃利·弗洛姆（Eli Fromm）负责撰写，他在工程技术教育领域做出了杰出贡献，并于 2002 年获得了由美国国家工程院颁发的伯纳德·戈登奖。本书的末尾附有每位作者的简介，我们由衷感谢这些杰出的撰稿人。

最后，我们要特别感谢 WPI 戈登图书馆的劳拉·汉兰（Laura Hanlan），她和她的同事琳恩·莱利（Lynne Riley）、乔安妮·贝勒（Joanne Beller）及罗宾·贝努瓦（Robin Benoit）协助我们完成了参考文献和引文的梳理工作；感谢迈克尔·多尔西（Michael Dorsey）在我们获取学校档案资料相关图片中提供的帮助；感谢威利·布莱克威尔出版公司（Wiley–Blackwell）的安妮塔·莱克瓦尼（Anita Lekhwani）所提供的持续支持和指导。最后，我们要向名誉院长威廉·格罗根（William Grogan）致敬，并向 20 世纪 70 年代的 WPI 教师先驱们致敬，正是他们不满足于当时的工程教育状态，对未来进行了大胆展望，最终让设想成为现实。

迪兰·阿佩利安（Diran Apelan）

格雷塔尔·特里格瓦森（Grétar Tryggvason）

# 前　言

　　这本书在很大程度上是一部伍斯特理工学院的回忆录。为什么会有人想读一所大学的回忆录？为什么这部回忆录的副标题是"21世纪的工程教育"？随着读者的深入阅读，答案将是显而易见的。这本书主要对已有40年历史的WPI工程教学计划（WPI Plan，简称"WPI计划"）进行了深度的观察和呈现，为未来的工程教育提供了非常明确的经验和指导。你可能会问：它讲的是一段历史吗？没错，但它是一段耐人寻味、能够带你"回归未来"的历史。因为在20世纪70年代，WPI已经开始走上一条21世纪初许多美国工程学院依然还在尝试定义、建设和探索的道路。

　　20世纪60年代末和70年代初是一个动荡不安的时代。当时美国人普遍对美国在越南的行动感到焦虑，对各种基本原则提出质疑，反对包括高等教育等在内的制度体系。在那些年里，一些院校推行了一系列未经考虑成熟的改革，简单地降低标准、抛弃对知识学科的尊重、无休止地割裂知识领域，还将政治意识形态引入了原本不属于它的课程领域，导致这些院校的发展出现了严重停滞甚至倒退的情况。与此相对的是，其他一些院校则基于认真反思和思想解放，制订并实施了大胆的行动计划，使学校取得了实质性的发展。WPI就是这类获得卓越发展的典型案例。它制订了一个基于本科工程教育的WPI计划，这项计划或许有些激进，但它具有难以否认的革新性。WPI计划具有项目导向，它使学生在早期就对工程师的实际工作进行了解，在实践中体验与真实世界的联结，强调学生的基础科学知识和工程技术能力的培养，并不断提醒学生，人类面临的大多数重大挑战都无法依靠工程师的一己之力解决。这些理念无疑都是具有前瞻性的。

　　回望21世纪的最初几年，工程教育工作者担心的问题是什么？他们的学生——未来的工程师将在什么样的环境中生活和工作？其实，他们担心的是如何让学生尽早理解工程专业和这些变革的相关性；他们担心的是当数以亿计的人受教育程度迅速提高、技术导向更趋显著、商业交易开始遍布全球的时候，人类如何应对全球化的现实和机遇；他们担心的是在这个将我们所有人都联系在一起的巨型网络中，如何对强大的计算能力和即时通信技术进行最大程度的利用；他们担心如何吸引更多聪明的、有创造力的学生，并让他们为未来做好准备，通过创新和创业来发展经济并带动就业；他们担心如何让工程专业的学生以最佳的形式沉浸于一个期待他们加入解决当代重大挑战的环境中，目标是要养活近 90 亿全球人口，提供清洁、廉价和可持续的能源，为人们尤其是那些最需要帮助的人提供医疗卫生保障，以及面对其他与人类不断增长的理解力、技术力量和地球发展息息相关的重大挑战。

本书"回归未来"的本质已经显而易见了。2011 年工程教育面临的问题和挑战，与 40 年前制订 WPI 计划的目标和本质是一致的。本书深入探讨了那些值得我们学习的经验启示。我们只需要看一下 WPI "重大问题研讨课"的主题就可以发现这种一致性，这些研讨课吸引了大一学生，由来自工程和其他领域的教授组成教学团队进行授课。这种由其他领域的师资参与授课的方式，对于解决复杂的技术社会问题十分必要。WPI "重大问题研讨课"的主题如下：

- 养活世界（Feed the World）
- 赋能世界（Power the World）
- 治愈世界（Heal the World）
- 重大挑战（Grand Challenges）

尽管这些主题直到 2007 年才被推出，但 WPI 计划中嵌入的教育形式为这类主题的推出及其适应变化的灵活性提供了可能。通过这些研讨课，我们可以在学生进入大学学习的早期，就向他们介绍工程师的工作及其重要性。此外，灵感、动机和赋能等元素都会被整合到大学一年级的教育中。

从一开始，WPI 的课程体系就包括三个系列的资格项目（Qualifying Projects）：

•跨学科（交互式）研究资格项目（Interactive Qualifying Project，IQP），学生必须完成一个"连接社会需求与科技发展"的跨学科研究项目，要求小规模的学生团队参与解决复杂的、广泛的和具有重要社会意义的问题，其中有许多项目是在其他国家进行的。

•专业研究资格项目（Major Qualifying Project，MQP），旨在评估学生在本专业的核心能力，本质上是一个基于团队的"毕业设计（顶点）"项目，要求学生开展独立设计和研究。

•人文艺术（充分性）项目（Sufficiency Project），旨在提高学生科学技术领域以外的能力，展示出学生对人文与艺术学科相关主题知识的掌握程度。

如今，WPI 已经建立了一个全球视野计划（GPP），学校允许 50% 的学生在另一个国家进行强化的、基于项目的体验式服务学习。不得不说这着实是一项令人钦佩和羡慕的成就。

在对 WPI 计划及其目标和它们与未来工程教育的相关性等进行简要介绍后，会引发一个根本性的疑问：这个计划有效吗？ 1970 年，有 33% 的 WPI 教师投票反对实施这个计划，因此这个问题无疑会一直萦绕在这些教师的脑海中。如今，教育者若想要完全或部分地采用这种以成果为基础、项目为中心的教育计划，也同样应该考虑这个问题。幸运的是，整个计划在实施过程中进行了大量的评估工作，本书就对这些评估结果进行了总结。

这本书的作者主要由包括 WPI 校长在内的教师组成，还有一些如斯坦福国际研究院首席执行官柯蒂斯·卡尔森（Curtis Carlson）等校外专家也参与其中，他们为本书带来了丰富的外部化和情景化视角。此外，工程教育观察家埃利·弗洛姆（Eli Fromm）也参与了其中一章的撰写。

在本书中，作者煞费苦心地将他们的工作、思想与大量有关工程教育目标和实施路径的学术文献联系起来。因此，本书也可以作为工程教育类专业文献阅读的一部指南。

虽然我认为这是一本大学的回忆录，但它更多展现的是一个尚未结束的开篇。WPI 的全体员工已经将 WPI 计划设计为一个不断适应和进化的系统，系统背后以扎实的哲学逻辑作为支撑——以项目为基础的实践学习，它意味着社会适用性，建立学生的责任感，启发和赋能学生使用技术技为社会做出贡献。

我很感谢编辑格雷塔尔·特里格瓦森（Gretar Tryggvason）和迪兰·阿佩利安（Diran Apelian）对这本书的编辑和出版，它为工程教育者提供了指导和经验启示。书中有很多东西值得学习，也有很多变革的灵感值得采撷。

查尔斯·M. 维斯特（Charles M. Vest）

美国国家工程院主席

# 目　录

## 第三篇　成果与启示

第一篇

# 需求与背景

## PART 1

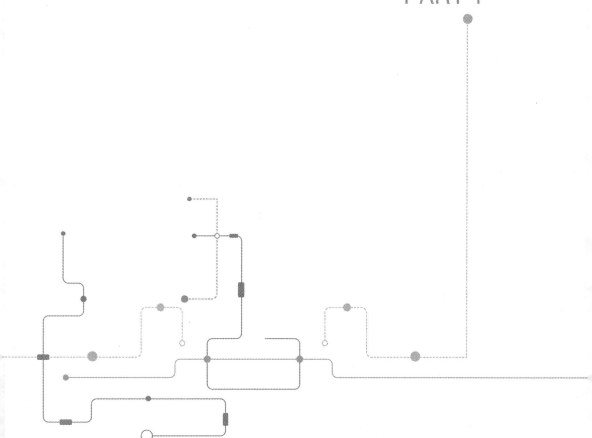

# 第一章　迎接新挑战：转型工程教育

格雷塔尔·特里格瓦森（Grétar Tryggvason）

迪兰·阿佩利安（Diran Apelian）

## 第一节　引　言

工程教育正在发生一场深刻的变革，其影响之深远，不亚于 19 世纪工程作为一种职业的诞生，以及 20 世纪中叶将科学知识作为工程学的知识基础。相互联系、充满竞争性和创业精神的全球经济引发了这场变革，它要求工程师必须具备一整套有别于以往的技术能力和专业技能，以取得职业的成功。技术和全球化的影响相互交织，一方面，技术使全球化成为可能；另一方面，全球化则以一种深刻且出人意料的方式影响着技术发展，具体表现在全球化促进了经济繁荣，开辟了新的、更大的市场，同时又与互联网的联通性相结合，为全球提供了更多受过教育的廉价劳动力。尽管我们无法预测这些变化会对发达国家和发展中国家的社会经济结构造成怎样的长期影响，但可以确定的是，这些懂得如何研发和生产具有竞争力的产品与服务的知识型人才必将与国家的繁荣密切相关。[1,2] 因此，培养具有创新创业精神的工程师对每个国家来说都至关重要。

伴随着法国中央公共工程学院（现巴黎综合理工大学）和英国各专业工程协会的建立，19 世纪初，工程师开始作为现代职业出现。现有的工程师教育创建于 20 世纪早期，但在具体内容上较最初已有很大不同。以美国工程教育为例，最近一次重大转变可以追溯至半个多世纪前，当时科学在教育计划中占据的地位得到了显著提升。[3] 尽管这的确推动了一些变化，但并未形成突破性的进展，当代的工程课程在基本结构和内容上仍与 20 世纪 60 年代的课程有很多相似之处。工程教育的新一轮改革时机已然滞后。众多的委员会、工作组、专家组均指出了工程教育改革的必要性，并强调能否培养大量具备良好创新能力

的工程师与未来国家的竞争力和人民生活水平密切相关。[4-8]

在过去的几十年里，世界发生了翻天覆地的根本性变化。计算机从根本上改变了我们的生活和工作方式，尤其是提升了我们处理信息和数据的能力。借用朗讯科技首任董事长兼首席执行官亨利·沙赫特（Henry B. Schacht）2001 年在 WPI 毕业典礼上的致辞，出于各种实用性目的，我们正在朝着一个可以**"无限提升处理信息的速度，存储无限量的数据，并实现数据即时传输"**的世界迈进。互联网的出现让知识具有"公共性"，即每个人都能够获得关于任何事物的任何信息，同样也使知识不再为专家们所"专有"，例如，高中生也可以像教授一样在维基百科上撰写文章。这种变革引发了许多行业的转型，同时也引发了有关信息和学术成果在著作权和所有权问题方面的讨论。此外，计算机让普通人也有能力制作那些以往需要拥有丰富资源的大公司才能完成的产品。目前，在数字媒体的许多领域，我们已经基本拥有了将想法转化为现实的能力。随着电脑运行速度的进一步提升和软件的升级，这种趋势将继续发展。很可能 20 年以后，一个高中生只需要花些时间用电脑创建一些虚拟角色，就能完成属于他的长篇动画电影，而这样的技术目前还仅由大型电影制片商所掌握。同样的转变还会发生在工程制造业中，只要能想到，就能够制造出来——尽管这可能需要更长的时间才能实现。现在，通过网络订购和邮件接收部件已经成为电子制造业的日常，客户仅需向制造商发送一份产品的电子描述，制造商便可以将产品制造出来并寄给客户。[9]虽然目前仍然是通过将制造工作外包给劳动力成本较低的国家来实现低成本制造，但未来廉价灵活的机器人技术将越来越重要。

将低技能要求的劳动密集型产业转移至劳动力成本较低的国家其实早已不是什么新鲜事，这种转移不仅在极大程度上让商品变得更加物美价廉，而且使附加服务的重要性逐渐超越了产品本身。然而，随着低收入国家教育水平的不断提升和交流技术的不断发展，世界各地都能更便捷、大量地获得受过教育的廉价人才，这一形势使离岸外包工作的性质逐渐发生改变。这种改变体现在技能正迅速成为一种可以从全球低成本供应商那里购买到的商品。换句话说，我们不必再亲自掌握技能，而是从他人处以更低的价格直接购买，这也使高素质劳动者能够不再被排除于外包工作之外。

20 世纪劳动机械化、交通运输业的发展，以及近年来的信息革命和经济全球化，给我们带来了前所未有的机遇和挑战。一方面，物质财富的高速增长使我们有史以来第一次有能力消除极端贫困[10,11]；但另一方面，同样是有史以来第一次，人类对材料和能源的消耗可能会对整个全球环境造成不可逆转的破坏。[12,13] 不可否认，是工程让我们得以发展到现有水平，相信它在未来世界的建设中仍将占据核心地位。基于此，工程必然是一项十分艰巨但令人振奋的重大任务。

## 第二节　什么是工程？

要讨论工程教育的未来，首先需要对"工程"进行定义。关于工程的定义，从不同角度可以有多种阐释，例如"工程就是工程师解决问题的过程"，"工程是一门应用科学"，"工程是利用科学和数学来解决技术问题"……这些定义就像是把哥伦布描述为一个水手，内容真实却又片面。为了更好地定义"工程"，我们最好将它与其他学科进行比较联系。在图1.1中，我们构造了一个多学科投射的平面图，平面图以物理世界和文化世界维度为纵轴，以学习与创造维度为横轴。显然自然科学研究物理世界，人文科学研究文化世界，工程学则位于右下象限（建筑学也是如此），紧邻自然科学（研究物理世界）和艺术学（创造文化世界），因此准确说来，工程可以被描述为致力于创造物理世界的学科。而法学和医学等一些与工程学有着很大差异的专业，则不适合采用这种方式进行定义。诚然，工程也可被定义为一门专业，但根据图1.1中的分类方式，它又与其他专业存在根本性的区别——工程在作为一门专业的同时，与自然科学、艺术学、人文科学类似，是具有明确知识基础的学科，关于这一点，我们可以通过考察工程学的起源及演化过程进行区分（详见参考文献[14]）。杜德施塔特（Duderstadt）[15]最近也强调有必要对工程学科与工程专业进行区分。

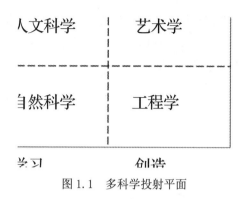

图 1.1　多科学投射平面

注：图中将不同学科被投射到一个以文化与物理、学习与创造所定义的平面上。其中，工程学是一门致力于创造物理世界的学科。

　　美国在很大程度上沿袭了法国和英国的工程教育模式。在法国，路易十五最初组建了土木工程兵团来负责监督桥梁、道路的设计和施工；1716 年，又建立了一所学校对学员进行专业培训；1747 年，历史上第一所工程学院——皇家路桥学校（现法国国立路桥学校）在法国巴黎成立，该学校的建立还推动了一批法国技术学校的建设，即如今的高等专业学院。1794 年，拿破仑创立了著名的巴黎综合理工大学（原中央公共工程学院）。法国人认为，工程师是一个崇高的职业，是未来政治家和领导人的摇篮，正如曾任巴黎综合理工大学改革委员会负责人的拉普拉斯（Laplace）先生所言，巴黎综合理工大学的目标就是培养那些"致力于成为法国的国家精英并在国家层面担任高级职务"的有为青年。这些高等专业学院的毕业生，多年来也确实通过在上层阶级担任重要职位证明了他们的强大实力。[16] 相较于法国，英国的工程教育发展道路则截然不同。英国上层阶级希望青年能够接受一种更为古典的教育，具备足够的能力在教堂和军队中任职。因此，在工业革命期间，政府并没有为高等技术学校提供有意义的资助。直到 20 世纪初，剑桥大学和牛津大学才设立了工程科学的教师岗位。因此，工业革命很大程度上是由个体的独创性和创业主动性所推动的，在这个时期，车间和工地的实践成为获取知识的主要途径，学徒制成为年轻人学习工程的主要形式。正如塞缪尔·弗洛曼（Samuel Florman）所描述的那样："在法国，工程师与职业荣誉感、社会尊重及最高层领导力相关联。而在英国，工程师只是一个从事苦力的职业，最初的英国海军是指从事运河建设工作的工人。"[17]

法国高等专业学院强调工程的理论基础学习，英国则强调实践思想，这两种工程教育文化都传播到了大西洋彼岸，影响了美国工程教育的发展。尽管我们可以认为，理论和实践的结合在 20 世纪美国工程领域的巨大成功中发挥了很大的作用，但近一个世纪以来，工程教育工作者始终在探索理论和实践之间理想的平衡点。

为适应社会需求的变化，工程教育经历了长期变革，并且为满足 21 世纪的新需求，这种变革必须持续下去。我们总结了工程教育领域的主要发展趋势，并将其划分为以下几个类型（更为细致的分类详见参考文献 [18]）。

19 世纪至 20 世纪上半叶：专业型工程师。随着工程师作为独立职业出现，早期的工程计划致力于为毕业生提供大量的实践训练，其间，科学和数学建模在工程计划中的作用逐渐增强，并不断被教育界所接受。

20 世纪下半叶：科学型工程师。20 世纪中叶，技术的复杂性要求工程师精通科学和数学，并要求工程课程体系适应需求的不断变化。尽管工程课程中"设计"部分的内容有缓慢增长，但 20 世纪中叶的课程结构在很大程度上依旧延续至今。20 世纪 90 年代初，仅仅依托科学知识的学习已无法满足工程师的培养需求，许多学校开始强调团队合作和沟通能力等非技术性专业技能的培养。

21 世纪：创新创业型工程师。如前文所述，世界正在经历的快速变化与 20 世纪 90 年代启动的工程教育变革相叠加，将会引发广泛的工程教育计划"再造运动"。几乎可以肯定的是，新教育计划的结构将继续以扎实的数学和科学知识为基础，同时可能会更强调工程师的职业角色，以达到满足于新时期发展所需的新资格要求。

这些变化都是在需求驱动下形成的，即新基础设施建设和机械化制造的暴发式增长，需要相应技能人才对相关项目进行设计和监督。同样，工程的"科学化"是对这样一种认识的回应：20 世纪，对物理现象的理解不足阻碍了新工程成就的取得。如果不了解空气动力学，就不能造出高速飞机；如果不了解原子物理学，就不能利用核能；如果不了解固态物理学，就无法制造集成电路等。工程师们在学习所需知识的过程中往往会面临许多挑战，他们不仅需要学习大量的内容，而且职业生涯中几十年的时间都将消耗在这些学习经历上。事实上，曾有一段时间，工程师们（尤其是高校的学者）太过于专注于所学的知识，以至于忘记了学习的目的，导致工程和科学之间的界限逐渐模糊。普通民众也开始对工程师和科学家的区别感到困惑，比如一名火箭科学家通常也是一名航天工程师。借用路易斯（Lewis）[14] 的话来说，工程和科学是一对"同床异梦"的组合。戈登（Gordon）也在他的观察中重申了同样的观点，他认为 STEM① 教育是将众多具有显著差异主题的内容杂糅在了一起。[19] 为了更好地对两者进行区分，这里我们引用冯·卡门（Von Karman）的名言，他认为科学家与工程师区别在于："科学家重在对事物的发现，工程师则创造出原本没有的东西。"图 1.1 对以上观点进行了说明。

## 第三节　21 世纪的工程师

工程专业的学生和老师正在努力适应这样一个世界，在这个世界里，所有的信息都可以即时获得，用于分析和制作新工件的工具也很充足。与此同时，技能逐渐成了可以通过购买获得的商品，常规工程服务也能够从世界各地的低成本供应商处进行采购，这种情形要求工程教育增加教授专业技能以外的价值，包括帮助学生提升创新能力和培养创业精神 [4-8]，这也反过来要求学生具备出众的沟通能力，并深刻了解他们的工作环境。基于此，我们建议 21 世纪创业型工程师的形象应该是 [20]：

**无所不知**的，即能够迅速找到所需信息，并懂得如何对信息进行评估和使用，换句话说，创业型工程师应具有将信息转化为知识的能力。

**无所不能**的，即了解工程基础知识，能够快速评估所需完成的工作，能够获得并熟练掌握所需工具。

**懂得协作**的，即具备在任何地方与他人进行有效合作所需的沟通技巧、团队技能及对全球问题和当前问题的理解。

**善于创新**的，即具有用于识别需求、提出新解决方案和投入实施的想象力、创业精神和管理能力。

尽管在培养上述素质方面，我们已经取得了一些成果，但仍任重道远。互

---

① 科学（science）、技术（technology）、工程（engineering）和数学（mathematics）的首字母缩写。

联网改变了我们的信息获取方式，这种改变不同于印刷书籍的出现，它更接近于发明文字的意义。只需轻点鼠标，我们就能瞬间获取海量信息，访问近几十年记载的所有信息（以及其他任何可以数字化的信息），尽管这些信息可能不是免费的，但这种收费模式也不会阻碍信息的获取。现在，我们可以用谷歌搜索任何概念，而且通常能在几秒内就获得大量信息，因此在某种程度上，只要我们知道如何提问，我们就已然"知晓一切"。随着搜索引擎的发展，提问可能会变得越来越容易，找到相关信息也会越来越便捷。即时获取信息所带来的变革性影响具有跨时代意义，它使我们"知道的远比掌握的多"，因为除了自身拥有的知识，我们还知道如何找到特定事物的相关信息。这就好比大多数人不是自己修理电脑，而是知道应该向谁请教，互联网的出现就是将这个联系网扩展覆盖到了几乎所有的信息。然而，当信息的获取变得轻而易举时，知识共享的实现使职业工程师对信息质量的判断变得至关重要。因此，如何培养未来工程师处理大量信息、判断信息相关性和质量的能力，是对工程教育提出的新的挑战。

过去，教授工科学生如何完成某些具体任务的内容占据了课程的很大比重。然而，伴随着几乎全能的工具的爆炸式增长，工程教育工作者必须重新思考应当采取何种方式帮助学生打好学科基础。计算机程序几乎可以做到任何事情，从简单的计算到对复杂系统的模拟，或是一个完整工件的设计，再到物理原型的创建，现代工程师能够完成更多超越前人想象的事情。然而，工具的发展不仅要求工程师了解其操作方式，而且需要他们首先懂得如何将具体工具与给定任务进行匹配，其次还要懂得如何对结果进行评估。事实上，当设计和分析能完全在计算机上完成时，常识的重要性将被放大（俗话说，"犯错的是人，但真要把事情搞砸，你还需要一台计算机"）。因此，在可预见的未来，尽管向工科学生教授物理世界的运作模式仍将是工程教育的核心内容，但也必须对工程科学基础知识的教授方式进行重新审视。

除了教育内容，教育方式也正在改变。如今，利用互联网，我们可以轻松获得海量学科教程、学科指南及众多完整的线上课程 [21,22]，并且这一趋势还将加速发展，教学材料也将日渐成熟。教育方式的变革目前正受到广泛关注。美国国家工程学院（National Academy of Engineering）已将"高级个性化学习"列为 21 世纪的重大工程挑战之一，即要求教学"需要根据个体的学习风格、学习速度和学习兴趣进行个性化调整"；克里斯坦森（Christensen）[23]围绕计算机学习对教育系统的重大影响进行了讨论；此外，许多研究人员正致力于开发和改进当前的教育系统。[24, 25]由于工程师需要了解许多知识、掌握许多操作，因此工程课程通常具有较高的内容密度，且大部分课堂时间都花在了信息传递上（如需要了解什么，以及应该如何计算答案）。相比之下，其他学科的教学重点则截然不同，例如人文学科的课程通常会花大量时间对材料进行反思和讨论。我们很认可"反思"在工程教学中的价值，许多教师也都尝试将更多的反思性内容融入他们的课程中。[26]然而在大多数情况下，过多的信息传递往往会挤占其他教学内容，幸运的是，计算机化和个性化学习可以帮助我们从大部分信息传递的工作中解脱出来。例如，学生通过与计算机程序进行交互，使计算机程序根据他的学习风格和速度提供持续的反馈，从而掌握学习进度，而不再需要老师对其学习进行监督和唠叨。此外，考虑到工科学生需要根据特定任务掌握特定知识，计算机会在学生掌握基础知识后，及时跟进安排进阶式学习。当大量（或至少部分）信息可以在课下获得时，教师就能在当面授课时专注于其他方面，如发展沟通技能、理解工程的社会背景和培养创新创业思维等。这时的教授变成学习环境的促进者和指导者，传统的讲座形式也不再是主要的教学方法。

美国在将沟通能力的培养融入工程课程方面取得了很大的进步。[26,27]如今，大多数工程计划都要求毕业生具备熟练的口头表达和书面沟通能力，并能够在不同团队中开展工作。相比大多数职业，工程师可能更需要进行准确而有效的沟通——我必须理解你表达的设计信息，反之亦然，因为参与交流的人都在努力参与完成整个设计。此外，由于正处于一个由高度层级化逐步向高度网络化转变的世界，沟通能力必将成为我们通向职业发展成功的关键。工程类院校最近开始强调沟通的重要性〔这在某些情况下是由于受到美国工程和技术鉴定委员会（ABET）的推动[27]〕，但必须提醒教育工作者的是，工程师需要沟通！沟通的价值不仅限于此，在经济全球化背景下，沟通能力具有更广泛的意义。工程师们不仅需要经常在不同国家制造产品，并向具有不同文化背景的人进行营销，而且需要与来自不同国家、具有不同文化背景的人以团队的形式共同参与产品制作，显然在这种互动过程中很有可能埋下产生巨大误会和冲突的种子。博士伦公司（Bausch and Lomb）首席执行官朗·扎雷拉（Ron Zarella）曾在 WPI

全球化研讨会的演讲中提到：

> 我们曾生产一种叫作 interplak 的产品。这种家用牙菌斑去除装置的机电设计在德国和日本完成，电池由日本供应，电机和充电器在中国制造，精密模压塑件在佐治亚州亚特兰大制造，刷头在俄亥俄州制造，最后在墨西哥完成组装。

工程院校不能再将培养年轻工程师具备适应全球化（或者"扁平化"[28]）世界的工作能力仅仅视为那些有时间和能力出国留学的人才能参加的课外活动，而要让它成为所有学生的"必修课"。现代社会要求每个学生从步入职场的那一刻起，就必须培养在全球范围内工作所需的态度和技能。

对于工程师来说，对人类行为的理解或许与对物理科学的理解同样重要，21世纪与人类行为相关的"发展阻碍"可能跟与物理定律相关的阻碍一样多。目前，我们已经掌握了（至少在理论上）可提供无限电力的技术解决方案；只用当前的技术，我们就可以控制（或大幅减少）温室气体的排放。可以预见，未来的问题将越来越多地从"我们能做什么"变成"我们想做什么"，而工程师则必须适应这种新的环境，除了要**学习物理世界的运作模式（这一点将一如既往地重要），21世纪的工程师还必须了解人类的行为方式**。事实上，早在物种起源时期，人类就一直试图解读自身行为。历史学家试图了解我们的行为，社会学家和经济学家试图预测我们的行为，营销人员试图影响我们的行为，政治家和宗教领袖则梦想控制我们的行为。在大多数情况下，简单的数学模型无法对行为进行解读，但在过去的几十年里，人类在解读自身行为方面取得了显著进步。在科学意义上，我们已经认识到，我们可能会非常不理性（这让经济学家感到沮丧）；会具有强烈的公平正义感，为了追求"正当性"，可能会变得残酷无情（参考斯坦福大学的实验）；会仓促地做出决定；会紧密地彼此依赖。这些理解的获得，得益于医学成像技术的进步——研究人员可以通过影像直接"看到"我们的想法，此外，还源于大量细致的行为研究。这种进步不仅表现在社会科学书籍的大量流行上[29-31]，还体现在政治领域对相关知识日益复杂的运用。[32]了解人类思考、决策和行为方式的重要性已经在产品设计中充分体现。例如，相较于赛格威（Segway）创造的技术奇迹，iPod 并没有实现技术突破，却依旧成了畅销产品。我们也明白了未能准确理解人的行为往往是造成灾难性事故的主要原因（飞机失事事件、切尔诺贝利核事故等）。因此，21 世纪工程师的核心工作是了解如何创建与人类行为协调一致的系统、结构和产品。社会科学之于 21 世纪工程师，正如物理学之于 20 世纪工程师！

## 第四节　未来发展与 WPI 教育计划

尽管我们很难预测未来各项工程教育计划的具体内容（且不同教育计划之间存在差异），但大致方向如下：

- 学生能力（"无所不知""无所不能"）的培养将越来越多地在课堂外进行，主要通过基于计算机的个性化学习。课堂上，教师们将致力于培养学生其他专业技能（如协作能力、创新能力）。

- 社会对创新创业精神的重视程度将进一步提高。所有工科学生都要了解工程创业在将技术推向社会，包括创办商业企业的过程中所发挥的作用。

- 有效合作的需求将变得更加紧迫。所有的工科学生尤其要培养参与全球化工作、与不同文化背景的人开展合作所需的经验和态度。

- 研究生教育将变得越来越重要。所有打算从事工程类职业的学生都需要获得专业硕士学位，而对那些将本科工程教育作为从事其他职业跳板的工科学生来说，只需要获得学士学位。博士学位可能与其他高级专业学位一起，变得更具专业化倾向。

- 工程教育的定制化需求将会持续增长，以适应新一代学生对学校不断满足其多样化职业规划的期望。[33] 学校将增设各学科选修课数量，并提供跨学科学位。

20 世纪 70 年代初推出 WPI 计划的基础立足于学校认为教育应当为学生提供的内容，包括提供学生可完成某些特定任务所需的技术能力，以及具备决定承接何种任务所需的专业成熟度。在 WPI 计划的最初版本中，学生可以自主选择以任何方式学习相关技术技能，但必须通过测试来证明自身的能力。然而实践证明，这种能力测试太过超前（不仅管理起来很烦琐，而且不受学生欢迎），很快它就让位给了更传统的分类必修课程。而 WPI 计划中关于专业成熟度部分的内容将重点放在项目工作上，并取得了绝对的成功。目前，WPI 通常要求学生在大三和大四时期完成两个专业项目。大四的项目是一个顶点体验性项目（毕业设计），要求学生展示出将所选学科中学习到的技能、方法和知识应用于问题解决方案的能力，这些问题都将是他们在职业生涯中会遇到的代表性问题。此外，在大三的项目中，学生们需要"解决一个介于技术和社会之间的交叉问题"，该项目大多是在位于发展中国家的全球项目中心完成的。据统计，WPI 目前有超过一半的学生至少完成过一个跨国项目。WPI 项目计划包括大三和大四的项目及全球视野计划（Global Perspectives Program），我们将在第六章、第八章和第十四章中对其进行更详细的讨论。

WPI 的各类项目体验侧重于培养学生的专业思维，为他们在创新创业的全球化世界中协同开展工作做好准备。虽然 WPI 目前仍然以一种相对传统的方式教授工程实践所需的技术能力，但随着允许学生进行课下技能学习和能力评估的"高级个性化学习系统"的出现，给学校重新审视 WPI 计划的最初理念带来了契机。

尽管 WPI 计划已有 40 年的历史，教师们仍然在不断进行教育创新。例如，全球视野计划就是后来引入 WPI 计划的。WPI 课程体系的设计相对灵活，这种灵活性对如何引入各类教育变化具有深远的影响，它还能有效激发教师的创新精神和实验精神。教师可以在主流的教育路径之外引入和检验新的教育思想，并逐渐将新思想融入课程体系的设置，在某种程度上类似于克里斯坦森的颠覆性创新理论。[23]WPI 近期的教育创新包括"重大问题研讨课"系列课程，该课程旨在向大一学生介绍基于项目的学习方式，并激发他们解决重要棘手问题的热情；此外，学校还推出了全美的第一个本科机器人工程课程计划。关于重大问题研讨课和机器人工程计划的情况，将分别在第五章和第十章中详细展开。

# 第五节　结　语

如果没有大量具备创新知识和技能的人群，社会将难以保持竞争力，我们也无法维持目前的生活水平。[1,2] 就像诺亚·韦伯斯特（Noah Webster）在美国诞生之初所言，只有在人民对经济和教育心存希望的情况下，民主才能取得成功，这两者是紧密相连的。为了培养能够应对未来挑战的工程师，我们必须认识到近几十年来世界所发生的深刻变化。一方面随着技能成为一种商品，未来的工程师不仅必须拥有完成技术任务的能力，还需要拥有改变人类生活方式的想象力、远见卓识、奉献精神和耐心，而不具备这些素质的人在过去还能以完成常规工程任务谋生，却难以在未来世界中立足。另一方面未来的年轻工程师必须是卓越的，他们将无法仅完成常年不变的例行工作就能够享受舒适高薪的生活待遇，而是需要负责提出并落实新的想法和解决方案。如今，创新被视为促成国家繁荣和个人成功的最重要因素之一。[1,2,7,8,34] 然而，这也使工程界面临更加严峻的挑战。这不仅要求工程师必须能够创新，而且必须能够将创新转化为现实。因此，未来的工程教育必须培养学生发现新机遇的能力，并为学生提供整合资源，进而将新想法变为现实所需的技能。基于此，我们认为工程教育亟须转型，这种转型必须包含对重点明确的课程体系的重构，以及对工程创造性方面的培养。

# 致 谢

本章的讨论大量借鉴了一篇最初发表于 *JOM*[20] 上的文章。

# 参考文献

1. J. Mokyr, The Lever of Riches: Technological Creativity and Economic Progress. New York: Oxford University Press, 1990.

2. D.S. Landes, The Wealth and Poverty of Nations, Why Some Are So Rich and Some So Poor. New York, NY: W.W. Norton & Company, 1998.

3. L.E. Grinter, "Report of the Committee on Evaluation of Engineering Education." Journal of Engineering Education, pp. 25–60, Sept. 1955. Reprinted in Journal of Engineering Education, pp. 74–95, June 2009. Available: http:// www.asee.org/resources/beyond/grinter.cfm.

4. Committee on Prospering in the Global Economy of the 21st Century (U.S.), Rising Above the Gathering Storm: Energizing and Employing America for a Brighter Economic Future. Washington, DC: National Academies Press, 2007. Available: http://www.nap.edu/books/0309100399/html/index.html.

5. Tapping America's Potential. The Education for Innovation Initiative. Washington, DC: Business Roundtable, 2005. Available: http://www.businessroundtable. org/pdf/20050803001TAPfinalnb.pdf.

6. National Science Foundation. The Engineering Workforce: Current State, Issues, and Recommendations. Final Report to the Assistant Director of Engineering, 2005. Available: www.nsf.gov/attachments/104206/public/Final_Workforce.doc.

7. The Engineer of 2020: Visions of Engineering in the New Century. Washington, DC: National Academies Press, 2004. Available: http://www.nap.edu/catalog/ 10999.html.

8. Educating the Engineer of 2020: Adapting Engineering Education to the New Century. Washington, DC: National Academies Press, 2004.

9. See, for example, eMachineShop.com. "eMachineShop.com: Machine Custom Parts Online." 2010. Available: http://www.emachineshop.com.

10. J. Sachs, The End of Poverty: Economic Possibilities for Our Time, New York: Penguin, 2005.

11. M. Yunus, A World Without Poverty: Social Business and the Future of Capitalism, New York: Public Affairs, 2007.

12. Gore, An Inconvenient Truth: The Planetary Emergency of Global Warming and What We Can Do About It. New York: Rodale Press, 2006.

13. L.R. Brown, Plan B 2.0: Rescuing a Planet Under Stress and a Civilization in Trouble. New York: Norton, 2006.

14. E.E. Lewis, Masterworks of Technology: The Story of Creative Engineering, Architecture and Design. Amherst, NY: Prometheus, 2004.

15. J.J. Duderstadt, Engineering for a Changing World. A Roadmap to the Future of Engineering Practice, Research, and Education. Ann Arbor, MI: The Millennium Project, University of Michigan, 2008.Available:http://milproj.dc.umich.edu/pdfs/2009/Engineering%20for%20a%20 Changing%20World.pdf.

16. D. Apelian, "Re-engineering of Engineering Education—Paradigms and Paradoxes." Alpha Sigma Mu invited lecture, presented at the ASM Fall meeting, Pittsburgh, PA, October 18, 1993; Advanced Materials & Processes, vol. 145, no. 6, pp. 110–114, June 1994.

17. S.C. Florman, The Existential Pleasures of Engineering. New York: St. Martin's Press, 1996.

18. L.E. Grayson, The Making of an Engineer: An Illustrated History of Engineering Education in the United States and Canada. New York: Wiley, 1993.

19. B.M. Gordon, "Engineering Education Must Get Real," New England Journal of Higher Education, pp. 28–29, Summer 2007.

20. G. Tryggvason and D. Apelian, "Re-engineering Engineering Education for the Challenges of the 21st Century." Commentary in JOM: The Member Journal of TMS, October 2006. Reprinted in IEEE Engineering Management Review, vol. 37, pp. 38–43, 2009. Also translated into Chinese (China University Teaching, vol. 12, pp. 84–86, 2008).

21. See, for example, Apple, Inc. "Mac Basic Tutorials: Find Out How." 2010. Available: http:// www.apple.com/findouthow/mac/.

22. The Mathworks website has several tutorials and interactive sessions. See, for example, Mathworks, Inc. "MATLAB Tutorial." 2010. Available: http://www. mathworks.com/academia/

student_center/tutorials/launchpad.html.

23. C.M. Christensen, The Innovator's Dilemma: When New Technologies Cause Great Firms to Fail. Boston, MA: Harvard Business School Press, 1997.

24. See, for example, JEDM—Journal of Educational Data Mining. Available: http://www. educationaldatamining.org/JEDM/.

25. See, for example, Journal of Computer Assisted Learning. Available: http://jcal.info/.

26. P.C. Wankat and F.S. Oreovicz, Teaching Engineering. New York: Knovel, 1993. Available: http://www.knovel.com/web/portal/basic_search/ display?_EXT_KNOVEL_DISPLAY_ bookid=1287.

27. ABET Board of Directors, "Criteria for Accrediting Engineering Programs."2008. Available: http://www.abet.org/Linked%20Documents-UPDATE/Criteria%20and%20PP/E001%20 09-10%20EAC%20Criteria%2012-01-08.pdf.

28. T.L. Friedman, The World Is Flat: A Brief History of the Twenty-First Century. New York: Farrar, Straus and Giroux, 2005.

29. R.H. Thaler and C.R. Sunstein, Nudge: Improving Decisions About Health, Wealth, and Happiness. New Haven, CT: Yale University Press, 2008.

30. D. Ariely, Predictably Irrational: The Hidden Forces that Shape Our Decisions. New York: Harper Collins, 2008.

31. J. Lehrer, How We Decide. New York: Houghton Mifflin Co, 2009.

32. M. Grunwald, "How Obama is Using the Science of Change." Time Magazine, vol. 173, no. 14, pp. 28–32, April 23, 2009.

33. N. Howe, W. Strauss, and R.J. Matson, Millennials Rising: The Next Great Generation. New York: Vintage, 2000.

34. C.R. Carlson and W.W. Wilmot, Innovation: The Five Disciplines for Creating What Customers Want. New York: Crown Business, 2006.

# 第二章　同一个世界：培养经济全球化背景下的工程师

迈克尔·J. 多兰（Michael J. Dolan）

## 第一节　引　言

第一章详细描述了工程职业的演变历程。直到今天，工程师依然是一个持续发展着的职业。对工程职业来说，从最早作为实用知识库的起源，到近期对健全的科学与数学技术应用的关注，唯一不变的只有变化本身。工程的动态性和变化的加速，让我们很难预测它的未来。尽管未来学家在细节上经常判断失误，但他们对变化节奏的把握往往是正确的。

工程师是实干家和问题解决者，为社会创造了巨大的价值。在历史长河中，一代又一代的工程师通过运用科学和技术解决了世界上的众多问题，促进了人民生活水平的提升。在他们的努力下，人类的寿命更长了，生活水平更高了，也让世界变得更"小"了。

工程职业会根据社会需求的变化而做出改变。工程师是解决社会问题的核心人员，因此，工程职业的性质会受到社会需求（即当前需要解决的问题）的影响；工程职业会随着从业人员使用工具的改进（如信息技术和计算机模拟）而发展，体现在工具的发展有助于推动工作的完成；工程职业还会随着基础科学和认识能力的进步而发展，体现在工程师将科学作为关键投入要素并通过促进科学的有效利用来解决实际问题。随着科学的进步，工程必须转变为各种新认识的有效中介渠道，以解决各类问题、满足社会需求。

世界已然改变。上一代的工程师经历了巨大转变：从量尺到超级计算机；从本地设计车间到工程服务全球化交付；从作为一名"知识持有者"到作为一名团队成员和导师；从一个受到严格约束的传统工程学科环境，到一个将传统工程学科与计算机、生物等新兴科学融合的跨学科工程团队环境。

展望工程职业的未来和工程师的培养方式，我们必须为学生提供一个强大的"工具包"，这不仅可以促进学生的职业成长，还可以帮助他们在社会需求和可用工具变化的情况下得到发展。

## 第二节　全方位的服务

工程师为当今的世界经济提供了从日常重复性工作到创新创业活动的多样化服务。所有服务都很重要，各项需求都必须得到满足。

工程师们不仅需要进行地基、道路、管道和电力网络的设计，还需要为大型项目的持续运营、管理和维护活动提供支持。受全球化影响，其中许多任务已经实现了商品化外包。多年来，尽管工程师的许多职能大体维持在传统状态，但在完成工作的方式等其他一些方面已经产生了影响深远的变化。工程师不再被局限在狭小的办公室内进行图表作业，在新的计算机工具和现代通信技术的支持下，所有从业者都可以访问数据和技术库，还可以在任何地方执行任务。除了技术能力，效率也是提供服务的关键。尽管商品性工程任务的价值近些年来有所下降，但它仍是现代社会所必需的，并且在工程服务中占据了最大比重。为了适应未来发展趋势，工程师仍需不断学习新技能来充分发挥新工具的价值，并与世界各地工程中心中最有价值的人才进行交流，此外，还必须重视团队合作、管理技能、文化意识及扎实的基础工程能力的发展。

工程服务的连续性谱系，勾画出了工程师的现有发展格局。在谱系的另一端，描绘了工程师作为集成者和创业者的形象，这也是工程师一直以来所扮演的角色。100多年前的爱迪生和威斯汀豪斯（西屋电气创始人）必然是工程创业者的一员，因为他们从事的是一个高附加值的领域，也是最难以定义其性质的领域。从事该领域的这些工程师必须具备数学、科学等基础知识并受过特定学科主题的良好训练。附加值的产生，要求将强大的基础工程能力与其他技能相结合，这要求工程师必须具备评估市场需求和发现潜在机遇的直觉。他们通常还需要将工程学科与其他学科（如营销软科学）或者技术学科（如计算机、生物技术）相关联，因为优质的新想法往往产生于传统学科间的"空白区域"。

要进行学科间的关联，主要依托高绩效的跨学科团队来实现。这类团队高度重视沟通技巧、良好的团队技能及跨地区跨文化工作能力，所有团队成员必须精通科学语言、商业语言和工程语言。

举例来说，在工程的连续性谱系中，在技术与公共政策的交界处或将出现第三种新兴工程角色。当今世界仍有很多问题亟待解决，例如贫困、饥饿、水资源短缺、医疗服务不足和资源可持续性等问题。这些问题具有很强的技术性，且越来越依赖于技术层面的解决方案。如今，政策对技术的要求越来越高，政策制定者正期待工程师和科学家能够提供实际的解决方案，并对计划外的后果进行预测。正如每一项行动都会产生一个回应，人类每向前迈出一步，都会对环境产生影响。当政策制定者评估其决策中涉及的各种权益时，工程师可以成为其具有价值的合作伙伴。工程师以政策制定者的身份直接参与进来，有助于将具有科学方法的工程学引入政策制定工作中，使决策变得更加科学有效。

我们需要周密的政策制定过程，通过激励新技术的发展、激发自由市场解决方案的生成，来解决当今世界的众多问题。工程师可以在帮助政策制定者设定技术解决方案的合理期望方面发挥重要作用。尽管生活节奏不断加快，但技术的发展仍然道阻且长，其发展的过程往往与政治世界的短期框架不一致。

在该领域工作的工程师，需要具备扎实的数学、科学和工程学基础，他们需要成为有能力的团队成员和优秀的沟通者，需要对周围的世界有高度的认识，并对政治程序有所了解，尽管这往往会让以问题解决为导向的工程师感到沮丧，他们还需要了解工程将如何对社会产生影响，了解公共政策如何与科学、技术和商业进行互动。

我在职业生涯中，见证了工程师们在国内外作为政策倡导者所展现的力量。当工程师将他们对社会需求的理解与政治实用主义相结合时，他们的问题解决导向加上其偏好的真诚直接的方式，可以形成非常强大的力量。

## 第三节　我们想要什么及我们需要什么

尽管该问题非常适合在这里提出，但我必须承认，其实很久以前我就学会了不要问这个问题。我年轻时的老板对该问题的回答始终是"更多的收益，更好的质量，更高的效率"。之后我便再也没有问过他，不是因为我早已知晓他的答案，而是我意识到这正是这个世界想要的答案，也是这个社会需要的答案。同样地，要想成功应对21世纪的艰难挑战，并为工程师们配备一个可度过40年风雨兼程的职业生涯的"工具包"，我们的工程教育也应当实现这一点。

**更多的课程内容：**当今社会就像现代版的"雾都孤儿"，社会需求不断膨胀，因此工程师面临的工作也越来越多，包括解决问题、寻找解决方案、创造新产品和促进产品增值等。

这首先要求工程师具备过硬的工程能力。相较于过去，未来的工程师或许需要接受更多工程科学的基础教育。如今，越来越多的常规任务经过编码载入新工具（计算机数据库、模拟库等）中，这种新的工作方式也给工程师们带来了新的挑战。一方面，新工具的使用极大提升了从业工程师的工作效率，这意味着他们能在相同时间内比以往处理更多的数据和设计。另一方面，尽管工程环境变化速度不断提升，但每一个设计，无论多么基础，都仍然需要进行最高标准的质量控制。过去，每一项设计都要由总工程师负责最终的质量检查及信息、技术和经验的保存。而今天，模拟库和设计工具本身就是一个庞大的存储库，它们使知识能够以电子流动的速度在全球范围内实现共享，并产生巨大的效益。工作节奏的加快让许多从业工程师成为办公室里唯一的质量控制检查人员。更好地理解基础知识，能够帮助从业工程师更好地理解新工具的使用，从而确保各项工作按照社会期望的高标准执行。

**更高的课程质量：**工程师正扮演着越来越重要的集成者和创业者角色。相比于40年前，现在的新型工程师需要对科学、工程和数学进行更深入的理解。因此，我们不能忽视基础知识的学习，甚至应该把一些研究生主题课程放到本科生计划中，使学生更完整地获得其所在学科的基础知识。此外，整个课程体系需要为学生提供顶点专业体验（例如本书其他章节中讨论的WPI专业研究资格项目），使学生获得有益于职业发展的丰富技术经历。并不是所有的工程师都要从事这些高附加值的工作，只有那些确实需要学习市场营销和经济学等软科学知识的工程师需要拥有良好的团队技能并理解创新的本质。工程行业的工作性质已经发生变化，而且这种变化是持续性的，此外，工作的完成方式也在持续演变。工作方式将变得更加基于团队合作，而不再那么个体化；变得更加全球化，而不再那么本地化；变得更加跨学科，而不再那么传统。

　　鉴于上述趋势，未来社会对柔性技能的需求将持续扩大。团队合作、倾听、写作、演讲和清楚表达都将成为工程师的必备技能；此外，工程师需要在整个创新过程中不断挑战新想法并寻找增值方式。因此，我们要做的还有很多。我们需要提升学生的能力水平，这就要求我们在课程体系中尽可能使用基于团队的培养模式。在培养学生的创新能力时，首先要教授团队解决问题的团队战术。同时，鉴于团队的多样化发展趋势，表现为不仅涉及解决问题的多个学科，而且经常跨时区、跨文化，文化意识显得越来越重要，这一点可以通过结构化的课程学习和项目工作进行培养（本书其他章节讨论的 WPI 跨学科研究资格项目和国际项目中心就是极佳的文化意识培养工具）。

　　**应对更快的社会节奏**：世界是扁平的，各个时区分布紧凑，工作正以电子般的速度在世界各地移动，使其能够在价值最大化的地方开展，这让从业工程师始终面对着一个变化的图景。新型工程师必须理解变化和对变化的管理，还必须拥抱这些变化并将其视为对职业生涯的积极影响。全球化背景下，工程师们将负责解决全球性问题，并为全球客户服务；他们将在全球市场上为自己的创意和服务寻找客户；他们将同那些与自己相距甚远的本国或外国对象进行合作。此外，了解工作的全球化性质并掌握与多样化客户和业务伙伴进行合作的能力也将成为工程师的宝贵技能。

　　在迅速发展和全球化竞争的新时代，工程教育仍须注重职业操守和职业道德的培养。监督的减少和对快速解决方案的需求，在一定程度上对工程师职业的检查和平衡体系形成了侵蚀，总工程师已经不再对各类计算和假设进行检验。此外，由于需要在具有不同标准和道德规范的文化环境里工作，上一代工程师时期"黑白分明"的决策，如今也逐渐"灰化"。对处于这些领域的工程师来说，转变往往从一些不起眼的小事开始：比如为了按期完成交付而漠视一些明显的不利影响，对数据的合理性不做检查或对事实进行错误陈述。工程师还会将在发展中国家所接受的与优秀工程实践不一致的感知性的文化规范，用作违背道德规范的借口。鉴于此，工程课程体系必须通过融入问题讨论、工作场景和角色扮演，将伦理道德嵌入课程和项目中去。对工程师的道德挑战往往出现在夜晚和周末，此时他们面对着截止日期迫近、成本压力增加的问题，工程的全球化背景还使他们往往身处较遥远的地区。年轻的工程师必须对这些道德问题时刻保持敏感，只有坚持良好的职业道德和职业操守，才能带来良好的业绩和真正的职业成功。

我们在加拿大的工程教师同事有一个很好的传统：他们会提醒即将毕业的工程师诚信和道德实践的重要性。当一名加拿大的工科学生即将毕业时，他需要参加一个名为"工程师呼吁仪式"的特殊典礼，这个典礼不对公众和工程师之外的其他人员开放。就像医生们的希波克拉底宣誓一样，"工程师呼吁仪式"希望毕业生们能够更好地理解他们肩负的职业道德和职业义务。在这个庄严的时刻，所有毕业生都会收到一枚戒指，并戴在工作用手（即他们用来作图的那只手）的小指上，为的是通过戒指与工程师的图纸和设计进行摩擦，让学生时常回想起这场仪式，并谨记工程师每天都应履行的道德义务。

# 第四节　结　语

尽管世界将以无法预测的方式改变这些年轻毕业生的工作生活，但我们知道，变化是永恒的，而且变化的步伐仍将不断加快；我们知道，世界将越来越技术化，社会问题的解决将需要更多训练有素的工程师；我们知道，如今工作（尤其是技术性工作）的全球化呈现强劲的趋势，这将会给世界各地的工科毕业生带来更多新的竞争。

因此，新时代的工程师需要：

- 具有扎实的学科基础知识，这是最重要的。
- 在基础工程技术商品化的情况下，对关注的专业领域具有深刻的基本理解，以保持自身竞争力。
- 具备优秀的计算机和建模技术，以提升生产力和知识的迁移与共享水平。
- 运用创新和团队动力学工具进行实践。
- 在整个职业生涯中，保持对学习的热爱，并且理解工程职业及其工作方式都将不断发展和改变。

- 能够在基于团队的环境中工作，并欣赏跨学科思想。
- 能够接受工作全球化及其创造的机会，并能够欣赏多元的文化。
- 始终贯彻职业诚信和开展有道德的工程实践。

　　工程师教育是大学、学生和雇主的共同责任，指望仅靠大学实现这一切目标是不切实际的。大学应该将重点放在这份清单的首要项目上，并为这些技能和能力的培养设定高标准。但我们应当避免掉入仅仅专注于基本原理知识教育的陷阱，而应为培养学生的其他能力提供空间。如果清单上的其他条目可以创造性地融入课程体系，那么新型工程师将具有强大的基础业务能力，这样无论他们最终决定往哪个方向发展，都会获得职业生涯的成功。

# 第三章　工程师：领导者、创新者和建设者

迪兰·阿佩利安（Diran Apelian）

## 第一节　引言：个人感言

20世纪90年代初一个寒冷的夜晚，我正在伍斯特俱乐部（Worcester Club）与圣戈班诺顿（Saint-Gobain/Norton）公司的新任首席执行官米歇尔·贝松（Michel Besson）会面。当时贝松刚从福吉谷的塞丁梯集团公司调去圣戈班诺顿，而我刚从费城的德雷克塞尔大学来到伍斯特理工学院。但事实上这并不是我们的第一次见面，早在费城的时候我们就认识了，这次见面就是为了叙叙旧，并希望能在新英格兰保持联系。贝松一边喝着葡萄酒一边和我闲谈，他说他跟他的高管团队刚刚从巴黎回来，这次出差让他对美国和法国的工程师角色的文化差异产生了困惑。他告诉我，在洛根机场填写从法国进入美国的报关单时，他作为首席执行官，在职业栏填写的是"**工程师/技师**"，而高管团队里那些拥有高级工程学位的成员填写的却是副总裁、市场总监等。

有趣的是，就在同一个礼拜，我看到了万豪酒店的一则平面广告，广告上一个身穿蓝色工作服的男人正在更换一盏台灯的灯泡，一旁的标语上写着："我们的工程师将24小时为您服务。"这则广告所塑造的"工程师"形象与我的职业认知完全不符，这让我感到恼火，于是我写信给万豪先生本人，希望他能纠正广告中对工程师工作的错误解读，好在不久以后，这则广告就停播了。而与之形成鲜明对比的是瑞士信贷银行在2010年春《经济学人》（*Economist*）上刊登的广告（见图3.1），后者将工程师描绘为成功的专业人士。

CREDIT SUISSE

图 3.1　瑞士信贷银行在《经济学人》上刊登的广告

还记得在 1960 年，也就是我 15 岁那年，我们全家移民到了美国，到达纽约港、经过自由女神像时的景象至今仍深深印刻在我的脑海中。其实在来美国之前，我曾在黎巴嫩的贝鲁特念过中等的公立学校，还通晓除英语外的几种语言，因此我并不害怕即将面对的新环境。如果非要说和过去有什么不同的话，那就是这片新的土地让我对未来充满希望，对机遇满怀希冀，这种感情是如此强烈，以至于掩盖了所有的怀疑和不确定。你会发现，我和贝松先生对工程职业的看法非常一致，都认为它是一个伟大的职业。很幸运，我能拥有优秀的家人，并在中学时期遇到出色的导师，是他们让我明白做一名工程师，我可以同时成为一名银行家、一个商人、一名政治家（这是一个比政客更好的词）、一位行业领导者，或者任何我想成为的人。因此，从很小的时候我就知道：长大后，我想有所作为，我想掌控自己的人生，因此我要成为一名工程师。

## 第二节　社会背景

正如我们在第一章中所讨论的，工程有着悠久的历史。可无论时代如何变迁、挑战如何艰巨，工程师的职责从未改变，那就是解决问题，让梦想成真，以及提升地球上人们的生活质量，这一点一直都不会改变。然而，随着时间的推移，社会需求和工程师回应这些需求的方式发生了变化。

尽管文艺复兴前后还没有建立工程学校，但记录当时工程建设的史料侧面证实了早期工程师的意志和智慧，莱昂纳多·达·芬奇（Leonardo da Vinci）的作品和手稿正属于天才作品之列。若置身于意大利佛罗伦萨大教堂几个小时，你会领略到工程大师菲利波·布鲁内莱斯基（Filippo Brunelleschi）的天才之处，然而，当人们对大教堂的建造细节进行深入研究时[1]，就会明白早期的工程师身兼创新者、商人和领导者等多重角色。

工业革命爆发前，农业社会占据主导地位，一个国家的GDP和人口数量呈线性相关，因此在19世纪以前，人口数量较多的中国和印度等国的GDP高于美国和英国。到了19世纪后期，为满足工业革命的需要，工程师们负责开展影响深远的发明创造。他们制造产品，建造桥梁，还实现了大规模生产，这些成果促使人类从农业社会向工业社会转型。此外，随着工业革命的到来，国家的发展范式也发生了变化，我们见证了西方国家克服人口弱势，实现了GDP的迅速增长。例如像英国这样只有大约2000万人口的国家，却将生产力提升到了前所未有的高度。工业革命改变了国际"游戏"的形势，许多国家的发展落后了，而西方国家则领跑了经济增长。

到了20世纪，随着固体物理学的发展及对原子结构理解的加深，工程师们学习了科学知识，并逐渐转型为科学家，因为他们需要站在科学基础上解决社会问题，包括满足国防需求（原子弹、超声速飞机、武器），推动半导体的发展，促进电子材料的革命（信息时代）等。回首过去，我们惊讶于这短短60年间竟发生了这么多足以改变全人类生活的大事件。[2]1957年，苏联第一颗人造卫星发射升空；1958年，科学家们发现了激光；1960年，科学家发明了硅单晶生长法用以制作半导体；1969年，人类实现了首次登月；1972年，软性隐形眼镜问世，半胱氨酸实验成功；1981年，实现了全身磁共振成像，第一款个人电脑问世；1991年，面向大众的万维网诞生；更不用提1989年冷战的结束。难道早在1957年我们就能预测到这些发现和事件吗？我认为答案是否定的，但可以确定的是，有些东西永远不会随着时间而消逝，那就是人类永恒的创新力、创造力及工程师满足社会需求的能力和工程师的创业精神。我相信，在未来，人类能够拥有更高的创新能力和满足社会需求的能力。

刚进入20世纪时，全球人口为16亿人，到了20世纪末增长到61亿人。截至2010年底，全球人口已经达到了70亿人。此外，在短短的20年里（1980—2000年），世界上1/3人口的生活质量都得到了大幅提升，这些成就都是史无前例的。考虑到人口数量和生活质量的变化，随着世界的扁平化和活动场地的平坦化，我们或许应该考虑重启或重新设置一个新世界——我们称之为"世界2.0"或者借用比尔·麦克基本（Bill Mckibben）的新书名《变异地球》（*Eaarth*）（有别于我们目前认知中的星球地球）。[3]

21世纪初，全球化和"世界的扁平化"改变了工程师和工程行业的角色，它要求21世纪的工程师充满进取精神，而且必须领导大家解决社会（全球社会）的需求。目前仍有18%的人口无法获得安全的饮用水，40%的人口无法获得基本卫生设施，能源消耗的增长速度已经超越了人口增长速度，对医疗需求和期望的增长与医疗服务交付的成本不相匹配。毫无疑问，要满足以上需求，21世纪的工程师还必须成为社会科学家和有进取心的领导者。

到21世纪末，我们将见证世界人口增长至95亿人左右，其中大部分的人口增长将来自发展中国家。这将加剧能源、交通、住房、材料回收与再利用、生物材料与健康等社会需求，使我们面临巨大的全球可持续发展的挑战。也正是由于这些原因，工程师才对下一代具有如此的吸引力。我们需要向世人证明工程师是一种使成功变为可能的职业，同时，工程师有充分的理由被认定为促进全球可持续发展的职业之一，尽管这两者间的关系还没有得到明确定义。正如奥利弗·莫顿（Oliver Morton）最近在《经济学人》上所写的[4]：

> 循环利用资源，经常提醒父母注意燃料的使用效率，在不用坐飞机就能抵达的地方度假，这些都是令人赞赏的行为。但是一个聪明的年轻人能够做的最好的事情是接受工程教育，帮助人类摆脱化石燃料驱动的文明。

## 第三节　人力资源问题

美国目前正面临青年（特别是白人男性）对工程兴趣下降的困境。[5] 此外，如果对全球工科毕业生的"产出"情况进行考察，我们会发现美国在这方面的表现落后于八国集团（G8）的许多成员。例如在中国，工科学生大约占大学生总量的 20%；在德国和欧洲其他地区，这一比例低于 10%；而在美国，这一比例仅仅不到 5%。最令人担忧的是，同许多国家相比，美国学生在基础科学方面的表现不佳。上述事实都要求我们必须行动起来，重振人们对工程的兴趣，让他们理解工程行业的社会价值。

工程课程如今已经商品化，全球的学生都能通过网络获取课程资源。在这种情形下，如何才能让美国的工科毕业生有别于其他国家接受同样课程学习的学生呢？为了提升毕业生的竞争力，我们必须将毕业生培养成为持续技术化社会的创新领导者。创新、创造力和创业精神的培养及对工程的社会背景了解应当成为 21 世纪课程体系的核心内容。工程职业和社会需求之间的联系应该得到明确阐述，后者将激励和吸引更多的学生从事这一职业。

目前，公众对工程师和工程行业的认识与现实仍存在偏差。事实上，众多顶尖的企业家和成功的 CEO 都是优秀的工程师出身，许多外科医生和内科医生的第一学位也是工程学。此外，还有不计其数的受过良好工程教育的银行家和金融大亨。工程学没有严格的界限，我们亟须改变工程行业的现有形象，以真实地反映等待着工科毕业生的无限机遇和生活方式。

在这里，我们可能需要回顾 1794 年巴黎综合理工学院刚创建时的情形。我们需要支持年轻人把握工程提供的领导机会。此外，我们需要将信息进行统一。目前，关于工程职业路径的信息是零碎的。土木工程师（ASCE 协会）、机械工程师（ASME 协会）、冶金材料科学家与工程师（ASM 协会、TMS 协会）、电气工程师（IEEE 协会）和化学工程师（AICHE）就工程职业所传达的信息都是不相同的。但这些信息应该保持一致，**形成统一的信息**，从而树立良好的行业形象。在这方面，美国国家工程院（National Academy of Engineering）已经通过推出"改变对话"（Changing the Conversation）项目 [7] 取得了很大的进展。尽管人们的观念和文化视角的改变较为缓慢，但要想达到理想的变革效果，我们仍需坚持不懈地努力并时刻保持警惕。

# 第四节　21世纪的工程：一个充满机遇的世界

　　进入21世纪，可持续发展成了人类面临的最紧迫的问题，但同时，正如上文所提到的，这场危机中暗含机遇，而且相信随着进入创新经济逐渐占据主导地位的新纪元，工程行业必将迎来光明的未来。

　　早在18世纪，托马斯·马尔萨斯（Thomas Malthus）就注意到英国的人口呈几何级增长，粮食供应则呈算术级增长，这意味着人口增长的速度远超农业产出的增长速度。我们在农业创新方面取得了长足的进步，养活了我们未曾设想过的更多的人口，然而，随着地球人口的迅速增长，真正的问题已不再是地球能养活多少人，而是地球能以怎样的生活质量养活多少人。回答这个问题的关键在于可持续发展，可持续发展是一种人类活动水平，它既能满足当代人的需要，又不损害后代人需求的满足。

　　尽管我们面临着众多的挑战，但这里仅讨论与工程相关的五个不同问题，这些挑战为下一代工程师提供了机遇前景。

## 一、能源问题

　　世界能源需求正以惊人的速度增长，而发展中国家的需求将进一步加剧这种情况。据统计，当前全球能源消费量约为14太瓦，预计到21世纪末将达到50太瓦。[8]能源结构必须实现从目前化石燃料占世界能源的80%向可再生能源转型。地球上原有的可再生能源（包括水能、风能、地热能、生物质能等）已经无法满足人类需求的迅速膨胀，于是太阳能成了一种重要资源。我们还将看到纳米结构材料、先进光伏材料（如纳米晶硅薄膜和新型硫属化物）、具有更大表面积的先进催化剂、纳米结构催化剂载体和膜方面的未来材料的发展，此外，具有增强量子效率的LED材料在用于照明设备上也将发挥重要的作用。

　　目前解决能源问题的前景一片光明，特别是美国和一些欧洲国家（如芬兰）正积极采取措施减少温室气体排放。在美国，目前有近1/10的风险资本投资于清洁能源开发。《经济学人》的统计结果显示，美国2006年清洁能源的总投资达到了630亿美元（2005年为490亿美元，2004年为300亿美元）[9]。此外，芬兰国家技术创新局（Tekes）目前也宣布将在2025年前实现可再生能源总消

费量增长 40% 的目标。[2,10]

## 二、交通问题

未来几十年，全球消费总量将进一步增加，特别是考虑到一些发展中国家多年来一直保持 8% 左右的年消费增长率。回想 1995 年的北京仍是自行车的天下，转眼间，汽车早已代替自行车遍布大街小巷，今昔对比实在令人诧异。交通是人类的基本需求，我们需要对未来材料和交通方式进行开发，以可持续的方式满足我们的社会需求。

公共交通将会成为主流的大众运输方式，这一点已经在日本和以法国为代表的欧洲国家得到成功实践。未来，高速铁路将实现发展，而这些铁路线路所需的基础设施建设会面临巨大压力。轻质结构材料，特别是合金的开发和加工将成为未来材料的重点，包括泡沫结构、镁基部件及可选择性硬化的先进铝合金等。未来的材料工作必然包括材料用途的创新，如可回收复合材料和生物复合材料，例如由荷兰克瑞斯（Ceres）公司生产的杜拉林（Duralin）纤维就是将亚麻秸秆经过蒸熟、干燥和固化后制成的。坚固轻质的用材、可持续性和材料的可回收性将成为影响满足运输需求导向下未来材料开发的主要因素。

然而，仅凭技术的发展并不能解决问题。在国家政策的制定过程中，我们不仅需要律师，还需要工程师发挥领导作用，我们的专业工程学会必须承担起至关重要的领头作用，而且这项工作需要得到支持。

## 三、住房问题

住房是人类最基本的需求之一。随着世界人口的增加，工程界有机会通过开发可持续、绿色、节能的新型建筑材料及价格更亲民的建筑材料来产生重大影响。但眼下的世界贫困人口并没有减少，数量将近 30 亿人，也就是几乎一半的世界人口每天的生活费仍不足 2.5 美元。[2] 全球化是美好的，因为它的蓬勃发展建立在市场经济和促进民主的基础上，然而，后者并不一定意味着财富会得到公平分配。此外，发展中国家存在许多地方性问题，需要因地制宜地制定解决方案，并要求加快新材料研发和创新住房设计来满足世界人民的住房需求。

未来，我们将看到更多采用智能材料和智能设计的节能型住宅。例如，德国弗莱堡的太阳能系统研究所发现，可以通过在墙壁中加入一毫米厚的石膏层达到保温效果[11]，这对节能减排有着显著的影响。相信只要绿色节能的智能材料仍然存在需求，就会不断孕育出新的工程发明和创造。

未来发展将有赖于设计创新及建筑师和建造商之间的合作。工程界将有机会与顶尖的建筑师合作，解决节能和可持续建筑材料的问题，满足大众的住房需求。

### 四、物资的回收与再循环问题

短短40年，美国的城市固体垃圾产量就从1960年的8800万吨迅速增加到2000年的2.32亿吨，这意味着美国的人均垃圾日产量由2.7磅（约1.2千克）增加到了4.5磅（约2.0千克），而数量庞大的垃圾最终不是被焚烧（排放污染物），就是被堆积在垃圾填埋场，让有毒物质渗入地下水和土壤中。[12]通过对城市固态垃圾的有毒物质检测，我们得到了一项令人震惊的发现：平平无奇的垃圾填埋场竟含有世界上1/3的铜。[13]未来的世界需要采用更多可回收或可生物降解的材料，并应用"从摇篮到摇篮"的理念，形成组件设计的全新范式。

废金属回收作为当今世界的一项重要技术，也必将成为未来世界的一项关键性技术。然而，随着全球消费需求的增加，回收利用需求也将大幅上升。[14]据统计，回收1公斤铝可节省6公斤铝土矿、4公斤化工产品和14千瓦时的电，对金属进行快速分类和根据它们的特定成分进行分类，将使我们能够有效地进行回收。此外，随着废钢来源（如饮料罐）的增加、快速回收的实现和熔体分析技术（如LIBS技术[15]）的出现，将使微型铝材加工厂由概念变成现实。我们需要牢记的是，无机材料是不可再生的，资源回收和循环利用的机会是巨大的。

### 五、生物材料与健康问题

近几十年来，人类预期寿命显著增加。仅在过去的50年里，北美人的预期寿命就增长了16%（从69岁增加到80岁），除了撒哈拉沙漠以南的非洲地区，我们可以发现其他各国均呈现类似态势。[2]更重要的是，得益于医学、生物学、材料科学和工程学的发展，我们不仅更加长寿了，生活质量也迅速提升。

生物材料领域目前已取得了重大进步。据统计，结构组织工程的市场潜力已经达到900亿～1000亿美元，而且生物材料行业的研发支出年增长率达到了近 24%。[16] 最近该领域取得的进步和发展包括角膜组织再生、人造皮肤（如马萨诸塞州健赞公司制造的 Epicel 产品）、骨膜瓣软骨植入技术等。人工心脏瓣膜（如二尖瓣）、冠状动脉支架，特别是药物洗脱支架等装置已经被广泛应用服务于社会。[2] 这些发展很大程度上依赖材料科学与工程领域已经取得的和正在持续中的进展。

此外，植入式医疗设备在过去 10 年中实现了巨大的发展。人造髋关节、人造膝关节、脊髓融合器和许多其他部件现在几乎都够进行替换。这些发明使医学在仅仅 20 年里就取得了突飞猛进的发展，极大地提高了人类生活质量，但不幸的是，世界上仍有许多地方既负担不起这些先进技术，也无法获得这类医疗服务。

未来我们需要加快生物材料表面改性领域的发展，以更好地控制血液和组织的相容性。生物材料可以通过等离子体处理或化学接枝进行改性[17]，通过表面改性，我们能够操纵材料的属性，例如抗感染性、抗血栓形成性、润滑性和耐磨性等。一个很好的例子就是通过表面改性，我们可以让肝素（一种抗凝血剂）与生物材料表面的多层基膜实现共价结合。[17] 此外，作为药物输送载体的植入物和相关设备，如类固醇释放电极和药物洗脱支架，将成为生物材料未来的重点发展对象。组织工程与用于制造"智能"心脏瓣膜的新型材料相结合是未来有机会发展的另一个增长领域。整个再生医学生物材料领域仍是一片沃土。斯图普（Stupp）[18] 最近回顾了该领域出现的机遇，并引用了大量将生物材料用于再生医学的案例，例如我们如何利用生物材料从干细胞中产生胰腺细胞，实现胰岛素的再生。为了创造必要的生物活性结构，超分子化学和原子自组装技术对于再生医学的发展而言尤为重要。综上所述，未来的生物材料将不仅具有机械功能，还将成为生物活性的调节剂。

我们将见证生物有机—无机复合材料领域的重大发展。目前，可生物降解的聚酸酐正被合成为释放大分子和小分子的载体。未来，我们将见证这一领域的蓬勃发展，并有望实现"**局部化疗**"。[19] 作为药物释放系统研究的先驱，兰格（Langer）和他的同事成功利用疏水聚合物制成的微球开发了大分子（如多肽）的受控释放[19]。用于可植入组织支架的生物可降解聚合物的合成和应用方法，将被用于肝组织、血管、神经和心肌的构建。[20] 就像美敦力公司的伯格曼（Bergman）所认为的那样，未来**"信息技术与生物技术将改变医疗服务领域"**[17]，信息技术、生物技术、纳米技术和神经网络的融合将使我们不仅能够预防，而且能够彻底治愈疾病。

今后，我们面临的最大难题将不再是技术问题，而是伦理问题。想象一下，要是能够知道疾病的预后尤其是新生儿致命疾病的预后将会产生什么后果，保险公司将如何评估参保风险，社会又将如何应对由此产生的这些问题？尽管工程技术的发展带给医学光明的发展前景，但这仅仅是一个开始。真正的困难在于后续的社会问题：医疗服务是否只能惠及有能力负担的人？我们如何应对各国间医疗资源的不平等？最后，我们还需要面对由于预知疾病和不良健康状况而产生的伦理问题。因此，工程师的社会科学家角色将显得格外重要！

## 第五节　结　语

要保持社会的竞争力和人民的生活水平，离不开大量具有创新知识和创新能力的社会成员，这是对所有工程教育工作者的鞭策。我们需要汇聚所有人的聪明才智，去发现和证明工程教育是一段充满魅力的旅程，工程师的职业道路也是令人兴奋和多样化的，必然能够带来令人满意的生活。我们应该关注与下一代学生谈话的积极因素和特质，即**"我们可以通过工程实践改变世界"**，而不再被"工程学太难了，只有精通数学和科学才能学好它"这句老话所击退。这有点类似于在医学专业的"推销"中，需要重点关注学生在整个医学院期间的贷款获取、学习时长和学习强度情况。而在"推销"工程专业时，我们需要把职业与解决社会问题联系起来，说明工程是一种能让人获得成功的有利职业，为吸引更多学生的就读提供理由。

诺亚·韦伯斯特（Noah Webster）曾在美国建国之初提出，只有在人民具有经济和教育希望的情况下，民主才能取得成功，这两者是紧密相连的。为了培养更多有能力迎接未来挑战的工程师，我们必须深刻认识世界近几十年来的变化，并接受这些变化、继续前进，以确保工程职业的社会价值。

我们需要以巴黎综合理工学院的教育模式培养工程师：让工程师了解他们工作的社会背景、了解全球人文的维度及创新和创造力。无论是对于美国学术界还是企业界来说，这项任务都必然是艰巨的。但是我们别无选择，因为这些问题只有依靠全人类的聪明才智才能得到解决。本书第二篇"卓有成效的工程教育实践"介绍的课程创新实例为我们如何实现这些目标带来了很大的希望。

# 参考文献

1.  R. King, Brunelleschi's Dome. New York: Penguin, 2001.

2.  D. Apelian, "Looking Beyond the Last Fifty Years: The Future of Materials Science and Engineering," Journal of Metals, vol. 59, no. 2, pp. 9–18, 2007.

3.  B. McKibben, Eaarth: Making a Life on a Tough New Planet. New York: Times Books, 2010.

4.  O. Morton, "Wanted: Green Engineers."The Economist, p.32, Nov.13, 2009.

5.  R.J. Noeth, T. Cruce and M.T. Harmston, Maintaining a Strong Engineering Workforce, Policy Report. ACT: 2003. Available: http://www.act.org/research/ policymakers/pdf/engineer.pdf.

6.  Programme for International Student Assessment (PISA) "PISA 2009 Results." OECD: 2010. Available: http://www.oecd.org/edu/pisa, 2009.

7.  Changing the Conversation: Messages for Improving Public Understanding of Engineering. Washington, DC: National Academy of Engineering, 2008.

8.  M.S. Dresselhaus, G.W. Crabtree and M.V. Buchanan, "Addressing Energy Challeng-es Through Advanced Materials." MRS Bulletin, vol. 30, pp. 518–524, July 2005.

9.  "Green Dreams." The Economist, p. 13, Nov. 16, 2006. Available: http://www. economist.com/node/8173054.

10. "Tekesin Ohjelmat." Tekes, 2010. Available: http://www.tekes.fi/ohjelmat/.

11. B. Niesing, "Storing Heat with Wax." Fraunhofer Magazine, Adaptronics: Bringing Materials to Life, no. 1, 2004.

12. D.B. Spencer, wTe Corporation, Bedford, MA (corporate information).

13. R.B. Gordon, M. Bertram and T.E. Graedel. "Metal Stocks and Sustainability." PNAS, vol. 103, no. 5, Jan. 31, 2006. Available: http://www.mindfully.org/ Sustainability/2006/Metal-Stocks-Gordon31jan06.htm.

14. Waste Online "Metals—Aluminium and Steel Recycling." Sept. 2005. Available: http://www. wasteonline.org.uk/resources/InformationSheets/metals.htm.

15. ERCo: Energy Research Company, 2010. Available: http://er-co.com/.

16. A. Courey, Genzyme Corporation, as presented at the MS&T lecture on Technology and Society, New Orleans, LA, Oct. 2004.

17. R.M. Bergman, "Innovations in Biomaterials: Achievements and Opportunities." MRS Bulletin, vol. 30, no. 7, pp. 540–545, July 2005.

18. S.I. Stupp, "Biomaterials for Regenerative Medicine." MRS Bulletin, vol. 30, no. 7, pp. 546–553, July 2005.

19. "Materials Researchers Strut Their Stuff at the 2005 MRS Fall Meeting." MRS Bulletin, vol. 31, no. 3, pp. 232–256, March 2006.

20. N.A. Peppas, "Intelligent Biomaterials as Pharmaceutical Carriers in Micro-fabricated and Nanoscale Devices." MRS Bulletin, vol. 31, no. 11, pp. 888–893, 2006.

# 第四章　整体性工程教育：在具体情境中学习与实践

丹尼斯·D. 伯基（Dennis D. Berkey）

## 第一节　引　言

同众多于 19 世纪成立的工程教育课程计划一样，伍斯特理工学院（WPI）的课程体系从一开始就强调相关科学知识和工程原理的学习，不同的是，它还要求学生利用所学的知识和技术参与实际生产服务。事实上，WPI 的二元教育理念戏剧性地体现在该校最初的两栋主楼中：那时的学生需要在博因顿礼堂参加正式的课堂教学活动，并作为学徒在附近的沃什伯恩车间完成工具和技术设备的制作。由于这两座建筑都有塔楼作为装饰，它们很快成为学校座右铭 **"Lehr und Kunst"**（通常被译为"理论与实践相结合"）所反映的"双塔传统"的象征。

如今高等教育领域有关大学劳动成果商业化的争议，或许也可以追溯到"双塔"成立之初。当时，尽管学校将沃什伯恩车间的销售收入主要用于建设伍斯特郡工业科学自由学院（WPI 的前身），但部分教师和当地商人仍然反对这种出售学生劳动成果的行为，认为学校作为（非营利性）教育机构，不应当参与销售——这同当地商人构成了不公平、不正当的竞争。针对这一点，学校的其他教师则表达了不同的看法，他们认为将劳动成果投放市场是对生产价值的重要检验，也是学生教育与培训的重要组成部分，如果不参与市场，车间的实践课程将显得毫无意义。

WPI 在近 150 年的历史中所出现的诸多争议，反映出这所学校一直大胆地致力于对年轻男性（后来还包括年轻女性）的教育，帮助这些人面对人生的机遇、责任和挑战。事实上，这一愿望正反映了学校创始人的初衷[1]：

> 捐助者的初衷是为科学技术在机械工艺、制造业和农业领域的应用提供有力的指导，使年轻人具备在活跃的工业部门任职所需的知识。同时希望通过相关学科的全面课程培训，帮助青年男性适应现代商业生活，并培养青年男女成为该领域未来的骨干师资力量。
>
> ——1865 年 3 月 3 日写给马萨诸塞州伍斯特市 30 名市民的一封信

因此，WPI 在办学之初就将办学使命确定为培养毕业生的多方面能力，而不仅仅是践行"引导人们利用丰富的自然资源为人类带来便利的艺术"（工程的早期定义）。[2] 教师们通过对个人工作的密切监督，学院致力于将培养有生产力的年轻人作为自身全面发展的目标，WPI 的学生成了这种师徒关系的受益者，这种师徒关系还产生了一种成熟的教育观点，即对先天禀赋与后天努力所形成的价值和成果都表示欣赏。作为美国第三所理工大学，WPI 在成立后的一个世纪里，它的办学理念被证明为学校在马萨诸塞州中部新兴制造业领导地位的崛起做了正确的准备。

# 第二节　WPI 计划

WPI 在建校后的 100 年发展中形成的独特的工程与科学教育方式成为学校一项宝贵的传统资源，为 20 世纪 60 年代后期的课程改革提供了背景基础和物质基础。当时，马萨诸塞州中部制造业的黄金时代即将结束，许多美国的一流企业都将总部从伍斯特郡迁往其他劳动力成本更低的地区。同时，受越南战争的影响，美国人民受到了沉重的心理打击，全国各地的学校也一片混乱。面对这样的情形，WPI 认为必须对学校当时的使命、目标和价值观进行调整。

1957 年，苏联人造地球卫星的成功发射震惊了美国人民，让他们意识到美国在科学探索领域的国际领先地位正迅速下滑。在现实的刺激下，大量资本投入数学和科学领域，使传统课程数量大幅增加，但此时的课程在很大程度上仍然按照传统的方式进行更新和变革。

在时任校长哈里·珀内尔·斯托克（Harry Purnell Storke）的领导下，WPI对其独特的传统教育模式进行了反思。正如作家米尔德丽德·麦克拉里·泰森（Mildred McClary Tymeson）在她为纪念WPI建校一百周年创作的著作《双塔》中所记录的：

> 1965年是WPI建校一百周年，在过去的一百年里，这所学校早已被公认为是一所工程与科学大学……（但是）在教育计划的一些边缘（地带），该校始终将理论知识与实际工作相联系。这种联系的比例直接关乎学校的兴衰，由此引发的无休止讨论促使教授们迸发出了难以置信的能量。[1]

当WPI的教师们为他们的课程设想下一次信仰和创新的飞跃时，这种"无休止的讨论"大量涌现。这一飞跃使WPI再次领先于所处的时代，因为教师们将关注点转移到了产出结果——如何让WPI的毕业生不仅展现出所学的知识，更重要的是展示出这些知识的价值和目的及学以致用的能力，而这与大多数大学对投入的关注点（如SAT、ACT的标准化入学考试分数、课程成绩和累计平均绩点、班级排名及GRE、LSAT、MCAT等考试分数）大相径庭。

项目是WPI教育的基本组成部分，学生在项目中以团队的形式开展工作，进而获得并应用解决一系列富有挑战性的问题所需的知识。学生将以书面和口头的形式汇报项目成果，并且在毕业前通过令人生畏的"能力测试"（该测试由教师团队对学生逐个进行考查指导）等方式，展示他们对相关科学知识和工程原理的掌握及应用。课程的学习将继续下去，但它不再是获取学位的垫脚石。更确切地说，学术课程像图书馆和能够提供辅导与指导建议的老师一样，成了一系列的学习资源。由此，学习责任从教师完全转移到了学生身上，这些项目（有着对团队合作、知识整合、应对突发挑战和目标导向的实践要求）提供了一个比简单掌握课程内容更高层次的学习领域，教师将不仅具有讲师的功能，同时也承担起学生的导师、教练、指导者和考官的角色。

以上这些内容构成了后来被称为"WPI计划"的哲学元素，该计划于1970年被WPI全体教师（勉强）采纳，并在随后的40年里得到了进一步的发展、完善和拓展。

# 第三节　资格项目

WPI 的学生要想获得学位，必须完成三个专业项目，它们被称为"资格项目"，是 WPI 最新教育理念的最佳体现。在这三个项目中，"跨学科研究资格项目"（Interactive Qualifying Project，IQP）在新的教育方式中处于核心地位，它从根本上彻底颠覆了传统的工程课程体系；与此同时，它过去是、现在仍然是 WPI 计划"整体性"教育方式的最佳实践范例。IQP 立足于技术和社会的交叉点，通过利用技术知识解决具有社会价值且本质上具有跨学科性、复杂性和重要性的问题。IQP 通常由 4 名学生组成一个团队，他们与指导老师一起确定要解决的具体社会问题，并在实际项目工作开展之前进行调研。到达项目现场后，团队工作包括厘清问题和约束条件，制定可行的解决方案，确定所需资源，制订工作计划，规划时间表，在实施过程中进行广泛协作，按期完成项目交付，并以口头和书面报告的形式汇报项目结果。

IQP 完整体现了 WPI 计划的教育理念，一般会在大三学年进行，此时的学生已经掌握了与其专业相关领域的核心知识，并在各自的课程中积累了一定的团队和项目工作经验。为了完成项目，来自不同专业的学生将组建一支跨学科的项目团队，在应用他们掌握的知识及他们需要快速学习的东西上开展合作。他们需要努力将自己和他人的能力进行整合，从而更好地应用专业知识、职业道德、创新直觉来创造社会价值。在 WPI 计划实施的第三个和第四个 10 年里，IQP 项目越来越普遍地转移到了遍布美国和世界各地的校外项目中心进行，为此 WPI 还专门在其跨学科与全球研究部正式确定了"全球视野计划"（Global Perspective Program），用以支持大多数需要在校外完成的 IQP 项目。据统计，目前近一半的 IQP 项目都是在 WPI 的 20 多个国际项目中心完成的。

在美国以外开展的 IQP 项目给学生们提供了截然不同的甚至比传统留学项目更加丰富多彩的体验。无论项目是为了减轻机动船只对威尼斯运河的影响、为南非开普敦一个贫民窟发明一种简易洗衣装置，还是帮助泰国农民开发一套灌溉系统，学生都能从中体验到他们与其他国家（地区）的人民在文化、社会、经济和语言等方面的异同，不出所料的是，学生们不仅能从中收获一项技术成就，更能收获对世界的多样性及其中蕴含的财富和所面临挑战的有益探索（见图 4.1）。

图 4.1 IQP 项目活动剪影

IQP 项目，特别是那些需要在国外项目中心完成的项目，其成功的关键因素之一在于 WPI 特殊的校历体系。在校历中，WPI 将一个学年分为 4 个为期 7 周的短学期，每学期安排 3 门课程。相较于传统的长学期，每学期相对较少的课程数量使学生能够在更短的时间内对接受更密集的教学（这种极具特色的课程设置非常受学生欢迎）。同时相较于传统的"出国留学"项目，这种校历安排可以让学生离开校园的时间更短，因此极大地促进了赴外项目的发展。

专业研究资格项目（Major Qualifying Project，MQP）与大四学生的顶点项目类似，但 MQP 的特殊之处在于需要由团队完成，并且经常需要企业伙伴的对接和协作。MQP 的典型运作方式是由指导老师和对接单位一起帮助学生团队成员确定一个适合解决的问题。同 IQP 一样，每一个 MQP 都需要 1/4 学年的时间（相当于完成 3 门学术课程的时间）才能完成，但与 IQP（通常在一个为期 7 周或 8 周的"短学期"内完成）不同的是，MQP 的工作通常覆盖整个大四学年。

在改革工程和科学教育方式的同时，WPI 的教师们还将同样的教学理念引入了人文艺术课程体系。他们最初的想法是让学生完成课程体系中人文艺术这部分课程的一个资格类项目，这个想法已经持续实施了 35 年，但该项目在性质上有着很大的不同。在这个想法中，该项目鼓励学生通过修读 5 门主题相关的一揽子课程来体验人文和艺术各个领域的不同学习模式，这些课程可能涉及也可能不涉及科学或技术方面的内容，然后写一篇名为"人文艺术项目"的专业论文，展示他们对相关主题的掌握情况，并以新颖的视角，整合和综合他们在这些课程和相关学术工作的经验中所学到的东西。

人文艺术项目推动了许多具有高度原创性、新颖性和卓越性论文的诞生，这一点也让许多 WPI 学生都为之骄傲。但是，由于项目采取个人申请制，随着 WPI 入学人数的逐年增加，需要给每个学生单独指导的项目数量也越来越多，这使人文与艺术学院的工作压力越来越大，以至于难以维持项目的运行。为了解决上述问题，WPI 最近修改了项目要求，采用一组"探究性研讨课"代替了对每个学生个体单独指导的"项目"，研讨课会预先发布主题，每次报名人数限制在 12 名左右。尽管这一转变减少了人文艺术课程"顶点体验"的多样性，但它提升了跨学科主题的合作质量。此外，学生仍然可以一如既往地选择通过完成一个表演艺术项目（主要是戏剧艺术类项目），或通过将所有课程集中在一门外语（目前为西班牙语和德语）课程，来达到人文与艺术课程的要求。这里所提到的是毕业要达到的人文与艺术要求，而不是指人文艺术项目。

目前，这三个专业合作项目（IQP、MQP、人文艺术项目）要求中都包含了 WPI 的主要特色元素，也是 WPI 促进本科教育采取深度"整体性"教育方式的主要手段，即关注人类发展的方方面面，而不仅仅是对某些主题的掌握。此外，除了这些课程组成部分，WPI 还增加了一个学生领导力培养的联合课程计划、一个支持学术计划并与学术计划相结合的住宿生活计划、一个全面的健康保障计划及一项强制性的体育锻炼要求。WPI 的第三赛区大学田径计划是指由专业人士指导的高水平运动队建设，这些专业人士有学校教师也有学术支持人员，他们致力于将全部学生都培养为学生运动员。

## 第四节　重大问题研讨课

WPI 计划的最新发展成果是向本科一年级学生推出重大问题研讨课（Great Problems Seminars，GPS），它能够直接反映出促进学生发展的整体性教育方式和 WPI 教育理念的力量。GPS 课程诞生于这样一种信念，即那些进入 WPI 的天才学生，应该在他们入学后就立即面对他们这一代人所面临的巨大挑战，并让他们开发自身对这些问题产生积极影响的巨大潜力。一个相关的培养目标要求学生在大一学年积累参与项目和项目团队的工作经验，而不是在大一期间单纯学习科学、数学和文科的基础课程，这一特色也是众多学生选择就读 WPI 的原因。

随着教育创新的蓬勃发展，WPI 的教师们围绕四个主题开发了一系列的问题研讨课，这四个标题充分描述了课程工作的主题和态度，它们分别是：治愈世界、养活世界、赋能世界和重大挑战。作为 WPI 创造性和协作性的教育创新典型，研讨课由跨学科的教师团队授课，学生则组成若干个小组，在研讨课总的主题下完成项目工作。学生们需要定期聚在一起，参加常规讲座或进行小组讨论；此外，项目工作还包括文献研究和实地调研。长达两个学期的研讨课最终会以海报、口头和书面报告的形式对项目成果进行展示。根据我个人对该研讨课的观察，这些参加 GPS 课程的新生所制作的海报展示质量，可以比肩我们的 IQP 和 MQP 学生团队及许多研究生所做的汇报展示水平。在 GPS 课程中，我们见证了新生的巨大创造潜力，也再次祝贺 WPI 计划能够持续发展并进入新的创新发展阶段。

## 第五节　成绩、院长荣誉奖、竞争与合作

随着课程体系的正式改革，WPI 计划以一种新的态度对待学生工作的评价及课程成绩和项目成绩的目的。评价学生工作的目的是让所有学生都取得高水

平的成就，而不是淘汰弱者或对成绩好的同学进行过度表扬。因此，在对资格类项目学生作业结果进行评定时，只设置了"及格"和"不及格"两种等级；后来，为了激发学生在尽可能高的水平上取得成果，又加上了"优秀"等级。多年来，随着WPI计划的完善，项目评估系统经过不断打磨，演变成了现有的以字母A、B、C和NR区分等级的评分制度，其中NR（no record）代表无记录，它仅表明某门课程没有以及格的等级完成。

创新性地使用NR等级，并选择在学期结束时告知学生评价结果，而不是永久地将其记录在案，是为了鼓励学生离开"舒适区"去尝试有难度的课程。同样的，为了避免学生们利用评分制度开展恶性竞争，WPI还取消了平均绩点的计算，且直到最近才开始保留院长荣誉奖。尽管后两项措施使WPI学生在申请外校研究生时所递交的成绩单对一些大学来说更加难以理解和评估，给研究生申请工作造成了一些困扰，但WPI的学生指导教师非常乐意通过撰写翔实的推荐信来解决这个问题，这也极大地促进了学生间以广泛的合作去取代相互竞争。事实上，WPI的学生非常赞成这种评分形式所蕴含的合作而非竞争的精神，以至于他们强烈反对一些教师最近提出的在成绩中使用加号和减号作为修饰语的举措，特别是B$^+$和A$^-$这些几乎被所有大学普遍采用的成绩等级。

## 第六节　整体性的连续

在WPI计划持续发展的40年中，学校已经逐步形成了一个适应经济社会由农业时代向工业时代、信息时代乃至如今创新时代经济需求[3]的理想的高等教育模式。WPI的学生通过在传统课程中加入不同程度的基于项目的工作，在以科学、技术、工程和数学为中心的高质量课程中，获取本科生都需具备的核心知识。此外，与上述方式并行的还包括为WPI学生提供了参与一系列整合性的体验，这些体验要求学生保持更深入、更广阔的求知欲，更为积极地应用知识，并具备为取得个人成就而自行设定和更新目标的发展能力。

这段连续性的体验包括：

大一学年：学生需要参加重大问题研讨课（GPS）。

大二学年：学生需要参与研究式讨论会，来完成人文社科领域的课程要求。

大三学年：学生需要完成处于技术和社会交叉点的跨学科研究资格项目（IQP）。

大四学年：学生需要完成本专业的专业研究资格项目（MQP）。为了完成MQP，学生需要通过整合本专业和相关领域的知识来解决实际问题，并且通常需要联系对接单位以获得场地和资金支持。

全球视野计划的推出进一步完善了这种连续性的教育培养模式。它不仅为IQP的开展提供了众多的全球项目中心，满足了人文艺术课程的要求（如学生可以在伦敦的狄更斯博物馆工作，或在摩洛哥学习伊斯兰历史和文化），推动了MQP工作的完成（包括位于硅谷、华尔街和伦敦金融区的项目中心），还提供了沉浸式的异国文化体验，这些遍布全球的机会有助于培养学生在陌生环境中进行项目管理及跨国跨地区协调工作的能力。

最后，教师们正致力于进一步加强WPI计划的连续性和相关性。为此，他们正关注创新创业能力在帮助毕业生准备好应对本国和全球经济所带来的快速变化的挑战中的作用。WPI不仅为所有学生提供了有关创业的正式课程、课程要素及正式辅修课程，还将其纳入许多学位课程计划。综上，这种以创新创业方式应对机遇挑战的思维模式，正成为WPI计划的主要特征，将促进知识以一种更加奇妙并充满无限可能性的方式发挥作用。

# 第七节　持续发展的框架

WPI计划在创建后的40年里，根据实践经验进行了反复改进，但基本理念仍保持完整。值得注意的是，1970年WPI计划的概念与2000年ABET提出的课程标准①及NAE的"2020工程师"计划的理念高度一致[4,5]，它们均认为应当将"人的能力"与技术能力及核心科学知识相结合，这一观点在WPI目前的教

---

① ABET要求参与认证的专业必须有效开设数学、技术、物理、自然科学、综合课、合作教育等领域的课程，以支持学生毕业后所需能力和专业培养目标的达成。——译者注

育理念中得到了明确阐述：

> 本科生课程的教学目标是引导学生出色地掌握主要研究领域的基本概念，为终身学习奠定基础对自身有更成熟的认识；最重要的是，深刻理解基础知识、技术进步和人类需求之间的相互关系。[6]

WPI 的教师们认识到了高等教育界已经开始在学习目标制定、学生学习情况评估方面对自身提出了更高的要求，为确保在进一步发展 WPI 计划方面继续取得成功，他们对一直以来指导并推动 WPI 计划发展的原则和价值观进行了反思，并形成了下列学习成果目标，这些目标也成了他们未来工作的试金石。

WPI 的"本科生学习成果"规定，WPI 毕业生将：

- 具有一定的数学、自然科学、人文科学基础。
- 较好地掌握了本学科的基本概念和方法。
- 能够掌握并使用现代技术工具。
- 具备良好的口头、书面和视觉交流能力。
- 能够有效进行个人和团队工作。
- 能够通过持续性的批判性调查，有效识别、分析和解决问题。
- 能够在学科之间建立联系，并整合多方信息。
- 理解决策与处于其他时间、空间、文化背景下的利益相关者之间的相互作用机制。
- 了解个人、社会和职业道德标准。
- 具备终身学习所需的技能、勤奋和追求卓越的决心。

本书将针对 WPI 课程的多个方面进行深入讨论，特别是在第五章至第八章对基于项目的学习进行了考察，在最后一章中则回顾了教师们学到的许多经验启示。由于 WPI 的课程颠覆了以往的教学传统，对于不熟悉它的人来说，经常会感到困惑和难以理解，因此笔者绘制了图 4.2 和图 4.3，旨在帮助读者更好地理解本章和其他章的内容。图 4.2 是对 WPI 学生所设置的获得工程学士学位的学术要求概述，WPI 的学年如图 4.3 所示（假设 1 月至 3 月为学生假期）。

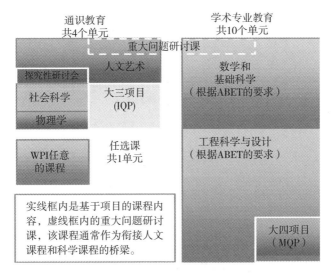

图 4.2　WPI 的学术要求

注：
- 学术教育被划分为 4 个单元，每个单元包含了相当于 1/4 学年的学术工作，4 个单元就是 1 年的学术教育工作。
- 通识教育包括 2 个单元的人文艺术教育，2/3 个单元的社会科学教育，1/3 个单元的物理教育及 1 个单元的大三项目（IQP）。
- 专业教育通常由 10 个单元组成，包括 1 年的数学和科学课程，1 年半的工程科学与设计课程，以及 1 个单元的大四项目（MQP）。
- 包含 1 个单元的自由选修课。
- IQP 和 MQP 都是专业项目，通常需要以团队的形式在校外开展。

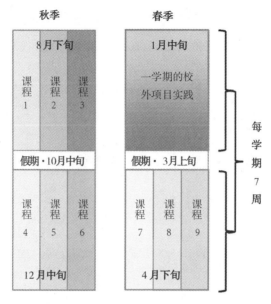

图 4.3　WPI 校历

注：每个学年都被分为 4 个为期 7 周的短学期。学生通常会在每个学期参加 3 门强化课程。此外，像 IQP 和 MQP 这样的专业项目，特别是校外项目，则通常需要一整个学期的时间来完成，同时学生也可以选择将项目工作分摊至多个学期，与常规课程同步完成。

## 第八节　结　语

　　WPI 计划自 1970 年推出以来，通过反复修改，已经形成了一个强调师生合作与协作的学习环境，它要求学生不仅具备团队合作的能力、使模糊问题清晰化的能力、整合跨学科知识的能力，还要懂得将知识应用于生产性的重要目的。WPI 计划在引入了全面的"全球视野计划"（GPP）之后得到了进一步的发展，"全球视野计划"为学生在国外项目基地开展有意义的工作提供了宝贵机会，并融入了对创新创业精神的培养。当然，这种环境要求学生以一种更积极的方式掌握分析和解决问题所需的"核心知识"，并发展强大的人际交往、写作和表达技能。这确实是一个丰富而全面的例子，是"整体性教育"理念的最佳印证 [7,8]。

# 参考文献

1. M.M. Tymeson, Two Towers: The Story of Worcester Tech 1865—1965, Worcester, MA: Polytechnic Institute, 1965, Available: http://www.wpi.edu/academics/ Library/Archives/ TwoTowers/.

2. T. Tredgold, 1818, in charter of Institute of Civil Engineering in Great Britain, as cited in [1].

3. C. Carlson and W. Wilmot, Innovation: The Five Disciplines for Creating What Customers Want. New York: Crown Business, 2006.

4. National Academy of Engineering, The Engineer of 2020: Visions of Engineering in the New Century. Washington, DC: National Academies Press, 2004.

5. National Academy of Engineering, Educating the Engineer of 2020: Adapting Engineering Education to the New Century. Washington, DC: National Academies Press, 2005.

6. Worcester Polytechnic Institute, "About the University: Mission and Goals." Endorsed 1987. Available 2009: http://www.wpi.edu/about/statements.html.

7. D. Grasso and D. Martinelli, "Holistic Engineering." The Chronicle Review, March 16, 2007.

8. D. Grasso and M. B. Burkins (eds.), Holistic Engineering Education: Beyond Technology. New York: Springer, 2010.

# 第二篇

# 卓有成效的工程教育实践

PART 2

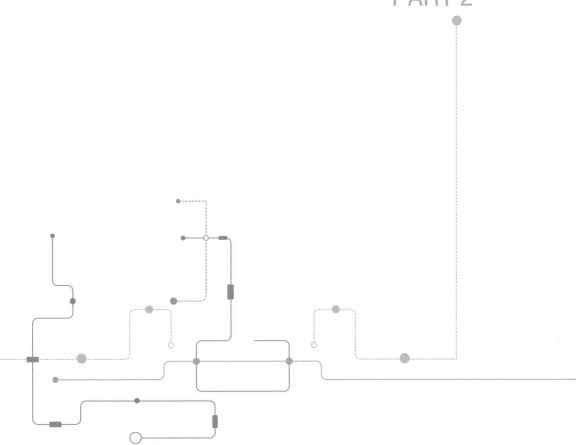

# 第五章　起点：重大问题研讨课

亚瑟·C. 海因里希（Arthur C. Heinriche）

克里斯汀·沃伯（Kristin Wobbe）

## 第一节　引　言

数十年来，教育创新一直是一个热门的话题。迄今为止，许多关于教育创新的讨论都与 WPI 计划有关。该计划最早在 20 世纪 60 年代后期首次提出，并于 70 年代开始实施，但现在 WPI 计划中的各项内容，并不都是在 40 年前就已经存在了。在过去的 40 年中，WPI 计划已然经历了发展和变革。本章将对 WPI 计划最新的发展情况进行介绍。

一直以来，WPI 计划都将重点放在大三（跨学科研究资格项目，IQP）和大四（专业研究资格项目，MQP）的项目任务上。这种对高年级项目任务要求的重视，改变了学生们对教育学习目标的认识。该计划的教育核心是学生的学习责任和团队合作能力的培养。尽管这样的教育重点改变了学生最后几年所学课程的授课方式，但给学生上的许多课程或者说绝大多数的一年级课程，依然保持着相当传统的授课方式。一年级课程的开设，仍然遵循着学生在开始项目任务实践之前首先应当"了解"基础知识的"理论"路径。整个学校的一年级课程仍然由一些所谓的"案例学习"所主导。[1]

这种局面在 2007 年发生了变化。学校的一些教师开始面向一年级学生，提供一些"研讨课"作为新的学习选项，这些课程主要围绕 21 世纪人类面临的重大挑战问题展开。"重大问题研讨课"（Great Problems Seminars，GPS）旨在为学生提供解决实际问题的学习体验，它与教授学科内容的入门课程的区别在于，GPS 并非按照学科或学系的思路进行设计，而是围绕该课程所要解决的重大问题进行课程建设。

学校开设了四门不同的"重大问题研讨课"①。在最初的三年中，共有 450 多名学生参加了这项课程的学习。首批 GPS 的四个主题如下：

- 养活世界（关于食物）
- 赋能世界（关于能源）
- 治愈世界（关于疾病）
- 重大挑战（关于以上所有内容和更多其他主题）

每个主题都由来自不同学科的两位教师共同开发和实施。两位教师中有一位来自科学或工程学领域，另一位则来自人文或管理学领域。这里必须指出的是，非工程学或非科学的教师在 GPS 的教学"结对"工作中，与另一位教师处于一个平等的合作伙伴地位。这种地位的设置传递出了一个明确的信息，即仅仅依靠技术知识永远无法充分地解决社会最紧迫的问题。

GPS 每门课程的前半部分专门用于对问题的历史、规模和深度等各个方面的探讨。在课程的后半部分，学生们分别组成团队，集中精力开展一个专业项目，对他们所选问题的某些方面或问题的合适解决方案进行探索。在 GPS 课上，学生们有机会选择他们真正关心的问题开展项目工作。

我们对 GPS 寄予了厚望，希望这些课程能够帮助学生在大一就实现课程的重要学习目标，并对学生参与的积极性产生重大影响。早期的课程评估结果表明，这些研讨课顺利实现乃至超额完成了我们之前设定的课程关键目标，而且远超预期，对学生的学习和成长产生了积极的影响，这是我们之前没有预料到的。参与研讨课工作的教师们将学生这种极高水平的参与称为"**赋能**"。尽管研讨课并没有将学生领导力纳入之前的课程设计中，但学生和教师都认为 GPS 带来了学生领导力的提升。对此，学生们的解释是，GPS 使他们能在大一的学习中就有机会参加一个专业项目，这个项目不会像大三、大四阶段的专业项目那样存在高风险性，这极大地提高了他们对自己有能力完成项目的**信心**。学生们完成的项目任务质量超出了预期，这个结果消除了很多人最初对大一学生在没

---

① 首批"重大问题研讨课"的试点工作获得了埃里克·哈恩家族基金会（Eric Hahn Family Foundation）慷慨的捐赠资助。

有足够背景知识的条件下就开始解决现实问题的担忧。

一位大一的学生很好地把握了 GPS 课程体验的精髓，他认为："这些就是现实生活中所发生的事情……它们是无法通过其他学习方式来替代的。"

## 第二节　背景：与目标的差距

大约在 40 年前，伍斯特理工学院全面重构了学校的课程体系，在课程中加入了专业的项目任务，这些项目任务不仅面向学生的专业领域，还针对社会需求所带来的位于科学与工程交叉点上的难题进行探索。当时，WPI 计划基于对学生学习方式和课程涵盖内容的双重考虑，精心制订了富有创意、冒险精神和要求严苛的课程计划。

WPI 计划中的项目任务具有刺激性和挑战性，吸引了 WPI 的潜在生源。这些学生听闻了 WPI 的学生们在所学专业中完成的工作（详见第十章），并阅读了该校学生远赴世界各地为外部资助单位解决实际问题的信息（详见第九章和本章参考文献 2）。然而在 2007 年之前，这些学生在入学后发现，他们所学的都是基础数学、科学和工程等非常传统的课程，并且以非常传统的方式进行教学。这在很大程度上归结于 WPI 计划对一年级课程的忽视。学校教师特别工作组的一名成员曾对一年级课程工作的"相对被动性"进行了强烈的批评。虽然对许多学生来说，一年级的课程无疑是具有挑战性的，但这些课程并没有对学生们产生吸引力。一年级的课程充其量只是学生们在学习过程中必须经历的一个环节，但这些课程所带来的最坏的影响在于，它们会成为学生踏上热爱学习之路的障碍。

在学校师生普遍认为大一的学习体验与项目任务的刺激性定位之间存在脱节的时候，全国学生参与度调查（NSSE）对这两者之间差距的衡量提供了一个量化的数据结果。（关于该调查的背景信息，详见参考文献 3、4；关于伍斯特理工学院学生学习体验的信息，详见参考文献 5。）在调查中，WPI 的一年级学生认为，与同类院校的同类学生相比，他们在学业上的投入较少。在 2001 年、2002 年、2003 年和 2006 年（2004 年和 2005 年没有调查数据），WPI 的 NSSE **第一年学业挑战水平综合得分均低于该校所在同类院校小组的同指标得分，但**

WPI 高年级同指标的综合得分则远高于同类院校同期的得分。WPI 大一学生还报告了他们在课外的学习和写作方面的体验都比同类院校的大一学生要少，而这一数据在高年级学生的调查统计中再次颠倒。WPI 的高年级学生表示，他们在学习时间和写作体验上都比同类院校的学生有明显的优势。

这些量化的调查结果表明，WPI 的大一学习体验与学校根本任务之间存在差距。我们设定了很高的期望，但未能得以实现。虽然近 10 年来，学校的教职员工持续重视大一的学习体验，还对一些重要举措进行了试行和制度化，但是，差距依然存在。

## 第三节　背景：更全面的视角

WPI 通常会将其对大一学习的重视作为该校吸引和留住工科学生的重要方式。20 世纪 90 年代，由美国国家科学基金会资助发起的工程教育联盟[6,7]汇集了来自 6 个地区的 44 所学院和大学，引发了工程教育领域的根本性变革。例如，德雷克塞尔大学（Drexel University）为工科学生设计了高度集成的一年级课程。[8,9]哈根伯格等介绍了瓦尔帕莱索大学（Valparaiso University）建立了类似的课程体系。[10]有文献则介绍了赖特州立大学（Wright State University）的一年级课程，该课程在学生完全掌握运用或分析模型所需的数学背景知识之前，就向学生介绍了工程应用中的关键数学模型。[11]WPI 则完成了将项目任务作为各个入门课程衔接桥梁的工作。[12-14]

即便有了这些工程教育创新，大多数教师仍然认为，大一的工程教育在 40 年中并没有发生太大变化。大多数学校在进行工程教育改革时，都将现有课程和学科作为既定的、不容更改的标准动作。一旦资助经费从这些面向小规模学生群体或依赖外部资助运行的创新项目中撤走，那么，这些创新活动将无法进行扩展或持续运行。例如，工程教育联盟中的一些教师成员认为，WPI 的各项课程计划并没有给该校的工程教育带来普遍认可的实质性变化。[15]

1997 年，欧林基金会（Olin Foundation）发布了一份强有力的声明，决定不再支持现有工程课程的渐进式变革，而是将资金用于支持创建一所全新的富兰克林·W. 欧林工学院（Franklin W. Olin College of Engineering）。欧林工学院的课程体系是全新构建的，它在第一学期为学生提供设计体验，将项目任务作为每个学年课程的重要组成部分，并随着年级的上升不断增加项目任务在课程中的比重，此外，课程还强调创业精神的培养。[16,17]

美国国家工程院致力于通过关注 21 世纪人类所面临的最重要问题，以及推进大挑战计划和大挑战学者计划 ① （Grand Challenges，the Grand Challenges Scholars）的发展，来改变工程的专业形象和教育形象。大挑战学者计划是一项课内与课外相结合的课程计划，具体包括**研究体验**、**跨学科课程**、**创业精神**、**全球格局和服务学习**五个组成部分，旨在培养学生成为能够解决 21 世纪社会重大挑战的新一代工程师。

大学一年级是学生学习转型的一个关键节点，它不仅在科学和工程领域中备受关注，而且多年来一直被列为国家的重点工作。2009 年，美国国家一年级体验与转型期学生资源中心 ② （National Resource Center for the First-Year Experience and Students in Transition）组织了第 22 届国际会议，讨论了关于大一学习体验的问题。该中心拥有关于大一体验活动研究的丰富资源，但其中的很多研究都侧重于探索让学生做好进入大学学习准备的各项计划。[18-20]这些研究解决了很多问题，因为有太多的学生在中学毕业时并没有掌握能够在大学顺利学习所必需的基本学习技能或基本知识。

2008 年，南卡罗来纳大学（University of South Carolina）的教师举办了一场该校的一年级研讨课计划（FY seminars）讲习班。20 年的辛勤工作为该校提供了宝贵的经验教训，并助力该校教师制订出了一项非常成功的计划。虽然一年级研讨课不是必修课程，但该校一年级学生的参与率依然超过了 80%。有意思的是，当被问到哪些学生没有参加这个课程时，一年级研讨课的教师直指科学与工程专业的学生。这意味着在一所几乎将全部重点都放在了科学和工程专业的学校中，一年级研讨课需要以另一种形式展开。

在工程之外的其他领域，也有许多一年级课程的成功案例。例如，马萨诸塞州的另外两所大学围绕不同的研究主题组织了具有创新性的一年级课程，并

---

① 大挑战计划（http://www.engineeringchallenges.org/）和大挑战学者计划（http://www.grandchallengescholars.org/）情况详见网址。

② 国家一年级体验与转型期学生资源中心情况详见 http://sc.edu/fye/。

开设了为期一年的"深入研究"选修课。① 自 1992 年起，圣十字学院（College of the Holy Cross）每年都会开设一个跨学科的一年级系列研讨课，而且每年都会更新一次课程主题②（该课程于 2006 年起面向全体大一学生开课）。另一个一年级课程的成功案例是波士顿大学艺术与科学学院的核心课程。③ 波士顿大学的重点在于，通过提出通识教育的长期存续问题，构建一年级核心课程，这与哥伦比亚大学在 1919 年创建的以探究为重点的核心课程的做法具有相同之处。[21]

## 第四节　重大问题研讨课：课程的设计原则

开发首批"重大问题研讨课"的教师在进行课程设计的过程中，需要始终牢记课程的三条设计标准，它们分别是：

- 从一个重大问题入手。
- 包含一个由小规模学生群体自主选择并开展实施的专业项目。
- 与以学科为基础的传统课程相比，要求学生进行更多的写作和交流。

第三条标准着重培养最为明显实用的技能。该计划的多名发起者都认为，要不断加强对写作的重视，将它作为 21 世纪工程师应具备的一项重要技能。[22-25] WPI 的教师们发现，学生并没有做好充分的准备去应对大三、大四阶段专业项目的写作工作。美国全国学生参与性调查曾将学生写作能力作为衡量学生参与性的一个指标，并将写作能力明确为课程中的一项学术挑战。学习科学领域的研究也表明，当学生能够明确表达出对自己所获得的持续进步的理解时，他们的学习会达到最佳效果。[26] 写作和汇报展示都是宝贵且有助于深度学习的专业技能。

第二条标准将一年级学习体验直接与 WPI 计划的目标进行关联。该标准中强调的团队合作（以及与项目顾问的紧密合作）是完成大三阶段跨学科研究资格项目（IQP）和在多数情况下完成大四阶段专业研究资格项目（MQP）的关键。

---

① 　详见 https://www.clarku.edu/classof2013/academics/fys.cfm。

② 　详见 http://www.holycross.edu/departments/FYP/website/theme.html。

③ 　详见 http://www.bu.edu/core。

这也有助于学生建立自身的学术与社会支持网络，这种网络是学生顺利完成大学学业的组成条件之一。

第一个标准显然是最重要的，它对 WPI 的学生产生了最为令人惊讶的影响。之所以要强调重大问题，是因为课程的设计将重大问题作为动机的出发点，能够激发和引导学生的学习；它激发了大一学生刚入学时的活力，让学生们期待大学的学习会与高中有所不同；它给学生们提供了一个框架，学生可以在这个框架中证明他们所有在学习上的付出的合理性。正因为如此，重大问题研讨课的学生们未曾也不太可能会问老师"我们为什么要学习这个"这个问题。

这项教育计划还有另一个出人意料的成效。在重大问题这个层面和这些研讨课上，学生较少担心失败，并且更愿意承担风险。GPS 的重要性与 IQP、MQP 不同（IQP、MQP 均为毕业要求之一），学生们并不具备寻得重大问题解决方案所需的全部理论的背景课程知识，他们能够在过程中根据自己的需求进行学习，掌握取得项目进展所要学习的知识，并最终理解数学、化学、物理、经济学、历史和修辞学等学科课程对他们有用的原因。

## 第五节　重大问题研讨课：课程详细介绍

尽管重大问题研讨课不会取代任何现有的课程，但它们确实需要占用课程体系中的一些时间，准确地说是占用了大一学生 1/6 的课程时间。每一门重大问题研讨课都相当于两门课程的量，并且研讨课在相应的学系中会有选修学分（在早期阶段，需要一种方法让大家接纳与既有课程体系的安排显得格格不入的研讨课）。也就是说，研讨课的组织结构与学校既有的常规课程截然不同。

专业项目是每一门重大问题研讨课中最为重要的部分。但是，在让一年级学生参加该课程之前，我们还需要给学生们一些指导和准备。在该课程的前半部分，我们会花费大量时间从多个角度向学生们介绍问题，要求学生开展阅读、写作、了解解决问题的方法并进行大量的汇报展示。学生的阅读材料并没有使用传统意义上的资料，而是使用了包括从芭芭拉·金索尔弗的《动物、蔬菜、奇迹》到威廉·麦克唐纳先生和迈克尔·布朗嘉特的《从摇篮到摇篮》，以及来自《经济学人》《科学美国人》和《波士顿环球报》的文章，确保问题讨论的时效性

和相关性。[27-31]

教师们已经确定了重大问题研讨课结构中的一些关键组成部分，它们分别是导论讲座、教师团队、开拓性任务和专业项目。

## 一、导论讲座

我们以一场导论讲座作为重大问题研讨课的开端，讲座由一位知名教师主讲，这位教师正在开发该课程的其中一个重大问题。该讲座要求选修重大问题研讨课的全体学生参加，同时还邀请了全校范围内更多的成员参与。讲座为学生们提供了更广阔的问题视角，此外，还带领学生们了解了那些德高望重、才华横溢的人们付出毕生精力所研究的重大问题。导论讲座的主讲者们还参观了GPS的教室，并同各个学生小组进行了讨论。该课程的主讲者阿尔弗雷德·W. 克罗斯比（Alfred W. Crosby）是一位受人尊敬的历史学家，他撰写了著作《世界动力》中的必读文章之一——《太阳之子》[32]，在研讨课的第一次课上，他就带着学生们学习了《世界动力》。学生们在课上向克罗斯比教授"施压"，请他给出解决未来世界能源需求的"答案"。克罗斯比教授笑着答道："我是一位历史学家。你们才是解答未来问题的人！"这样的交流为整个课程奠定了基调。

重大问题研讨课有以下特色：

- 研讨课的总课时是常规课程的 2 倍（前者为 14 周、后者为 7 周）。
- 研讨课由 2 名来自不同学系的导师进行授课。
- 学生可以获得相当于 2 门课程的学分。
- 给定的学分分布在 2 个不同的学科领域。
- 研讨课的后半部分主要用于开展项目任务。

戴维·何（David Ho）博士是艾滋病丙肝鸡尾酒疗法开发团队的主要科学家之一，该疗法目前仍然是艾滋病的标准疗法。何博士负责围绕艾滋病病毒和艾滋病研究的发展情况给学生们做第二场导论讲座。他的演讲融合了研究人员和政策制定者双方面临的挑战，并展现了他开展这项工作的热情。在讲座当天的大部分时间里，何博士都一直与这些由大一学生组成的各个小组进行交流。许多学生都被这位世界著名的科学家能够花时间与他们交谈（而不是向他们讲述）的行为所感动。

## 二、教师团队

我们发现，在授课期间能够让两位来自不同领域的教师至少在部分情况下同时在场的教学方式受到了学生们的普遍欢迎。学生们喜欢与不同的教师进行对话，这种对话提供了一个知识话语交流的范例，这在传统的授课课程中是无法实现的。我们还认识到，当教师团队中的导师们都不是所要探讨的领域中的专家时，他们会带头示范另一种非常重要的行为。教师团队的成员们会以学习者的身份去认识重大问题，这意味着他们要在公开场合冒着很大的风险，在学生面前作为具备高水平理解能力的调研人员而不是以专家身份，去努力让学生们弄懂这些重大问题。同样，该课程也要求学生们在学习中能够承担同样的风险。

## 三、开拓性任务

第一学期的一些任务包括以小组为单位的体验式学习。例如，"养活世界"主题的研讨课程要求每个学生在学生食堂的餐具传送带前花费一个小时，收集所有未被食用的食物（包括固体和液体食物）并进行称量。在对被浪费食物开展了为期两天的收集工作后，学生要汇总数据并在课堂上对这些数据进行讨论。之后，课程会要求学生向用餐流程中的一些利益相关者（如食品服务、校报、学生自治会、行政部门）递交信件，详细说明相关调查结果并提出一些补救措施的建议。在"治愈世界"主题的研讨课中，学生参加了流行病的模拟研究，对中世纪黑鼠疫和霍乱的流行进行建模。学生通过扮演旅行商人或朝圣者的角色，给家乡的朋友和家人写明信片，详细说明他们所遭遇的经历。相比于对公共卫生统计数据的简单研究，这些任务有助于学生们更深刻地认识和理解具体情况。

## 四、专业项目

重大问题研讨课的主要目的是完成一个团队项目，该项目占用了学生后半部分课程的主要精力。学生与指导教师一起努力，找出一个合适的项目主题并进一步开展项目设计。在这个过程中，教师团队的成员仅以顾问的身份为学生提供服务，他们赋予了学生进行自行选择和决策的权利，帮助学生树立起对项目的主人翁意识。大一的学生在将一个题目分解并落地为一个可操控的项目时，经常需要获得帮助。例如，一个项目的初始构思可能是"鱼类资源枯竭"。与教师的讨论有助于学生找到一个更具操作性的话题，例如"非洲维多利亚湖的鱼类资源枯竭"。此外，研讨课的教师需要经常提醒学生们，他们需要做的是提供一个可行的解决方案，而不是仅仅止步于对问题的描述。

以下列举了各门研讨课中的部分学生项目名称[1]。

**养活世界**

- 防止肥料流失
- 切萨皮克湾的渔业产量维持方法
- 伍斯特食品券活动的参与问题
- 多元文化：实现可持续农业的方法
- 午饭吃什么？

**赋能世界**

- 消除对核电的误解
- 伍斯特理工学院建设光伏系统的可行性研究
- 环保屋顶与传统沥青屋顶的成本比较
- 马萨诸塞州风力涡轮机的用户使用指南
- 美国开展地热发电的可行性

**治愈世界**

- 印度民众不遵守结核病治疗规定
- 艾滋病病毒（HIV）和人乳头状瘤病毒（HPV）的预防：青年人是否了解？
- 抗击癌症，而非治疗癌症
- 医疗卫生效率低下
- 西非的拉萨病毒预防

**重大挑战**

- 肯尼亚马雷瓦净水项目

---

[1] 在伍斯特理工学院的网站（www.wpi.edu/þFYE.）上提供了"重大问题研讨课"所有项目的海报。

- 伍斯特理工学院的有机废物管理
- 使用斯特灵发动机的点源发电
- 回收再造
- 从旧瓶子到新瓶子

　　一旦确定了合适的题目，学生团队便开始收集数据，构思对问题的确切描述并寻找可行的解决方案。在这个过程中，各个项目团队每周至少与指导教师见面一次，讨论项目进度、团队问题和最新的思路进展情况。有几门研讨课会要求学生团队向全班简要介绍他们的研究进展，然后教师和他们的同学会对他们介绍的内容进行反馈。每一门研讨课都要求学生提交一份书面项目报告和一份海报作为最终成果。有一些研讨课还会要求学生做一次正式的汇报展示或制作一些宣传材料，通过这些方式使目标受众认可和理解他们的项目任务。

　　研讨课提出的全球性问题还可以激发学生的学业抱负和职业抱负。许多学生进入大学时都希望自己能够让世界变得更加美好。研讨课可以满足学生想要实现其远大抱负的需求。课程给大一学生提供了一个平台，让他们可以对即将获得的技能进行充分利用。有不少学生在反馈中提到，经过研讨课的学习，他们可以有能力做一些事情，同时也明确了自己能够在哪些方面发挥到极致。

　　　就课程项目而言，我所在的团队能够与一个非政府组织开展合作，为肯尼亚的马勒瓦市开发可持续的肥皂生产和分配流程。这个项目对我来说是一个很重要的机会。这门课程的学习，让我意识到自己希望为非政府组织工作，去开发和引入可持续的流程，从而改善弱势群体的生活。

　　研讨课结束后，学生进一步推进他们的项目落地，希望能将自己的理念付诸实践。例如，一个参加了"重大挑战"主题研讨课的学生小组，通过与一个非政府组织合作，提出了帮助肯尼亚马累瓦解决清洁用水短缺问题的思路。研讨课结束后，这个学生团队进一步制订了他们前往非洲的计划，想看看是否可以参与到他们所制订计划的执行工作中去。另一个学生小组则在"养活世界"研讨课中联系到了伍斯特市政府，他们希望将"上门送餐服务"计划扩展到 65 岁以下的人群，理由是 65 岁以下行动不便的人群对该项服务也有着很大的需求。

研讨课还会举办课程结业活动，其形式是为所有参加课程的学生举办一场专门的大型海报展。这个展出面向全校师生开放，并邀请了更多的校外人士前来观看（见图 5.1）。参展的海报将以各研讨课为单位，分别评选出每一门研讨课中学生项目海报的第一名和第二名。尽管学生们都希望能够获奖，但对他们而言，有机会向他们的同学、指导教师、全校师生甚至更大社会群体中有影响力的人员展示他们的工作，让他们感到更加兴奋，因为这是一件值得自豪的事情。课程结业活动当天，学校还会对学生们的汇报展示进行评定，这是提升当天活动专业性的一个重要标准，不过此举的真正目的是肯定学生们所获得的成就。这些才进入大学一个学期的大一新生就能够完成这些项目，令前来观展的学生和其他观众都感到惊讶。

图 5.1　课程结业活动剪影

## 第六节　早期评估

2007 年，110 多名学生报名参加了重大问题研讨课（大一学生共有约 800 名）；2008 年，超过 200 名学生报名参加了该课程的学习（大一学生共有约 900 名）。该课程在 2007 年探索推出了 2 个研究主题，到 2008 年扩展到了 4 个主题。由于该课程并不是必修课程，所以选修这门课程的大一新生在主题课程的选择上呈现了有意思的分布模式。表 5-1 给出了 2008 年该课程选课学生的分布情况。

表 5-1　2008 年重大问题研讨课选课学生的性别分布情况

| 性别 | 养活世界 | 治愈世界 | 重大挑战 | 赋能世界 | GPS 选课学生整体情况 | 2012 届学生分布情况 |
|---|---|---|---|---|---|---|
| 女生 | 47.83% | 64.44% | 24.07% | 21.13% | 35.23% | 29.00% |
| 男生 | 52.17% | 35.56% | 75.93% | 78.87% | 64.77% | 71.00% |

首先，2008 年重大问题研讨课选课学生中女生所占的比例略高于 2012 届全部学生中女生所占比例，但在该课程的不同主题课程之间，则出现了分布明显不均的现象。男生在"重大挑战"和"赋能世界"两个主题课程中所占的比例较高。在"养活世界"和"治愈世界"两个主题课程中，女生所占的比例要高于全年级学生中的女生占比。

选修不同主题课程的学生，其专业分布也反映了不同专业学生对研讨课主题的选择偏好（见表 5-2）。

表 5-2　2008 年重大问题研讨课选课学生的专业分布情况

| 专业分类 | 养活世界 | 治愈世界 | 重大挑战 | 赋能世界 | GPS 选课学生整体情况 | 2012 届学生分布情况 |
|---|---|---|---|---|---|---|
| 工程 | 21.74% | 6.67% | 48.15% | 42.25% | 33.16% | 38% |
| 数学与科学 | 43.48% | 60.00% | 12.96% | 25.35% | 32.12% | 29% |
| 人文艺术与管理 | 0.00% | 13.33% | 7.41% | 1.41% | 5.70% | 8% |
| 其他专业 | 34.78% | 20.00% | 31.48% | 30.99% | 29.02% | 25% |

在选修 GPS 的学生中，来自其他专业的学生人数较其在全年级学生中的比重略高，这可能是因为这些学生认为他们可以在大一阶段自主发展。工程专业（包括机械工程、电气工程、计算机工程、化学工程、土木工程和环境工程）学

生在"重大挑战"和"赋能世界"主题课程的选课学生中占有较高的比例，与前文所述的性别平衡情况相一致。工程专业学生在"养活世界"和"治愈世界"主题课程中的人数比例低于预期，而数学与科学专业（包括计算机科学、生物学、化学、数学科学、物理和生物医学工程）学生在这两门主题课程中的人数比例则远高于该专业学生在全年级学生中的比重，这些数据再一次印证了表5-1中选课学生的性别分布情况。如果考虑到这些主题课程所对应的学分设置，那么上述选课学生的专业分布结果或许就不会让人觉得十分意外了。"赋能世界"和"重大挑战"两门主题研讨课都可以提供符合工程专业要求的相应学分（分别为物理学和工程科学的学分），而"养活世界"和"治愈世界"则可以提供科学专业的学分（分别为化学和生物学的学分）。

有观察证据表明，如果学生选择中途退出研讨课，他们依然可以保留在该课程第一个学期所获得的一个课程学分。但在研讨课开课的第一年中，选择中途退出课程的学生人数很少（仅占该课程全部选课人数的6.3%）。学生中途退出课程最常见的原因是课程缺乏结构性（学生感觉不知道课程到底要讲授什么）、课程学习负担重及写作任务数量多。一般来说，中途退出的学生并不是那些在课程学习上有困难的学生。实际上，有些退出的学生甚至是那些在课堂上最聪明的学生。借用希拉·托比亚斯（Sheila Tobias）的话说，GPS可能会成功地"接近学习的第二层次"[33]。那些早早退出研讨课学习的学生看起来更像是那些已经成功学会通过某种规则完成学习任务，并很好地适应了这套规则的学生，他们通过退出课程的方式，试图回到那些能够给出清晰、明确的课程学习问题的舒适区之中。这些学生只会使用他们熟悉的学习工具，并在书本末章找到问题的答案，这就是他们完成课程作业的标准流程。

GPS的授课教师们参加了面向所有本科生课程的同类课程评价。如表5-3所示，参与四门主题研讨课程的学生在调研中针对该课程的一些关键问题，给出的评价结果数据均远高于全校课程的平均值。值得注意的是，通常学生对大一课程的评分低于全校平均水平是很普遍的情况。

表 5-3 学生的课程学习反馈报告（2008 年）

| 项目 | 养活世界 | 赋能世界 | 重大挑战 | 治愈世界 | 全校平均值 |
|---|---|---|---|---|---|
| 我对这门课程的整体评价 | 4.62 | 4.20 | 4.67 | 4.34 | 4.05 |
| 我对教师教学的总体评价 | 4.95 | 4.36 | 4.55 | 4.45 | 4.05 |
| 我在这门课程学习中的收获 | 4.68 | 4.11 | 4.55 | 3.89 | 3.83 |

此外，GPS 的每一个教学团队都针对自己所在的特定课程开发了相应的评估工具。例如，"养活世界"研讨课要求学生对该课程在多大程度上提升了他们的写作、演讲、汇报展示准备和团队合作等技能进行评价，评价结果见表 5-4。

表 5-4 技能发展的自我报告

| 本课程在多大程度上帮助了您 | 一点也不 / % | 有一些 / % | 相当多 / % | 非常多 / % |
|---|---|---|---|---|
| 写作技能 | 0 | 36 | 41 | 23 |
| 演讲技能 | 9 | 5 | 36 | 50 |
| 汇报展示准备技能 | 0 | 14 | 9 | 77 |
| 团队合作技能 | 0 | 14 | 14 | 73 |

虽然很难对学生们通过课程学习所获得的进步进行完全客观的评价，但是参加课程教学评价的教师认为，相比于参加研讨课之前，学生们在完成该课程的全部学习后表现出了巨大的进步，其中，他们的汇报展示技能的提升尤为突出。另一个支持 GPS 获得成功的观察证据则来自给这些学生进行后续其他课程授课的指导教师。这些教师认为，完成并通过了 GPS 课程学习的学生，在写作能力、批判性思维能力、提出优质问题的能力和成为班级领导者的意愿上都有着亮眼的表现。

## 第七节 外部评价

为了给 GPS 课程建立合适的评价制度，伍斯特理工学院与马萨诸塞大学多纳霍学院的研究与评估组合作制订并实施了一项评价计划。评价计划包括对试点年份所有参加 GPS 课程的一年级学生分别开展各课程的前置调查和后置调查，即对 2008 年春季（在 GPS 课程计划完成第一年的教学后）和 2008 年秋季

（当期的 GPS 课程要到 2009 年春季才能完成）参加了 GPS 课程的学生和教师进行焦点小组访谈，此外，在完成研讨会课程一年后还会对同一批学生再进行一次焦点小组的跟踪访谈。

在 2007 年 GPS 首次开设"养活世界"和"赋能世界"两个主题的课程时，所有的大一学生都参加了学校开展的课程前置调查和后置调查。调查显示，在大学一年级时，与非 GPS 的学生相比，GPS 学生在一些重要方面表现出较高的参与度（在统计上表现出显著性差异），主要包括以下几个方面：

- 在团队中有效地开展工作
- 增进对当代问题和全球问题的理解
- 解决复杂的现实世界问题
- 基于一套标准对信息、构思效度或工作质量做出判断，以实现对观点的表达和捍卫

### 一、GPS 2007 级的焦点小组访谈：形成性评价

GPS 在 2007 年第一次开课时，就明确将项目任务作为该课程计划中最有价值的组成部分，在这之后，课程评价计划在 2008 年春季完成了焦点小组访谈的工作。学生们也提出了一些对 GPS 课程不太满意的地方。尽管学生们对两门主题研讨课的不满有不同的原因，但通过访谈发现，两门研讨课存在着共同的问题：

- 现有的研讨课未能满足学生们对课程结构更明确和内聚性更强的期望
- 学生们认为 B 学期的课程比 A 学期的课程更有价值
- 学生们希望能够开展更多与当前重大事件有关的工作

因此，在 GPS 计划实施的第一年，学生们表现出来的期望和需求与课程教师们的预期和教学方式并不完全相符。

## 二、GPS 2007 级的焦点小组访谈：针对往届生在课程学习一年之后的评价

随后，评估组顾问对参加第一期 GPS 课程学习的学生进行了访谈，以确定 GPS 对他们大二学习所产生的影响。这名顾问提到，虽然 GPS 第一期课程曾受到学生们的严厉批评，但一年后对同一批学生进行访谈时，这些学生们却"再也没有（对 GPS）给出任何负面的评价"。

绝大多数 2007 级的 GPS 往届生都认为，GPS 很好地实现了学生们对 WPI 项目密集型环境的适应性体验。因为在 GPS 课上，当前的项目负责人会将学生们视为有价值的资产，潜在项目负责人则把他们看作很有能力的接班人。相比于没有参加过 GPS 的大一学生，这些完成了 GPS 学习的学生对如何开展项目和小组合作有着更深刻的认识。

GPS 的学生在谈到与 GPS 课程目标直接相关的领域时指出，他们的个人成长和技能发展源于 GPS 课程中以下领域的学习：

- 项目管理
- 团队合作
- 时间管理
- 汇报展示技巧
- 批判性思维

GPS 的往届生还认为，在大学的前两个学期中，他们通过参加 GPS 所发展的技能，有助于他们为之后在大学期间和毕业后开展项目任务做好准备。他们肯定了该课程对发展这些技能发展的帮助，这种肯定具有重要的意义。然而，可能更需要注意的是往届生通过 GPS 学习所发展的一些与 GPS 课程目标未产生直接关联的其他技能。这些技能将成为学生们在 GPS 预期影响的领域和在校外其他领域迈向成功的基础。以下列出了原本并非 GPS 计划的目标培养技能，却被往届生认为是通过参加 GPS 而直接发展的技能：

- 担任团队的领导职位

● 接受他人重要的意见

● 具备与位高权重者交谈的自信

● 向他人进行专业的汇报展示

在一定程度上,这些技能属于发展个体成熟度和专业成熟度的范畴。这让 GPS 的实施目标不再仅限于促进大一学生快速适应 WPI 课业压力大、项目任务挑战性强的整体环境,它还旨在提高大一学生管理这些事务的能力。GPS 是具有挑战性的,它要求刚进入大学的大一新生去做一些专业的事情。但当这些学生努力去做到这一点(有时甚至会感到不满)时,他们不仅应对了挑战,还发展了技能,这些技能将会在他们之后的大学生涯和职业生涯中发挥很大的作用。

在焦点小组访谈的最后,评估小组询问了大家是否对他们参加的 GPS 学习还有其他意见。一位学生评论道:"GPS 可以在正确的位置上给你带来合理的压力,促使你通过学习对的方法来做对的事情。"

### 三、GPS 2008 级的焦点小组访谈

2008 年 GPS 再次开课之后,评估组开展了类似的课程评价工作。本轮评估的结论是,GPS 在 2008 年开设的所有主题课程均成功实现了 GPS 计划的目标。这些课程使学生了解当前的重大事件、社会问题和人类需求;鼓励学生进行批判性思考,提高信息素养,撰写实证材料;给学生设置挑战,要求他们承担其学习的个体责任,发展团队合作、时间管理和组织的能力。评估组一致认为 GPS 的最大成效,在于学生通过该课程的学习,在团队合作方面积累了丰富的经验、知识和技能。学生们认为,参加 GPS 学习让他们实现了自身能力的发展,这是未参加 GPS 的大一学生所无法获得的。他们相信,通过 GPS 获得的这些技能将会在他们未来的大学生涯和职业道路上起到很大的作用。

面向学生和教师进行的焦点小组访谈则进一步支持了以下内容:

● 当学生们还普遍处在学习如何解决项目工作和团队合作所带来的挑战的阶段,大一的学生们已经能够应对这些项目和团队工作的重大挑战。

● 大一学生很乐意被教师们作为专业人员看待,学生们不仅能够应对

挑战，而且能够通过迎接挑战的过程不断学习并获得发展。

　　•指导大一学生的课程经历使 GPS 教师成为课程变革的推动者。

　　•学生通过 GPS 学到的技能可以现学现用，这些技能对未参加 GPS 的学生也很有用。

　　•GPS 是伍斯特理工学院促进人才发展的催化剂。

## 四、GPS 2008 级之后的学生评价

　　学生们还可以对曾经历过的 GPS 学习体验进行反馈，内容包括课程评价、学生反思以及全校范围内的论文奖项等。下面的专栏给出了其中一些学生的评价反馈。值得注意的是，绝大多数关于 GPS 学习体验的评价都是正面的。我们本来可以给出更多的评价内容，受篇幅所限，这里将学生们对 GPS 学习体验的各种评价在适当筛选后进行展示。

### （一）学生评价：开放式问题

　　•我喜欢这门课，因为它对同一个问题的许多方面都有所涉及，这有助于更好地理解某个问题存在的原因。（"赋能世界"研讨课）

　　•通过研讨课，我认识到现实生活中的许多问题并不是清晰明确的，它们其实没有看上去那么简单，而是需要我们从多方面进行思考。尽管父母和老师曾经多次跟我强调过这一点，但 GPS 课程真正让我在充分体验的基础上掌握了这一概念。（"重大挑战"研讨课）

　　•现在我已经学会了如何从多个角度来评估一个问题……尽管书本上的知识很有用，但明白如何使用这些知识及什么时候使用它们更为重要。（"治愈世界"研讨课）

　　•参与这样的项目可以帮助我们为将来开展人文艺术项目、跨学科研究资格项目和专业研究资格项目做好准备，还可以让我们掌握顺利完成这些项目所需的技能。现在，当我们遇到一个没有任何方向的问题或项目时，我们也有信心根据我们自己的判断来解决问题。这种自信是我在这门课程中获得的最重要的东西。它不仅会影响我未来所要开展项目的解决方式，

还将影响我大学毕业之后的工作和生活。（"治愈世界"研讨课）

## （二）学生评价：领导力

• 我们就像是项目的老板，所以需要自己安排好项目的时间进度。这门课让我们能够研究我们最感兴趣的题目……除了知识之外，我还在这门课中学到了很多。（"赋能世界"研讨课）

• 我还学会了解决复杂问题所需采取的一些基本步骤，并在伍斯特社区的问题解决过程中获得了真实的社会体验。这是一次令人大开眼界的经历，它给我注入了自信心，对我现在在大学里获得的成绩很有帮助。（"养活世界"研讨课）

• GPS课程展现了一个团队如何通过连续几个月的工作，实现一个专业项目从启动到结束的过程。这个项目的完成不仅让我的简历更加漂亮，而且基于项目中与他人合作的经验，可以构建我的领导力和团队合作能力，对我的整个职业生涯具有促进作用。（"重大挑战"研讨课）

## （三）学生评价：难以置信

我从这门课程中学到了一件事，相比于逆转录酶病毒、原核细胞、流行病和艾滋病丙肝鸡尾酒疗法的昂贵收费，这件事将会更长久地印刻在我的脑海中，那就是人可以改变世界……这门课教给我最重要的事情就在于，它让我知道我有机会成为其中一个有能力改变世界的人……（"治愈世界"研讨课）

# 第八节　结　语

麻省理工学院的查尔斯·维斯特校长在2004年工程教育峰会上的讲话中，呼吁与会人员要牢记"学生的发展要靠激情、好奇心、参与和梦想……来驱动"。[22] 在 WPI 的重大问题研讨课中，指导老师们还引入了学生的另一个动机——激发学生的梦想，并让他们围绕一些真实的事情开展工作。

GPS 前三年的课程经验让我们相信，这些驱动力对处在大一第一学期的学生来说具有不容忽视的强大影响。通过（至少是暂时地）抛开学科内容授课的做法，我们认为相比传统的学科课程，我们的课程给学生的学习和成长打下了更好的基础。

我们在 GPS 的课程经验中获得了以下主要经验：

• 大一学生能做的事情比我们预期的要多。

• 让大一学生从入学第一天起就致力于解决重要问题，这种新型学习体验方式可以提高大一学生学习的挑战性和参与度。

• 课程建设时不要只考虑涵盖各个学科、传统的课程和资料，而需要去考虑哪些是重要的问题，并通过问题本身去推动学生学习学科知识。

• 一个好的项目可能并不能得出解决问题的答案，但它可能会引导出一个更好的问题，培养学生后续提出更好问题的能力。

# 致　谢

有许多教师参加了"重大问题研讨课"的课程建设工作。布赖恩·萨维洛尼斯（Brian Savilonis）、戴维·斯潘纳格尔（David Spanagel）、罗伯特·特拉弗（Robert Traver）和克里斯汀·沃伯（Kristin Wobbe）是 2007 年创建"赋能世界"和"养活世界"两门主题课程的教师。在那一年，詹姆斯·德米特（James Demetry）和斯维特拉娜·尼基蒂娜（Svetlana Nikitina）积极支持这四位老师的主题课程建设工作，为课程中的学生项目提供建议，还对学生写作和汇报展示技能的发展提供了额外的支持。迪兰·阿佩利安、斯维特拉娜·尼基蒂娜、吉尔·拉夫斯（Jill Rulfs）和海伦·瓦萨洛（Helen Vassalo）在 2008 年开发了新的研讨课，期间得到了弗雷德·洛夫特（Fred Looft）、里克·西森（Rick Sisson）和格雷塔尔·特里格瓦森对项目工作建议的外部支持。这是一群真正敬业且极富创造力的教师和学习者。

## 参考文献

1. A. Collins and R. Halverson, Rethinking Education in the Age of Technology: The Digital Revolution and Schooling in America. NewYork: Teachers College Press, 2009.

2. Worcester Polytechnic Institute. WPI Global Perspective Program, 2010. Available: http://www.wpi.edu/Academics/GPP/index.html.

3. G.D. Kuh, "The National Survey of Student Engagement: Conceptual Framework and Overview of Psychometric Properties." Indiana University Center for Postsecondary Research and Planning, 2003. Available: http://nsse.iub.edu/pdf/conceptual_framework_2003.pdf.

4. National Survey of Student Engagement, "Our Origins and Potential." 2001. Available: http://nsse.iub.edu/html/origins.cfm.

5. P. Quinn, "Review of Findings from 2002 National Survey of Student Engagement Report for First-Year Students at Worcester Polytechnic Institute." Worcester Polytechnic Institute, January 9, 2003.Available: http://www.wpi.edu/Academics/Outcomes/pqmodexec.pdf.

6. Foundation Coalition, 2008. Available: http://www.foundationcoalition.org.

7.  K.C. Frair, M. Cordes, D. Evans and J. Froyd, "The Foundation Coalition—Looking Toward the Future." paper presented at the 1997 Frontiers in Education Conference, Milwaukee, WI, Oct 10–13, 2007. Available: http://fie-conference.org/fie97/papers/1078.pdf.

8.  E. Fromm and R.G. Quinn, "An Experiment to Enhance the Educational Experience of Engineering Students." Engineering Education, vol. 79, no. 3, pp. 424–429, April 1989.

9.  R. Quinn, "Drexel's E4 Program: A Different Professional Experience for Engineering Students and Faculty." Journal of Engineering Education. vol. 82, no. 4, 1993.

10. M. Hagenberger, B. Engener and D. Tougaw, "Teaching First-Year Students the Fundamentals of Engineering." paper presented at ASEE Illinois and Indiana North-Central Conference, 2006. Available: ilin.asee.org/Conference2006program/Papers/Tougaw-P27.pdf

11. N.W. Klingbeil, R.E. Mercer, K.S. Rattan, M.L. Raymer and D.B. Reynolds, "The WSU Model for Engineering Mathematics Education." ASEE Annual Conference Proceedings, Portland, Oregon, 2005.

12. W.R. Grogan, L.E. Schachterle and F.C. Lutz, "Liberal Learning in Engineering Education: The WPI Experience." New Directions in Teaching and Learning, vol. 35, pp. 21–37, 1988.

13. A.C. Heinricher, J. Goulet, J.E. Miller, C. Demetry, S.W. Pierson, S. Gurland, V. Crawford, P. Quinn and M.J. Pinnet, "Building Interdisciplinary Bridges Between Math, Science, and Engineering Courses." Journal for the Art of Teaching, vol. 9, no. 1, pp. 56–72, Spring, 2002.

14. Vaz, R.F., "Connected Learning: Interdisciplinary Projects in International Settings." Liberal Education, vol. 86, no. 1, pp. 24–31, Winter, 2000.

15. J. Froyd, "The Engineering Education Coalitions Program." in Educating the Engineer of 2020, National Academy of Engineering. Washington DC: National Academies Press, 2005.

16. S.E. Kerns, R.K. Miller and D. V Kerns, "Designing from a Blank Slate: The Development of the Initial Olin College Curriculum." in Educating the Engineer of 2020, National Academy of Engineering. Washington DC: National Academies Press, 2005.

17. M. Somerville, D. Anderson, H. Berbeco, J.R. Bourne, J. Crisman, D. Dabby, H. Donis-Keller, S.S. Holt, S. Kerns, D.V. Kerns, R. Martello, R. Miller, M. Moody, G. Pratt, J. C. Pratt, C. Shea, S. Schiffman, S. Spence, L.A. Stein, J.D. Stolk, B.D. Storey, B. Tilley, B. Vandiver and Y. Zastavker, "The Olin Curriculum: Thinking Toward the Future." IEEE Transactions on

Education, vol. 48, no. 1, pp. 198–205, 2005.

18. M.S. Hunter and C.W. Linder, "First-Year Seminars." in M. L. Upcraft, J.N. Gardner and B.O. Barefoot (eds.), Challenging and Supporting the First-Year Student: A Handbook for Improving the First Year of College. San Francisco: Jossey-Bass, 2006.

19. University of South Carolina, National Center for the First-Year Experience and Students in Transition, 2010. Available: http://www.sc.edu/fye/.

20. M.L. Upcraft, J.N. Gardner and B.O. Barefoot, Challenging and Supporting the First-Year Student: A Handbook for Improving the First Year of College, San Francisco: Jossey-Bass, 2006.

21. L. Menand, The Marketplace of Ideas: Reforms and Resistance in the American University. New York: Norton, 2010.

22. National Academy of Engineering, Educating the Engineer of 2020: Adapting Engineering Education to the New Century. Washington, DC: National Academies Press, 2005.

23. D.E. Goldberg, The Entrepreneurial Engineer. New York: Wiley, 2006.

24. R.J. Sternberg, "Interdisciplinary Problem-Based Learning: An Alternative to Traditional Majors and Minors." Liberal Education, vol. 94, no. 1, pp. 12–17, 2008.

25. G. Tryggvason and D. Apelian, "Re-engineering Engineering Education for the Challenges of the 21st Century." JOM Journal of the Minerals, Metals and Materials Society, vol. 58, no. 10, pp. 14–17, Oct, 2006.

26. R.K. Sawyer, The Cambridge Handbook of the Learning Sciences. New York: Cambridge University Press, 2006.

27. B. Kingsolver, Animal, Vegetable, Miracle: A Year of Food Life. New York: Harper Collins, 2007.

28. H.D. Leathers and P. Foster, The World Food Problem: Tackling Causes of Undernutrition in the Third World, 3rd edn. Boulder, CO: Lynne Reinner, 2004.

29. W. McDonough and M. Braungart, Cradle to Cradle: Remaking the Way We Make Thing. New York: North Point Press, 2002.

30. P. Menzel and F. D'Aluisio, Hungry Planet: What the World Eats. Berkeley, CA: Ten Speed Press, 2005.

31. M. Pollan, The Omnivore's Dilemma: A Natural History of Four Meals. New York: Penguin, 2006.

32. A.W. Crosby, Children of the Sun: A History of Humanity's Unappeasable Appetite for Energy. New York: Norton, 2006.

33. S. Tobias, They're Not Dumb, They're Different: Stalking the Second Tier. Tucson, AZ: Research Corporation, 1990.

# 第六章　全球公民：培养解决世界各地实际问题的学生

理查德·F. 瓦兹（Richard F.Vaz）

娜塔莉·A. 梅洛（Natalie A.Mello）

戴维·迪比亚西奥（David DiBiasio）

## 第一节　引　言

我们正处在一个以变化、互联和竞争为特征的扁平化世界中。知识的公共性、专业技能的商品化和工程难题的社会性大于技术性的趋势不断加强。科学家和工程师们所面临的各种新挑战，要求教育领域开展重大改革。尤其是来自教育界、产业界和公共部门的领导者们纷纷急切地呼吁变革工程教育。他们认为，一个国家的竞争力和生活质量取决于它能否培养出能够应对 21 世纪各类挑战的新一代工程师。在诸多培养 21 世纪工程师的愿景中，包含着一个共同的组成部分——**具备全球化能力**，即要求工程师们在世界任何地方都能够有效地开展工作，给出适合不同文化和背景的解决方案，并与广泛的受众群体进行有效的沟通。关于工程师全球化能力的讨论还拓展到了工程学院的院长、院系负责人、专业协会和资助机构等群体，许多大学已经开始采取行动以应对这一挑战。遗憾的是，工科学生参加境外交流的比例依然维持在低位，只有不到 5% 的美国学生有过国际交流的经历。[1] 很少有理工科的课程能够在提供学生国际交流经历方面取得重大的进步。技术教育正面临着如何建设国际化课程的挑战，这类课程的建设要求课程可扩展以容纳大规模的学生，并且确保在课程第一代教师负责人之后的其他教师也能够为授课工作提供持续性支持。

伍斯特理工学院的全球视野计划（GPP）证明了一个旨在发展工科和理科学生国际经历的计划，能够同时实现容纳大量学生和可持续推进课程的目标。目前，WPI 每年会有 50% 的学生前往美国境外学习（每年约为 400 名学生）。GPP 计划自启动至今，已经持续开展了近 30 年，累计参与的学生人数达 7500

余名，其中大多数学生来自工科。从参加境外学习的工科学生人数来看，WPI超过了美国国内任何一所学院或大学，不论这些院校的规模如何。不过，GPP计划区别于其他境外学习项目的主要差异性特征并不在于其学生数量的多少，而在于其教育的重点和范围。WPI学生的境外学习并不是前往其他大学接受教育，而是通过游历世界，在本校教师的指导下解决当地政府机构和组织所面对的问题。GPP计划将基于项目的体验式学习、服务学习、本科生研究和境外学习相结合，形成了将学生的高度参与的各种经历作为课程体系的中心而非次要部分的课程模式。在加强学生的全球性学习的同时，GPP计划还在提升21世纪职业工程师基本技能的发展方面取得了重大的成就，这些技能包括学生的跨学科解决问题、批判性思维及沟通与团队合作能力等。

## 第二节　WPI 基于项目的课程体系

学术项目工作在WPI本科生课程体系中占据核心地位，同时也是GPP计划的核心内容。每个学生都必须完成三个项目，具体包括一项人文艺术方面的顶点体验性项目（通常在第二学年完成）、一项与社会相关的技术性项目（跨学科研究资格项目，简称IQP，在第三学年进行）及一项专业领域的设计或研究项目（专业研究资格项目，简称MQP，在第四学年进行）。这三个项目是WPI开展国际化活动的载体，学生可以通过参加GPP计划在校外完成其中的一个或全部三个项目。

第一个项目是一个顶点体验性项目，该项目由艺术或人文学科一些领域中的某个主题相关的序列构成，通常要求学生完成一份原创的研究论文或提交一份创作的作品。其他两个项目则分别相当于三门课程的学习任务量，每个项目都在教师的督导下进行。项目由学生自行组建的一个小型团队完成，通常会得到外部的资助。每一个项目都不是在教室环境中开展的，但都要求学生能够进行开放式的探究和解决问题。WPI独有的IQP可以帮助学生了解所要从事行业的社会和人文背景。这种学位授予的要求能够使多学科的小型学生团队直面技术、社会方面的相关问题，考查学生反思科学、技术与公民问题、社区需求间关系的能力。IQP的学习成果包括批判性与情境性的思维能力、有说服性的书面与口头交流能力、整合能力及综合能力。MQP整体上与其他大学的大四学生项目并没有太大的不同，但MQP通常会更具外部拓展性并且经常会得到外部资助。MQP要求学生必须展示出他们如何在自身专业领域中通过应用技能、方法和学科知识来解决现实问题。与IQP相似，MQP也具有迁移性学习目标，侧重于学生的问题解决、沟通和专业技能。

> 大多数工程院校都要求学生在大四阶段完成一篇论文，这篇论文体现了学生在其本科生阶段所学知识的最高水平……WPI的学生项目体系允许学生以小团队为单位自行构思项目方案，由学生自行负责项目的产品设计，把握项目进度、成本分析和带来的全球性影响。学校的项目体系还具有迭代性。学校要求学生在校期间完成一个兼具跨学科和设计属性的项目，但这个项目的开展也可以在学生被外派到世界各地大多数项目中心期间进行。我就在马萨诸塞州当地完成了我的大四设计项目。这个项目形成了一项克服极度紧迫、紧张时间限制困难的发明，这项发明最后还获得了一项由国家级刊物授予的奖项。该项目的成功有赖于我们学生团队在过程中发展形成的项目管理能力。前一年我在丹麦哥本哈根的学习经历为我开展这个严谨的项目打下了基础，这个经历还对我最终获得苹果（Apple）公司的全职工作起到了推动作用。
>
> ——迈克尔·克雷特拉（Michael Cretella），2007年

为满足校外项目开展的需要，WPI的校历将一个学年分为4个为期7周的学期。通常学生每个学期会修3门课。学生的校内项目经常会分布在多个学期之中进行，他们可以在参加其他课程的同时完成这些校内项目的工作。而不论是在教学学年还是在第5个夏季学期期间，校外项目往往要求学生在整个学期内全职开展项目工作。表6-1说明了如何将校外项目及其前期准备工作整合到一个典型大三工科学生的学习安排之中。

表 6-1　大三工科学生的学年安排样例（含某国际化项目内容）

| 3门课程为每学期的常规任务量 / 项目准备<br>工作相当于 1.5 门课程 | | 每学期为期 7 周 / 项目工作相当于 3 门课程 | |
| --- | --- | --- | --- |
| A 学期 | B 学期 | C 学期 | D 学期 |
| 艺术史 | 通信系统 | 在泰国完成跨学科项目（IQP） | 工作室艺术 |
| 离散信号分析 | 线性代数 | | 射频设计 |
| 先进逻辑设计 | 研究方法 | | 微处理器系统设计 |
| 泰国文化和语言 | | | |

# 第三节　教育动机与意义

GPP 计划基于公认的情境学习理论建构了以真实的活动、情境和评估为特征的 GPP 教学范式 [2,3]。真实的学习环境使学生能够处在一个类似基于专业实践建构知识的情境中。学习者可以与母校的教师联系，也可以联系到访国的专家，通过类似于学徒学习的模式来参与学习。[4] 这种基于团队的协作活动给学生们提供了多种身份角色的体验和参与项目材料形成的多样化机会。[5]

GPP 的学生们投身于人类社会的大环境中，通过参与开放性真实问题的解决过程完成学习任务。学生们必须能够认识到他们的决策会带来何种更广泛的意义，他们还必须快速学会如何让这些决策在多元文化环境中有效地发挥作用。语言和文化的教学课程可以帮助学生未来在其他环境中生活和工作做好准备，还有助于他们了解当地的文化、历史和宗教力量将如何影响项目工作的开展，以及如何确定一个能被当地接受的项目解决方案所需具备的决定性因素。GPP 对学生海外项目总体经历的设计，旨在培养能够跨越学科限制，突破割裂化思维，了解文化、社会和知识多样性的工程师。从定义上来看，GPP 所开展的是一系列具有实践性、跨学科性并具备重大价值的项目（9 个学分）。学生通过对收集、分析和解读定量与定性信息的学习，逐步实现他们解决问题的目标。整个项目的开展过程都强调了学生与专业人员之间的沟通。

当你身在西班牙马德里、泰国曼谷或爱尔兰利默里克（我之前去的地方），并需要在相对较短的时间内完成一项强化型项目时，就是在参与一项适应能力的训练。你将处在一个与你所熟悉的地方文化截然不同的地方，这就意味着会出现各种可能的情况，要求你学会自行调整项目的常规做法以获得资源，从而完成项目工作……就我在国外开展的这三个项目来说，为了与另一种文化背景的人们开展有效合作，我可能不得不调整各种类型的项目，这给我带来的挑战要大于项目本身各方面的困难。与其说我是去适应泰国的文化，不如说我是要学习如何整体抛开自己固有的文化思维。我现在所从事的工程职业，要求我定期前往远东和世界其他地区开展工作，所以先前学到的那些经验在工作上给我带来了很大的帮助。

——丹尼尔·布特（Daniel Boothe），2003 年

最近，有一个面向全球参与的国外学习（Study Abroad for Global Engagement）研究小组，针对美国已开展的所有国外学习项目进行了一次迄今为止最为广泛和深入的评估。[6]有 6300 多位参加过 WPI 或其他 22 所大学国际计划的往届生参与了这项调研。结果毫无意外地表明，在所有大学受访者的经历中，**国外的学习经历给受访者的生活带来了最大的影响**，并且不同类型的国外学习经历都会产生重要的意义。与课程作业、游学研讨和其他安排相比，WPI 等大学国外学习计划中的"实地研究与实习"，对**学生全球价值观和全球领导力的培养**起到了最有力的积极作用。研究结果中最令人意外的是，学生在国外学习的时长并不是一个重要的因素。与较为长期的国外学习计划相比，WPI 等学校的短期计划在促进学生全球参与的学习成效方面，同样起到了有效的作用。

WPI 的学生与多数的理工科学生一样，大部分都来自社会经济背景普通的家庭，他们很少有机会能够到国外旅行或去国外居住一段时间。所以，大多数去国外开展项目任务的学生都认为，这是一次"自我变革的经历"。GPP 计划增强了学生们对顺利在全球范围内开展工作的认识和信心，同时促进了其领导能力和沟通技能的发展。

## 第四节　GPP 计划的概况和影响

目前，WPI 在全球设有 25 个项目中心。被派往这些中心的学生以小组为单

位，在本校教师的督导下，在各个中心开展 7～10 周的全职项目工作，为当地的政府机构和组织解决实际问题。GPP 计划有着严格的学术要求，强调学生的情境思维、分析能力，要求发展实用、可持续的解决方案，并对项目结果进行具有说服力的展示介绍。WPI 的工程、科学、人文学科、社会科学和管理学的教师们共同致力于 GPP 计划的开发与实施，各个学生团队则积极为全球的公共机构、私立机构和非营利组织解决跨学科问题。

GPP 计划之所以成功地吸引了大多数工科学生的参与，其关键在于该计划得到了工科教师们的实质性参与。GPP 计划的推进并非仅依赖个别拥护者的支持，WPI 已将该计划的实施作为对学生的一项承诺。全校教师广泛参与 GPP 计划，促使 WPI 组成了一支更有全球意识的教师队伍，他们在教授基于项目的全球学习课程方面具备专业能力，并且对学校的教学与研究也产生了影响。GPP 计划是 WPI 学校文化的一个部分，这种文化鼓励大量的工科学生改变了其原有的规避风险心理，并确保了 GPP 计划在未来能够持续地开展。

在学生项目咨询的工作中，有一个方面对我来说意义重大，它使我对许多学生有了深入的了解，而这些了解是我即便参加大量的学生研讨会也不可能得到的。虽然了解学生的个体特点和不足之处并不能每次都给我带来积极的感受，但总的来说，这能够极大地丰富我的教师经验，并且必要地提醒了我们，这些年轻的学生每个人都有着自己的独特性和脆弱性。

相比于学生们在课程上做的其他研究，他们在项目咨询过程中所表现出的学习方式和多样化能力给我留下了深刻的印象。许多在课堂上表现平平的学生在进入项目环境之后，真正地发挥出了实力，并实现了自身的发展。实际上，几乎所有的学生在经历了这种项目工作之后都会获得成长。我们可以看到，他们逐渐理解了如何开展项目工作，并且沉醉于自己在应对各种新挑战的过程中所发展的各项能力。这对我和学生们来说，都是从项目工作中获得的一项巨大收获。

——史蒂芬·J. 温宁格（Stephen J. Weininger），化学教授

受篇幅所限，本书只能从 WPI 海外学生开展的数百个项目中选出几个例子

进行简单介绍。例如，学生与南非开普敦的社区合作伙伴和市政府合作，针对该市的临时居住区，设计并投入使用首个公共洗衣设施。在威尼斯，WPI的学生与当地的公共部门和私营单位合作，他们通过整合先进的GIS应用程序和智能数据追踪功能，用心与各船只负责人建立良好的关系，设计出了一个能将运输时间减半，进而减轻船只交通拥堵、污染和运河受损的系统，从而优化了城市的船只货物运输。前往泰国的WPI学生将提高贫困地区的科学素养作为项目工作的目标，他们帮助泰国的农村学校建立和运行能够让学生进行实践操作的科学实验室。在哥斯达黎加，WPI的学生将鱼类养殖的专业知识整合制作成双语传单，这些传单向农村地区勉强维持生计的农民们传授了如何在简易池塘中养鱼的知识，从而改善这些家庭的膳食水平，增加经济作物的产量。在GPP的各个项目中，WPI的学生们通过与地方组织和社区成员的合作，**为具有地方特色的问题开发适当的可持续解决方案**。

工科学生的全球参与能力日益受到关注，但工程教育行业在如何推进学生全球能力的发展方面进展甚微。而WPI的GPP计划则成为工程教育领域中历史最为悠久而且可以说是最为成功的国际教育计划。GPP计划的成功，体现在对该计划所开展的有条不紊的评估工作中，体现在结业学生所获得的成就上，还体现在该计划所获得的国家级奖项及诸多大学和组织都试图了解学习该计划的行动上。GPP计划严格遵循了教育学的规律，通过富有创意和成效的方式融入学校的学术架构之中，并凭借该计划在管理上所采用的综合性方法而广受赞誉。全世界有数百个GPP的项目主办单位都受益于该计划的推进，同时该计划还培养了成千上万个具有21世纪智慧和有效领导力的工科学生。

GPP计划已成为WPI学生和教师文化中不可或缺的一个部分，该校有超过50%的学生和近40%的教师都参与了这个计划。在WPI的招生工作、教师招聘、学校发展、教育市场营销和外部拓展工作中，GPP计划都被作为重点内容进行推介。据学生反映，那些在很久之前就对WPI的项目式课程计划留下了深刻印象的潜在雇主们，在面试中不仅会询问学生参与过什么项目，还会询问项目是在哪个地方完成的等问题。学生和教师的广泛参与为整个WPI树立了明确的"全球"视野，这种视野不仅指向参加GPP计划走出国门的学生，也针对那些留在学校没有出国的学生。例如，GPP计划对可持续发展和发展中国家的重视，提高了在校师生对这些问题的认识。

GPP 计划获得了大量国家层面的认可。2002 年，WPI 等 16 所大学被美国大学协会授予"国家级领导力院校"称号，GPP 计划被作为"大学国际化工作典范"，受到国际教育工作者协会的表彰；2003 年，GPP 计划凭借其打造了满足海外学生项目督导需求的教师队伍，获得了西奥多·M. 赫斯堡奖励（Theodore M. Hesburgh Award）计划的 TIAA–CREF 优秀证书；2004 年，该计划获得了国际教育学院颁发的国际教育创新安德鲁·海斯克尔奖。GPP 计划还获得了国家级媒体的认可，仅在 2007 年，该计划就先后被《美国科学家》（*American Scientist*，2007 年 9—10 月刊）、《高等教育纪事报》（*The Chronicle of Higher Education*，2007 年 6 月 1 日）、《纽约时报》（*The New York Times*，2007 年 11 月 4 日）、《基督教科学箴言报》（*The Christian Science Monitor*，2007 年 9 月 27 日）和《美国新闻与世界报道》（*US News & World Report*，2007 年名牌大学专刊）援引为学生海外学习的典型示范模式。GPP 计划中一些特定地区的学生作品还得到了史密森尼学会（Smithsonian Institution）和《国家地理》（*National Geographic*）杂志的重点推介。

一直到现在，我都始终认为去泰国完成跨学科研究资格项目（IQP）是我在 WPI 期间经历的最有意义的事情。泰国的项目对我看待国际发展的方式和使用全球视角分析复杂社会问题的必要性认识产生了巨大的影响。在泰国，我有机会能与一群无法获得常规社会服务的残疾女孩一同开展工作。如何将所要满足的项目需求与新的地方文化规范相结合，对我来说是一个巨大的挑战，但获得的回报也更大。这个项目使我发展了为重大问题制定潜在解决方案的能力，还让我明白了这些方案建议是可能改善他人生活的。除了进行方法论、数据收集等技术方面的学习之外，我和我的同伴们从项目中的"人性"方面学到了更多的东西。我们采取了让步的措施，反思了先入为主的观念，降低了对其他文化的期望值要求，并试图从他人视角来看待事物。

——梅琳达·帕尔玛（Melinda Palma），2004 年

# 第五节 GPP 计划的实施与演变

WPI 的 GPP 计划始于 20 世纪 70 年代，该计划自创建以来一直稳定发展至今。如今，WPI 约有 50% 的工科学生能在毕业前至少完成一个国际项目。在WPI 的项目中心，学生和教师的生活和全职工作都围绕着如何解决地方机构与组织所面临的重点问题展开。目前，人文与艺术项目已在摩洛哥和英国的项目中心落成。在澳大利亚、中国、哥斯达黎加、丹麦、意大利、纳米比亚、南非、泰国和英国的项目中心，跨学科研究资格项目（IQP）已经落地。同时，WPI 还在华盛顿特区、圣达菲、楠塔基特岛、波士顿和伍斯特等地运营着美国国内的IQP 中心。大四的设计项目（MQP）允许学生前往加拿大、中国、法国、匈牙利、爱尔兰、韩国和英国的国外项目中心或是包括硅谷、华尔街在内的国内项目中心完成项目任务。2008—2009 年期间，约有 500 名学生将会在这些项目中心开展校外项目。

大多数学生通过完成 IQP 任务获得了 GPP 计划的项目经历，该计划可以帮助工程专业的学生了解他们将来所要面对的生活和工作处在什么样的社会、文化和全球背景之中。尽管这些跨学科项目涵盖的主题十分广泛，但依然有一些代表性的项目主题，包括环境与能源、城市研究与基础设施、能力建构与可持续发展、信息技术的社会意义和技术与公共政策等。各个项目通常基于社会科学形成研究方法和分析手段，并针对项目主办单位提出的问题，给出一些流程、产品或建议。

学生和教师不仅要做好项目主题的相关材料准备，还要针对拟开展项目的文化背景特点做好准备。对学生在校期间的严格培养，有力地支撑了这些项目准备工作的顺利推进，具体体现在学生们针对各类项目主题所开展的深入研究，这些研究结合了地方的文化、历史和语言内容。学生会制订一份详细的项目计划书，其中包括对相关文献的综述、明确的研究目标及针对实现特定目标所制定的合适的研究方法。无论项目关注哪个领域，都要求学生发展自己可迁移的批判性思维和说服性文章的写作能力。学生们通常会收到项目主办方针对问题情况给出的概括性说明，然后他们必须针对问题提出可实现的具体目标。对学生们来说，项目的主题和方法通常都是全新的内容，这就要求他们能够独立地掌握完成项目工作所需相关科目的充分知识。WPI 的跨学科与全球研究部（Interdisciplinary and Global Studies Division，IGSD）会协调安排项目指导老师与学生一起前往项目工作的所在地，共同做好项目的准备工作。

  我申请去了泰国曼谷的项目中心，但一开始我对项目内容和哪些人会最后跟我在一个团队工作一无所知。三个月后，我和我的同学，以及一位生物医学工程师、一位机械工程师一起站在了泰国东北的水稻种植区。稻田的水没过了我们的脚踝，我们就这样站着向一位当地的农民了解他的耕作方式。这次经历使我对科学技术对其他地区人民生活方式的改善产生了新的理解，也让我对所要完成的目标有了新的定义。我清楚地知道，自己之前在 WPI 参与国际项目工作的经历是我能够得到各种工作机会的主要因素。我很好地符合了这些招聘单位对应聘人员兼具课业学习和国际经历的要求。

      ——欧文·利玛塔（Irving Liimatta），2000 年

  为确保 IQP 具有跨学科的性质，WPI 邀请了所有学系的学生团队和指导教师参与，使每个项目在确定培养目标时能够广泛了解对培养技能的要求和来自不同领域的观点。学生们组建成 3～4 人的团队开展项目工作，每个团队的学生成员和指导老师都具有不同的学科和文化背景。学生和指导老师会与项目主办机构的专业联络人员开展紧密合作，并且还经常会参与到基于社区的研究工作中。由于每个 IQP 项目都涉及社会与技术之间的衔接问题，因此学生们逐渐意识到，作为一名工程师，他们的工作将会如何影响社会的结构和价值观，并同时受到它们的影响。此外，由于这些项目都在远离校园的地方进行，因此学生每天都面临着要在陌生环境中生活和工作的现实。这种经历不仅拓宽了学生在职业和全球性事件方面的眼界，通常还可以提高他们的自我认知水平和对文化差异的认识。

  在出国游学成为 WPI 全球视野计划的一个组成部分之前，我并不清楚自己将来会在工程职业领域承担什么样的角色。而参加全球视野计划的经

历拓宽了我在技术领域的眼界，它引发了我对技术与可持续发展相互间联系的探索。我在职业生涯中遇到的许多人，都对 WPI 毕业生所具备的诚信和领导才能印象深刻。工程界都认为，WPI 的全球视野计划不仅培养了全面型的工程师人才，还培养了全面发展的个体。

——马特·阿纳（Matt Arner），1998 年

基于 GPP 计划开展的大四项目 MQP 遵循了类似的项目结构，但 MQP 的重点在于工程设计，并且其项目主办方通常是企业合作伙伴或研究实验室。MQP 会给学生团队设置一项具有挑战性的技术任务，要求他们超越所在专业的授课范围，在职业环境下设计并实施一项成功的任务解决方案。在爱尔兰利默里克企业研究中心工作的学生团队开发了一种名为"电子鼻"的气态分子检测器，其用途范围涵盖了从气体泄漏或爆炸物的检测到新鲜食物和植物状况的检验。在中国武汉的项目中心，WPI 的学生与中国的工科学生一起开展跨文化的团队合作，为卡特彼勒（Caterpillar）和联合技术（United Technologies）等跨国企业解决制造与工业工程方面的技术挑战难题。

无论是 IQP 还是 MQP，都要求每个项目在开展过程中形成一份详细的书面报告。该报告包含对学生们进行文献搜索的详细介绍，研究方法的概述，田野调查和分析的过程记录，结论、发现、建议及项目产生的其他所有实际成果。每个项目团队都会定期对项目的进展做正式汇报，在汇报中会特别强调对学生有效展示技巧的培养。此外，每个项目最终都会将项目成果以正式口头汇报的形式向各主办方和其他的利益相关者进行陈述。

GPP 计划近期的发展主要集中在发展中国家，通过为这些国家的社区基础需求寻找实际解决方案，有助于学生对合适的技术和可持续性等问题形成更深刻的认识。学生和教师们的项目兴趣也推动了这些计划的拓展。GPP 计划的学生参与数据表明，WPI 的女生对与发展性相关的项目表现出了特别的兴趣；而且越来越多的学生表示，能有机会去发展中国家开展项目工作是他们报考 WPI 的决定性因素之一。表 6-2 列出了近期经外部评价小组评审后获得校级奖项认定的项目清单，这些项目反映了 GPP 计划正向发展中国家扩展。表 6-3 以两个项目为例，对此进行了更为细致的介绍。

表 6-2　近年来获奖的跨学科项目名单

| 年份 | 奖项 | 具体项目 |
|---|---|---|
| 2006 | 校长跨学科研究资格项目奖 | 南非开普敦蒙瓦比西公园公共洗衣站的设计与建设 |
| | | 中国香港维多利亚港滨水区调研 |
| | | 纳米比亚鱼河流域的水域与卫生设施管理 |
| 2007 | 校长跨学科研究资格项目奖 | 纳米比亚离网通电解决方案的能源情况分析 |
| | | 艾滋病预防教育：对纳米比亚理工学院预防意识宣传活动的审视 |
| | | 提高泰国农村地区家用太阳能系统可持续化的战略制定 |
| 2008 | 校长跨学科研究资格项目奖 | 纳米比亚温得和克临时居住区的洪水与侵蚀防控 |
| | | 澳大利亚墨尔本通用型设计助听器的内置物建议 |
| | | 哥斯达黎加虾类养殖的优秀管理实践 |

表 6-3　"全球视野计划"的项目详细示例

| 时间 | 2006 | 时间 | 2004 |
|---|---|---|---|
| 项目名称 | 纳米比亚温得和克临时定居点的洪水与侵蚀防控 | 项目名称 | 利用太阳能技术开展文化保护 |
| 指导老师 | C. 德米特里（C. Demetry），材料科学专业；R. 瓦兹（R. Vaz），电机工程专业 | 指导老师 | J. 布拉丁（J. Brattin），英语专业；S. 温宁格（S. Weininger），化学专业 |
| 项目主办方 | 纳米比亚住房行动小组（Namibia Housing Action Group） | 项目主办方 | 镜艺集团（Mirror Art Group） |
| 项目介绍 | 纳米比亚温得和克的奥特穆伊斯（Otjomuise）居住区在雨季期间会遇到洪水和侵蚀问题。该项目旨在提高社区解决雨水问题的能力。项目以参与式的方法开展问题评估，进而制定和实施解决方案。解决方案使用了零成本的材料，并在很大程度上由社区负责实施。这些实施方式建议奥特穆伊斯发起基于社区的可持续性倡议，通过举办知识交流会、制作英语和南非语的双语信息手册，发动更为广泛的宣传 | 项目介绍 | 我们的团队与镜艺集团合作，在泰国北部农村的山区部落村庄 Ban Jalae 安装了一套太阳能发电设备。为展示 Lahu 族的风俗和传统，我们的光伏系统为一个文化中心的教育设备提供了电力支持。这项举措成为当地努力提高大众对 Lahu 族文化的认识和冲击融入泰国主流社会的一个部分。此外，我们还分析了这项技术的文化和社会影响 |

　　我认为，我在国外与同学和教授们一起解决现实世界所面临问题的那些时光，是我在 WPI 生涯中最重要的时刻。我学会了如何将我的知识运用到现实世界的情境中，还建立了自己能够在完全不同的文化环境中生活和

与当地人互动的自信。在那里，我对自己是一个职业人士和美国人的身份产生了强烈的自我意识，同时也形成了对其他文化信仰和习俗的共鸣与理解。在进入 WPI 之前，我从未想过在学业和个人发展上能够以这样的方式挑战自己。当我成长为一个知识渊博、充满自信的人，我还是会经常回想起这些经历，以随时准备好迎接各种可能遇到的挑战。

——弗吉尼亚·沃德（Virginia Ward），2007 年

## 第六节　GPP 计划的管理和运行

WPI 的 GPP 计划得到了学校领导层、教师和学生群体的大力支持。负责管理该计划的跨学科与全球研究部（IGSD）主任直接向学校的教务长汇报工作。IGSD 有着自己独立的运行预算经费和人员队伍。每一个项目中心都设置了一位或者多位中心主任，这些教师成员负责制订和推进各类课程计划，并塑造 GPP 计划下各个项目的教育使命和在当地的影响力。通常，学校会给这些岗位上的教师成员适当减少教学上的任务量。各个中心主任与当地的专业人士和组织合作，他们会确定项目机会、获取资源并安排好当地的住宿和后勤保障工作。由于大多数项目基地每年只运营一个学期，所以许多中心主任与 WPI 聘用的当地协调员在项目基地工作上密切协作，维护与住宿提供单位和项目主办机构之间稳定的关系。中心主任还负责进行各类计划的推广、学生的面试和选拔、地方性文化预备课程和新人培训课程的制定，以及对指导教师如何应对挑战的帮助指导。

对学生的学习而言，指导教师扮演着至关重要的角色。他们会为所有的学生团队提供咨询和指导，有时还会涉及超出他们自身专业领域之外的内容。指导教师会在学生开展项目的现场，通过评判自己和学生们的各项活动，以"反思型实践家"的角色，持续参与学生学习和发现的过程。在这种方式下，学生们可以学到如何在瞬息万变的世界中成功获得自身发展所必须的终身学习模式。通常来说，WPI 会给每个驻地的项目中心分派 24 名学生和 2 名指导老师。WPI 的常规教学任务是要求教师每学期完成一门课程的教学。虽然学校承诺，教师

承担的 GPP 计划项目指导工作大致等同于教师完成两门课程的工作量，但实际上项目指导所消耗的总体教师资源是大于这个工作量的。随行的驻地指导老师普遍认为，指导学生的项目是一项需要全天候工作的艰巨任务。不过，这种项目指导也会给指导教师带来很大的收获。IGSD 部门在招募有意向参与项目指导工作的教师上取得了巨大的成功，这些参与者通常都是教师队伍中最为杰出和成果卓著的一批人。

当学生们前往印度、纳米比亚、摩洛哥等发展中国家时，他们往往会对当地糟糕的道路、缺失的基础水电服务等基础设施发展的匮乏和薄弱的行政事务能力所引起的官僚制度混乱感到震惊。大多数学生会更加真切地感受到身为一名美国人是多么幸福，这也是合情合理的。一名指导老师的工作诀窍还在于帮助学生们了解那些在现代化问题下被抹杀掉的丰富文化。

——W·A. 艾迪生（W.A. Addison），人文与艺术副教授

每年都会有全校范围的教师申请参加各个项目基地的驻地指导工作。这些指导老师选择与学生一起出发，并且全程待在项目驻地（见图 6.1）。指导老师的职责不仅包括解答项目中出现的常规学术问题，还要解决学生们在驻地和校外生活中所出现的问题。考虑到所有的项目参与者（包括学生和教师）在离开校园后都会出现一些特定的问题，GPP 计划还专门为校外项目指导老师开设了培训。在谨慎的风险管控方式下，培训需要让指导老师们为可能出现的最坏情况做好准备，同时也向经验不足的校外项目指导老师提供了一个能够向经常出差的同事们学习的机会。在这些培训课程中，需要指导老师重点关注性骚扰、交通、毒品与酒精、对身处险境学生的发现与回应、健康与安全问题、住宿问题、学生行为、社会与个人的成长及帮助学生在文化体验中取得最大的收获等领域。由于所有的这些领域都超出了常规的项目咨询范围，指导老师们会特别关注这些事项。

图 6.1　GPP 项目活动剪影

　　每个项目无论其重点领域是什么，都要求学生发展特定的技能。当学生对问题的宽泛说明进行梳理并制订出项目的具体目标时，他们会积极参与到开放式问题的解决活动中。一般情况下，学生所要开展的项目主题并不在他们已有的学习领域内，这就要求学生必须学会如何学习这些全新的科目内容。在学生们通力合作、形成项目解决方案的整个过程中，学生的团队精神得到了磨炼和实践。成功完成一个校外的学术项目任务，要求学生能够学会正式的文书写作和汇报展示，以确保学生掌握如何使用各种媒介与各种对象进行交流的技能，同时也保证了教师能够围绕如何促进学生这些能力的提升，进而促进自身相关教学技能的发展。

　　学生除了要做好学术上的准备之外，还要对他们在校外可能会遇到的文化、宗教和种族差异提前做好熟悉和准备工作。根据项目基地所在地的不同，学生的前期准备工作可能会包含针对特定语言内容的培训。而那些在该领域具备专长的教职人员则会为学生们对目的地的历史进行概述性讲解。教师们会对学生在得体的着装、礼节及预期东道国的国民会以何种方式对待他们等方面进行指导。各个特定项目基地的手册会对所有这些事项进行补充说明，手册内容包括政策要求与文件资料、所在基地的健康与安全信息、关于住宿场所的后勤信息及如何处理适应性过渡问题的建议。经过多年的发展，WPI 的新人培训课程已经远远超越了传统的讲课和综述性手册材料等内容。目前的培训课程采用交互模式，解决了学生之间学习风格各异的问题，把对关键问题的学习责任交给学生，使他们能够主动参与一系列有意义的活动。

## 第七节　GPP 计划的评价

WPI 对 1986 年以来完成的校内、校外项目的学生学习成果进行了评价。这项评价对 WPI 的教育目标和难度更大的 EC 2000 认证标准中的一些要求进行了审查，包括多学科团队合作、伦理与专业责任、工程对全球或社会环境的影响、终身学习认同及当代问题知识。各项结果都表明，学生的学习成果在国外项目中有着很高的完成度，且远高于校内开展的项目比较组数据，这表明了基于 GPP 计划开展的项目以校内无法实现的方式达到了认证结果的要求。GPP 计划的多级评价制贯穿了从学生开展准备工作到最终成果评价的整个过程，这可能是国际化教育领域中最为全面的一种计划评估方式。[7] 当然，开展校外项目所需的大量准备工作，以及项目主办方为形成高质量项目成果所提供的外部建议可能也有助于评价方式形成这些重大的变化。最近，GPP 计划又开发了一种新的指导教师评价方式，这在工程领域甚至国际化教育领域中都是独一无二的。

伴随着 GPP 计划的发展，校外项目也取得了卓越的成果。学生们对国际项目的兴趣与日俱增，认证机构也在大学课程对学生全球意识培养上、在与 IQP 相一致的其他通识教育成果方面施加了压力。基于此，GPP 计划在学生学习、指导教师和计划运行方面投入了大量的精力，并将重点聚焦于学生的学习成果评价。开发 GPP 计划所立足的教育理念是，学生如果要最好地实现某些学习成果，就要处在校外环境中而不仅仅是坐在教室里或者通过信息技术进行学习。这是因为，校外的学习机会能够使学生从自我认知转向对复杂人际关系、多样化观点和跨文化问题的理解。[8]

GPP计划的教学设计包含了真实的活动和环境背景。其课程评估的内容与教学设计是相一致的，通常基于绩效进行。[9,10]其他大部分大学也会在大四阶段的课程中包含这些要素内容。传统课程认为，学生必须在学习基础知识之后，才能成功解决重大的开放式问题，因此，如果在较低年级开设上述课程将会产生问题。如何让学生在没有学完全部所需知识的情况下，开展针对复杂开放性跨学科问题的解决工作？如何让学生在存在重大语言障碍的情况下，在异国的文化环境中完成上述工作？答案在于要做好合理的准备工作，开展项目和团队管理，并提供能够支持学术事业、指导课程设计与发展的多维评价体系。考虑到任何一个年级评价工作的缺失都可能会削弱学生的学习过程，因此，GPP计划在多个年级层次实施评价网络系统，评价结果则用于GPP计划在各个方面的持续改进。

团队的组建工作会在项目启动之前进行。其中，GPP计划的报名申请信息，学生的项目形式偏好、所在专业、性别和学习方式因素都会作为团队组建的考虑依据。必修的预备课程涵盖了对学生在团队合作和专业方面的训练内容。此外，该课程还包含了让学生在团队环境中进行队友间相互评价和自我评价的实践环节，以及适用于召开会议的各项技术。

在项目的现场阶段（主办方所在地），课程基于各种标准化工具来监督项目团队的工作进度。通常情况下，团队会自行拟定团队绩效协议，由全体团队成员逐一签署。定期的项目协议审查会形成对每个团队成员所做贡献的初始评价，之后则通过形成性的队友评价促进团队中每个人工作效率的提升。指导教师会与项目主办方及主办方的顾问们对学生团队的小组会议进行定性评价，并针对小组撰写的材料和口头汇报给予每周一次的书面和（或）口头反馈。在项目初期，学生们会收到一份明确的评分指南，这为他们了解最终将如何对自己所进行的非常规学术训练进行评分提供了参考。指南对如何评价团队开展项目的过程，以及如何根据最终项目成果进行加权评分进行了详细的说明。每个团队都必须完成一份最终报告，并在向主办方机构的汇报上展示项目研究的结果和分析情况，项目指导老师会对这些重要事件进行评价，并作为项目成果成绩评定的主要组成部分（见表6-4）。学生们还要填写一份队友最终评价表，用以评估每个团队成员在项目工作中体现的责任感。此外，学生的个人最终等级也可以结合其他证据进行评定。

表 6-4　学生项目过程与项目成果的质量指标

| | 项目过程质量评价 | 项目成果质量评价 |
|---|---|---|
| 学生的项目工作评价 | 团队的所有成员是否都充分地参与了项目的准备活动？所有成员是否都参加了每周的例会？ | 是否有表述明确且能够实现的目标，该目标是由项目团队根据要求、进行恰当定义所得出的？ |
| | 学生针对每周例会制定的日程安排是否组织得当、书写规范并具有专业性？ | 团队是否努力使项目主题在技术方面与社会、人文方面实现尽可能地平衡？ |
| | 每周的汇报是否每次都能做到表达清晰并具有专业性？ | 项目是否实现了目标？ |
| | 学生团队在项目任务的组织和开展中是否具有团队特征？所有成员是否都表现出了可以在团队中扮演多个不同角色（如研究、写作、领导）的能力？ | 团队是否对相关文献和其他背景资料的知识进行了论证，并在严格评估这些材料的基础上将其合理地用于项目工作？ |
| | 团队是否有效地将问题和情境转化为具有明确目的和意义的任务？ | 团队是否具有主动性？学生们是否自行开展了项目的设计，并独立地完成了该项目？ |
| | 团队是否有效地使用了各种信息收集技术和信息资源？ | 团队是否为实现目标设计并应用了恰当的方法？ |
| | 团队是否始终能够准确地确定信息对项目任务的可信性和相关性？ | 每个学生是否履行了对队友、主办方、指导老师和其他同学的责任？ |
| | 团队能否觉察反馈、关注建议（如在会议上做笔记和会议记录），并根据需要以纠错和调整的方式回应相关建议？ | 团队是否以适当的方式对收集的数据或信息进行了分析？ |
| | 团队是否在寻求项目解决方案的过程中表现出了坚定的决心，并能够使用策略确保每个人履行各自的职责？ | 团队是否对有关项目的信息以书面形式和口头形式（包括向主办方的专业汇报）有效地进行了记录和报告？ |
| | 团队是否按时完成任务并及时地开展各项工作？ | 团队是否表现出了对项目工作与地方环境之间相互作用的了解？ |
| | 团队是否努力地了解其项目工作与主办方及当地环境之间的关系？ | 已完成的项目是否产生了一些适当发现，这些发现之中的结论则是团队通过对所收集证据的完整分析以正确的方式得出的？ |

这项综合评价计划的目标在于，要让参加项目的学生、指导老师和主办方都能从这种国外项目经历中获得最大收益。鉴于 GPP 计划本身的复杂性，综合评价计划的制订工作注定是一项艰巨的任务。与其他大学的学生一样，许多 WPI 的学生也认为出国的经历对自己具有变革性的意义，但是，这种说法的依据主要来源于传闻轶事，尽管这些证据信息具有情感效力，但很少会被用于 GPP 计划的综合性改进或对整个海外学习群体中学生学习情况的探究工作中。

因此，评价工作通过使用各种研究和评估工具对 GPP 计划进行评价，试图更加深入和全面地了解学生在具备全球性经历后所表现出的社会、职业和认知方面的能力发展。在 GPP 计划的多年级、多时段评价过程中，包含了一套相当完备、全面的课程评价制度，一套全新的教师评价制度及高频率的学生评价制度。

学生 IQP 项目工作成果的主要评价方法，是校内和校外学生团队为在自然年度内获得成绩评定，撰写并提交一系列的报告材料，并由一组教师评审人员对这些报告进行定期评审并形成评价，参与该项评审工作的教师会获得劳务报酬。这种评价方法自制定至今，已经沿用了十多年之久。尽管该方法只针对书面成果进行评价，但事实证明这种方法在确定高质量项目的特征方面非常管用。

项目的每个评价周期都会招募 10～12 名经验丰富的项目指导教师作为评审人员。他们会通过一个为期两个半天的研习班，对将要开展的项目评审工作进行培训，并对每个人的评审标准进行校准。在这个过程中，参训人员会使用内部开发的评价表对每一份报告进行评估。在进入每个评价周期之前，学校都会再次对评价表进行评审、讨论并进行适当的更新。WPI 投入了大量精力进行评价量表的编制，以实现评价工作的标准化。为了对评审人员的评价结果进行误差校准，每位评审者都会拿到一份相同的项目报告，并使用评价表对该报告进行审阅和评价。在第二个半天的研习会议上，评审小组会听取每位评审者的报告评价，并根据评价量表对不同评审者的评价进行校准，最大程度地减少量表指标应用上的差异。很多时候，评审小组会基于讨论的结果对量表中的指标进行修正。在评价表中，包含了有关项目目标、文献综述的质量、恰当方法的应用、数据的获取与分析、教育目标的实现及写作、汇报质量等问题。评价表中最近新增的条款涉及新工程认证标准的成果要求[11,12]，这些要求将可能通过 IQP 得以实现。针对新的工程认证要求，需要达到以下重要成果：

- 在多学科团队中发挥作用的能力。
- 具备对终身学习必要性的认识和主动参与的能力。
- 了解当代问题。
- 了解专业责任和伦理责任。
- 进行知识面括宽的必要性教育，了解工程解决方案在全球社会环境中产生的影响。

表 6-5 给出了评价量表的示例，展示了用于评价 ABET 中 3h 结果指标"了解工程解决方案在全球社会环境中产生影响所必需的、具有宽泛知识面的教育"对应的等级指标。

表 6-5 "工程解决方案对全球社会环境影响"的认证结果评价指标

| 评价指标 | 等级 |
|---|---|
| 接触全球问题和（或）外国文化 | 等级 5：在校外国外基地开展的项目和立足全球化本质、围绕具有鲜明全球性特征或国际化视野的主题所开展的项目工作。而在校内开展的项目，则将重点放在那些已经被明确确定为全球性或国际化主题的有效分析上 |
| | 等级 3：在校外国外基地开展的项目，或立足全球化本质、围绕具有鲜明全球性特征或国际化视野的主题所开展的项目工作 |
| | 等级 1：在校内开展的项目和只能间接表明学生意识到所解决的某些问题具有全球性或国际化的一些迹象 |
| 工程解决方案对社会的影响 | 等级 5：项目将重点（即便不是全部重点）集中在项目解决方案的影响上，并采用最为合适的方法对这种影响进行有效的评估 |
| | 等级 3：评估项目解决方案的影响是项目的重要组成部分，评估采用了合理的方法（若非最前沿方法的话） |
| | 等级 1：对项目解决方案影响的评估是项目中相对次要或偶然的组成部分，且没有采用适当的评估方法，或者对评估影响工作的相关问题了解较少 |

评价工作旨在促进对校内项目报告和校外项目报告的客观评价。每位评审者会收到随机分配的 15～20 份项目报告，并对这些报告进行阅读和评价。每份评价表格的数据都会录入数据库用于后续分析。许多学生递交的项目报告有将近 100 页的篇幅，而评价表格中共有 35 个问题和子问题，其中还包括了评论注解条目。所以对评审人员来说，这项任务有着相当大的工作量！

在这项评价计划中，有一名专门的评价协调员负责对评审人员提交的评价表格数据进行结果分析，并将相关情况通过撰写报告向 WPI 社区进行汇报。评价协调员会针对每个学系给出单独的评价报告，报告中总结了各学系学生的成绩。GPP 计划的工作人员共同致力于持续改进其综合评价计划的问题，正如前文提到的关于项目报告评价方法的迭代更新等内容。这些内容可能会涉及对学生前期筹备、项目指导老师培训、主办方咨询、资源分配或在评价过程中发现的任何其他事项存在问题的变革。下面给出了一些 GPP 计划中项目评审结果的例子，并解释了如何将这些评审结果用于评价工作的改进。

　　评价结果中最引人注目的地方在于，校内项目质量和校外（GPP）项目质量之间始终存在显著差距。随着GPP计划的规模不断扩大，这种差距不断显现，并且自1997年起，差距呈现逐年扩大的趋势。评价结果显示，学生团队在校外场地开展的项目几乎在各个方面都始终优于在校内完成的项目质量。相比于一直待在校内、没有海外经历的学生，参加过GPP计划的学生更擅长项目目标的制定、相关合适文献的汇总整理和恰当方法的选择使用。他们还比那些未参加过GPP计划的学生在项目资料的准确分析、合理结论的获得及项目结果的书面呈现等方面表现得更为出色。

　　虽然参加GPP计划的学生是通过相关申请流程选拔出来的，但这些学生的GPA平均学分绩点与只参加了校内项目的学生相比，并没有太大差别。如果要论及GPP学生群体与长期待在校内的学生产生差别的原因，可能在于GPP学生的学习偏好、动机、直面知识匮乏风险的意愿、团队合作技巧及其他特质等。校外项目还存在一种实际情况，那就是开展这些项目的学生需要做更多的准备工作，同时，也会得到来自教师和同学们的更多关注。为了实现校外项目质量的"复制"，WPI在伍斯特市内创建了一个项目中心，并以类似全球性项目中心的结构运行。初步的评价结果显示，这个新中心开展的项目，尽管参与的学生群体规模较小，但学生团队项目成果的质量取得了很大的进步。然而，这个市内中心的项目计划一直难以吸引学生的参与，因为学生们认为它无法向大多数人提供他们想要体验的海外经历。

　　整个GPP计划层面的评价结果包含了项目评价中其他需要改进的内容，并为相关改进内容的设计提供了基础。评价体系的设计将评价与IQP的教育目标直接挂钩，规避了对传闻轶事数据过度依赖的问题。这样就可以更有把握地通过完善课程体系对GPP计划的不足之处进行修正。

　　教师的指导情况也是评价工作的重点内容。在校外项目中，团队指导老师的作用和职责与传统的教学有所不同。参加校外项目的学生全部都在课堂外以团队合作的形式完成作业任务，每个团队要完成的开放式复杂项目各不相同，而大部分项目指导老师并没有在所指导的项目主题方面具备深入的技术专长。考虑到有时候项目主办机构的目标可能会与WPI的学术目标相去甚远，所以学生们还要负责与项目主办机构进行对接。整个 GPP 计划在具体运行的实践中，要求教师和工作人员通力合作，而许多教师并不愿意做这些事情。实际上，项目指导老师队伍主要发挥了项目经理和教练的学术作用。

除了学术方面的作用之外，指导老师还必须处理学生在国外短期学习期间可能出现的全部问题。这就要求指导老师在处理文化取向、文化冲击和沟通问题的同时，还要肩负驻地顾问、纪律管控员、学校政策落实者、指导老师、团队过程推动者、社交活动协调员、风控管理者、卫生安全员的职责，最后才是给定学生最终成绩的项目评价者角色。WPI 为 GPP 计划建立了广泛的支持系统，所以，指导老师们并不是在孤身奋战去应对这些诸多的事务。所有申请参与 GPP 计划的老师都会先申请担任校外项目指导老师的岗位，经选拔后才会得到正式任命。所有被任命的指导老师都需要参加多个深度研习班，通常侧重于发展指导老师们在学术领域之外的项目指导技巧。[13] 几乎所有研习班都是由经验丰富的校外项目指导老师为新参加的老师进行具体的指导。

正如好的课堂教学评价可以改善教师的教学并在很大程度上促进学生的学习，WPI 的经验则说明了良好的指导可以更好地促进学生的学习及其学术目标的实现。因此，WPI 着手开发和实施了一套指导教师评价体系，可用于对项目指导老师的奖励和既有工作的改进。然而，对于像此处提到的这种关于教师某一段教学经历的评价，则很少有文献或者说几乎没有相关文献给出过可供借鉴的经验。GPP 计划将关于课堂教学评价的已有发表成果作为基础 [14]，聘请了一位教学评估专家（孟菲斯州立大学的 R. 阿雷奥拉博士），成立了一个由学生、工作人员和教师组成的委员会，并制定了指导教师评价体系的具体流程。

表 6-6 汇总了对项目指导老师来说几个大致重要的维度。每个维度都有其特定的几个特征（此处表格中未作展示），并介绍了获取各维度评价数据最为合适的来源。具体的方法是首先开发出学生评价表，然后让学生在国外项目结束时完成对指导老师评价表格填写的试点测试工作。评价表中共有 48 个问题，采用的是从完全不同意到完全同意的李克特量表。除了政策合规性维度外，上述表格中的每个维度都对应了评价表中的多个问题。评价表中还设置了开放式问题和填写答案的区域。阿雷奥拉博士完成了对评价表的第一轮修正，其中还包括了对一些条目措辞的建议。制定指导教师评价体系的目标在于通过一个被验

证为有效的、经多源三角数据验证的指导教师评价过程，识别出这类教学经验的重要性，从多个维度开展评价工作，从而用于对项目指导老师的工作进行改进和奖励。

表 6-6　指导老师的不同评价维度的数据来源

| 维度 | 数据来源 | | |
| --- | --- | --- | --- |
| | 学生 | 合作导师 | 全球学习部 |
| 对项目的支持与推进 | 是 | — | — |
| 对学生个体的支持与辅导 | 是 | 是 | — |
| 进行文化的指导与培训 | 是 | 是 | 是 |
| 政策的落实情况 | — | — | 是 |

评价结果有力地表明，大三的理工科学生能够解决校外各种环境中尚未明确的开放性问题，为当地环境的发展做出贡献，同时达到毕业对通识教育和技术能力的要求。GPP 计划并非仅针对高素质的精英学生群体，实际上它已经面向 WPI 的大多数学生开放了申请通道。然而，要想实现为学生提供高质量的校外经历，尤其是大多数情况下为海外经历的目标，对 WPI 来说并不是什么突发奇想或者随意开展的事情。要向大多数的本科生提供校外甚至海外学习经历，是一件具有高度复杂性的工作，需要在具体实施过程中进行持续的管控和修正。而对所有不同的计划实施层面进行持续评价正是 GPP 计划能够取得成功和学生获得高质量校外经历的关键组成部分。

总之，涉及面广泛又异常复杂的 GPP 计划采用了专门的评价过程，对计划的多个方面进行评估。评价结果一致表明，参与了 GPP 计划的学生相比于没有参加的学生能够在重要教育目标的实现上表现出更高的绩效水平。评价结果将定期用于指导学生校内项目经历的完善和对资源的配置。未来的工作将更多地从评价层面转移到研究层面，以回答一些关键的研究问题，比如：GPP 计划会在知识、职业和个体的哪些方面推动学生获得持续的发展？ GPP 计划带来的海外项目经历能否为学生开展终身学习做好充分的准备？这种短期游学的项目经历能否使学生形成恰当的世界文化意识？语言能力，尤其是当语言能力不足时，会对 GPP 计划中学习经历的质量产生怎样的影响？在完成 GPP 计划的海外项目后，学生能否将之前在项目经历中被观察到的个体进步成果转化到新的学术环境和其他环境中？短期的海外项目经历如何影响学生的自我效能？这些都是更深层次的问题，需要通过多方面角度思考的研究计划给予解答，该研究计划目前正处于开发阶段。

# 第八节　风险管理

随着走出校园的学生数量不断增加，WPI 显然已经无法独立地解决风险管理问题。在仅仅经历了一次可感知的危机事件后，WPI 在全校范围内召集了合适的参与者组建成一支团队，详细思考了学生们在离校完成项目任务时可能产生的风险。WPI 使用的这种风险管理方法包含了哲学方面和操作方面的内容。哲学的方法重在对风险的识别、分析和管理，而操作的方法则涉及要给每个校外项目基地提供定制化的实践解决方案。这种结合多种方法的做法，其根本目的在于对学生、指导老师、GPP 计划和学校进行保护。在风险管理的工作过程中，其中部分阶段是在定义对大学而言"风险管理"意味着什么。这支风险管理团队列出了各种离校风险，并根据学校的意愿和可承受能力对这些风险造成的潜在损失进行了衡量。之后，该团队确定了实施学校政策和落实实践的方式，从而以适当的处理程序实现对这些既定风险的最佳管控。由此产生的风险管理政策和程序会在每年重新进行审查。

在 WPI 现有的风险管控工作中，学校为学生和指导教师开设的培训成为其中重要的一环。IGSD 编制了一本操作手册，供校外项目基地中与学生一起的指导教师使用。这本指导教师操作手册包含了学生版手册中的所有信息，此外还为教师提供了在外驻地期间可能需要了解的更多信息，其中包括关于在紧急情况下该做什么及与谁联系等详细说明的"危机管理计划"。可能发生的紧急事件包括自然灾害、可能针对学生发生的犯罪行为、学生可能产生的犯罪行为、学生失踪、性骚扰、殴打袭击及违反学校学生行为守则的事件等。IGSD 还为指导教师提供了一份校内 WPI 危机管理团队成员名单及其联系方式的详细列表。

WPI 要求指导教师在前往项目中心之前要参加一整天的培训，这类培训每年都会举办一次，培训内容则随着时间的推移不断完善。最开始，一群经验丰富的教师和专业人员通过会议制定了一份参训者的培训成果清单，清单中列出了 WPI 希望校外项目指导教师在结束为期一天的培训会之后所能取得的收获。所有的培训成果都可以归到学术类问题、人际关系类问题和操作类问题三大领域中。那些明确不属于学术领域的具体培训成果，包含了跨文化问题、群体动态、风险管理、政策、时间管理、冲突管理、对自身文化问题的自我意识及被归类称为"全方位学生指导"等内容。这份清单清楚地表明，这项工作有必要聘请校内具有相关专业知识的其他专家来协助发展培训课程。

第一年，GPP 计划邀请了咨询服务部主任、学生生活部主任、大学风险经理、多样化官员和学术资源负责人这些各自领域的专家，共同协助开发以实现给定成果为目标的培训方案。WPI 为即将开展校外项目工作的指导老师介绍了他们将会面临的各种情况及相应的对策，使他们在学校新近经验的基础上进行实际案例的处理。这些筛选出来的案例所强调的问题，被证明对学生获得一次成功的海外项目经历来说至关重要。培训会将其中的各项讨论环节设计成让所有参训老师以小组为单位开展工作，共同寻求案例问题的解决方案。为帮助在校学生解决这些问题，WPI 的专家们组成了一个专家小组，对培训会中的每个案例及参训老师提出的解决方案给出反馈意见。为期一天的培训在设计上为所有参训人员的小组间合作和指导提供了机会，其中有两项重要的活动在培训的早期规划阶段就被确定为对指导老师的成功与否具有至关重要的意义。

尽管每年培训的主题都会结合近期备受关注的领域进行变换，但这种培训模式依然是学校持续进行多方协作与互动的一个重要部分。例如，2007 年的培训主题是开发一种校外项目的全面指导方式，通过让参训人员有机会思考校外文化的各个方面，使他们在整个校外指导工作中和校外指导结束后都能够更加关注学生的成长。2008 年讨论与互动的重点在于，让指导老师和学生为应对新地点（不论是波士顿还是曼谷、伍斯特还是温得和克）的不同文化、种族歧视、偏执、贫穷及对个体安全和舒适感的认识做好准备。由于过去几年收集的数据表明，有必要关注某些关键问题，因此，2009 年将会议的主题定为"正确地看待事物：校外的健康与安全问题"。GPP 计划与校内各咨询服务处的合作会根据每年培训会的不同主题，持续为指导老师提供帮助，让他们准备好去处理那些他们在校内几乎肯定不会遇到的情况。

每年，行政人员都会从培训会的参与者那里收集反馈信息，用于评估培训会议的有效性。在培训结束时，他们会向参训的老师发放一份简单的表格并进行回收。这份正式的评价表由下列内容构成：

- 列出在这次会议中您认为有价值的三个事项。
- 列出在这次会议中您认为的所有不重要的事项。
- 作为项目指导老师，列出在参加这次会议后，在工作中可能发生的变化。
- 为未来的培训会提出建议。

表6-7对2005—2009年这5年培训的评价结果进行了汇总。表格中列出了每年培训会参与者或参训人员的数量，例如2006年，参加培训的教师人数为26名。给参训人员发放的评价表有着非常高的回收率，这5年的平均回收率达81%。其中，"实际人数"是指有多少参训人员提交了完整的评价反馈表，例如在2007年的32名参训人员中，有28人选择了提交评估表。表格中还给出了给予积极反馈和消极反馈的"潜在数量"，该数量是"实际人数"的3倍。例如2006年共出现了60项潜在的"重要事项"反馈和60项"非重要事项"的反馈，而给出了完整反馈意见的参训人员实际发现的"重要"问题数量为54个、"非重要"问题数量仅为2个。相较于较少的消极反馈（被列为"非重要事项"属性），积极反馈（被列为"重要事项"属性）的数量众多，这表明每年参加培训的人员都认为该培训具有很高的价值。

表6-7　教师培训会的评价结果

| 项目 | 2005 | | | 2006 | | | 2007 | | | 2008 | | | 2009 | | |
|---|---|---|---|---|---|---|---|---|---|---|---|---|---|---|---|
| | PN | AN | RR/% | PN | AN | RR/% | PN | AN | RR/% | PN | AN | RR/% | PN | AN | RR/% |
| 参训人数 | 26 | 20 | 77 | 30 | 20 | 67 | 32 | 28 | 88 | 32 | 30 | 94 | 30 | 24 | 80 |
| 有价值事项的数量 | 30 | 51 | 85 | 60 | 54 | 90 | 84 | 51 | 61 | 90 | 68 | 76 | 72 | 68 | 94 |
| 非重要事项的数量 | 60 | 5 | 8 | 60 | 2 | 3 | 84 | 9 | 11 | 90 | 31 | 34 | 72 | 13 | 18 |

注：PN=潜在的反馈数量（potential no. of responses），AN=实际的反馈数量（actual no. of responses），RR=反馈人员的比例（response rate）。

　　除了评估参训人员对所参加培训会的满意度之外，评价表中第4项内容还向他们征求了对未来举办培训会的想法，这有助于确定后续培训的重点。培训会的协调人员可以通过这种方式，对指导老师的需求给予回应。2009年，学校对校外项目的意外事件做了审查，事件数据明确说明有必要针对项目指导老师再进行一次专门围绕健康与安全主题的培训课程。图6.2表明，与健康和安全问题相关的校外事件数量不断增加。2006—2007年累计发生了13起健康与安全事件，到2008—2009年，这一数字上升到了40起，该趋势已经成为不容忽视的问题。

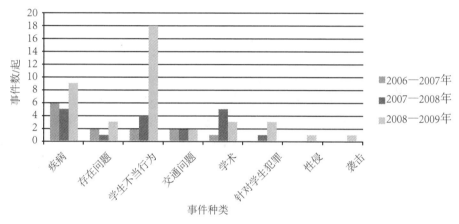

图6.2　近3个学年报告的校外项目意外事件

　　作为对这些数据趋势的回应，学校就校外项目开展期间的健康与安全问题组织了专题培训。培训的联合协调人包括IGSD的全球运营总监、学生教务长和WPI的合规官，他们的职责中包含了对大学的风险管理。该培训回顾了上述提到的事件数据，还与参训者一起提出和探讨了如何以最佳方式降低学生不当行为、医疗紧急事件和其他类型需关注事件的数量，并对这些事件进行管理。会议还将包括了杰拉尔德·怀尔德（Gerald Wilde）的"目标风险"等级、美国陆军的风险评估模型以及库珀"颜色"代码（Cooper's Colors，可用于描绘风险意识水平的一种有用图形）在内的多种资源运用到培训中。为了进一步做好所有这些问题的解释工作，我们让参训人员对WPI校外项目中心过去3个月实际发生的事件进行了案例研究。参与者首先以小组为单位对这些案例研究进行讨论，然后在整个参训群体中开展讨论。参与者们针对如何处理学生失踪、因参加娱乐活动导致手臂骨折、抢劫犯罪、住宿设施内的不当行为和仔细检查住所的重要性等问题的策略，分享了不同的观点。参训人员完成的评价表表明，他们认为培训中引入的这些案例研究很有用，而且对这类问题的讨论很有价值。

> 培训使用了更加新颖的方法用于解决学生的行为问题，这对我们的帮助很大，让我们可以不再那么"下意识"，而是以一种更复合、更具教育意义的方式去处理这些问题。关于如何应对学生的各种行为以及他们对自身行为的看法，我现在有了更多的思路。
>
> ——来自 2009 年度项目指导老师培训会上指导老师的评价反馈

GPP 计划通过与 WPI 的专业人员合作，开发出了一项很有意义的培训计划，使负责学生团队的教师们能够更好地带领学生在校外开展项目、取得学分。包括学生发展中心主任、多样性与妇女计划主任、财务部副部长、风险管理主任、学生生活部主任、少数民族事务部主任、卫生服务部主任、健康替代品部主任、学术资源中心主任和学生障碍协调员在内的学校专业人员队伍，给教师们带来了收获颇丰的专业知识。培训计划中运用了基于过去校外事件的案例研究方法，让教师们就校外可能发生和已经发生的事情开展重要讨论。学校通过将近期发生的事件与围绕其他可能出现的挑战的讨论相结合，为校外项目的教师负责人提供了处理各种非学术问题的策略与资源。

## 第九节　GPP 计划的可迁移性与传播推广

直到最近，工程教育领域才广泛将全球经历作为培养工科学生的理想目标之一，许多大学都在给学生创造这种积累海外经历的机会。然而，刚性的课程体系、高昂的成本和领导力的缺失成为很多学校在这项工作上推进缓慢的原因。一些教师认为，要让大多数的工科学生都获得海外经历是无法实现的，而 WPI 的 GPP 计划则证明了事实并非如此。因此，GPP 计划对许多其他大学都产生了影响。近年来，已有超过 40 所大学、10 个国外教育机构及美国国家科学基金会（NSF）、美国科学家荣誉学会（Sigma Xi）、全美高校协会（AAC & U）等组织邀请 WPI 前往这些学校进行交流和开设研讨会，或由这些学校、机构和组织专门派代表团前往 WPI 了解 GPP 计划各方面的情况。这涵盖了各种类型和规模的学校，包括麻省理工学院、哈佛大学、罗斯-霍曼理工学院、密歇根理工大学、奥本大学、理海大学、罗切斯特理工学院、欧林工学院、亚利桑那大学和明尼苏达大学。此外，通过参加国际教育工作者协会（National Association of Foreign Student Affairs）和国外教育论坛（The Forum on Education Abroad）等组织，WPI 现已成为推动以负责任的方式管理海外体验式学习的领导者，GPP 计划一直被公认为海外学习最有效的形式。

GPP 计划的某些方面已经被其他大学所采用。伊利诺伊理工学院的跨专业项目（Interprofessional Projects）计划就体现出该校受到了 WPI 跨学科项目的显著影响。此外，WPI 的名誉校长爱德华·帕里什（Edward Parrish）还在工程技术评审委员会（ABET）"工程标准 2000"的制定中发挥了重要作用。史密斯学院拥有一项令人赞叹的"拔尖工程计划"（Picker Engineering Program），创建该计划的负责人多梅尼科·格拉索（Domenico Grasso）正是 WPI 的校友，所以该计划在许多方面与 WPI 的 GPP 计划有相似之处，这似乎也就不足为奇了。同样，欧林工学院的创始人在规划学院建设时曾多次前往 WPI 进行访问，并举办了多场由 WPI 主讲的报告会，以此对 GPP 计划进行充分了解。

# 第十节　结　论

21 世纪的各种挑战，要求具备领导才能和智慧的工程师能够对政策产生影响并改善人类所处的环境条件。技术领域的未来领导者必须学会跨学科和跨界的有效协作，以解决当今世界面临的最紧迫问题。海外经历将成为培养这些未来领导者的一项关键要素。WPI 通过 GPP 计划派到国外学习的理工科学生数量，超过了美国其他任何一所学院或大学，而且 WPI 的实践表明，让学生获得海外经历的这些举措能够以大规模、可持续的方式开展，并成为课程体系的核心部分。除了为半数以上的 WPI 学生提供全球学习经历之外，GPP 计划还强调培养学生的批判性思维、研究技能、分析能力、说服性文书写作及开放式问题解决能力，这些全部都是培养未来领导者的关键要素。事实上，GPP 计划成功的关键，源于项目工作能够在 WPI 的课程体系中占据核心地位。也正因为 GPP 计划开展的工作是学校课程体系中的核心内容而不是边缘内容，该计划已成为 WPI 的一项标志性课程计划和整个学校架构中的重要组成部分，深受学生群体的追捧、教师们的拥护和管理部门的坚定支持。

## 参考文献

1.  R. Bhandari and P. Chow, Open Doors 2008; Report on International Educational Exchange. New York: Institution of International Education, 2008.

2.  J. Herrington and R. Oliver, "An Instructional Design Framework for Authentic Learning Environments." Educational Technology Research and Development, vol. 48, pp. 23–48, Sept, 2000.

3.  J. S. Brown, A. Collins and P. Duguid, "Situated Cognition and the Culture of Learning." Educational Researcher, vol. 18, pp. 32–42, Jan–Feb, 1989.

4.  J. Dewey and R. D. Archambault, John Dewey on Education: Selected Writings. Chicago: University of Chicago Press, 1974.

5.  J. Lave and E. Wenger, Situated Learning: Legitimate Peripheral Participation. New York: Cambridge University Press, 1991.

6.  "SAGE: Study Abroad for Global Engagement. Beyond Immediate Impact." University of Minnesota, 2009. Available: http://www.cehd.umn.edu/projects/ sage/.

7.  D. DiBiasio and N. A. Mello, "Multilevel Assessment of Program Outcomes: Assessing a Nontraditional Study Abroad Program in the Engineering Disciplines." Frontiers: The Interdisciplinary Journal of Study Abroad, vol. 10, pp. 237–252, Fall 2004.

8.  P.W.Davis and N.A.Mello,"AWorld-ClassEducation,LastWord."ASEEPrism, vol. 68, January 2003.

9.  G. Loacker, Self Assessment at Alverno College. Milwaukee, WI: Alverno College Institute, 2000.

10. M. Mentkowski, Learning That Lasts, Integrating Learning, Development, and Performance in College and Beyond. Milwaukee, WI: Alverno College Publications, 2000.

11. D.DiBiasio,N.A.Mello and D.Woods,"Multidisciplinary Teamwork: Academic Practices and Assessment of Student Outcomes." paper presented at Best Assessment Processes III Conference, Rose-Hulman University, Terre Haute, IN, April, 2000.

12. M. Besterfield-Sacre, L.J. Shuman, H. Wolfe, C.J. Atman, J. McGourty, R.L. Miller, B.M. Olds and G.M. Rogers, "Defining the Outcomes: A Framework for EC 2000." IEEE Transactions on Education, vol. 43, pp. 100–110, 2000.

13. N.A. Mello, "Risk Management, Safety Issues and How WPI Meets the Inter-organizational Task Force Good Practices for Health and Safety." SAFETI On- Line Newsletter, vol. 3, no. 1, 2005. Available: http://www.globaled.us/safeti/ v3n1_mello.html.

14. R. Arreola, Developing a Comprehensive Faculty Evaluation System, 2nd edn. Boston: Anker Publishers, 2000.

# 第七章　人文艺术对公民意识和倡导能力的培育

斯维特拉娜·尼基蒂娜（Svetlana Nikitina）

戴维·斯潘纳格尔（David Spanagel）

## 第一节　引　言

在 21 世纪科学技术领导者的培养中，人文学科处于培养教育工作的中心还是外围？如何将富有活力的人文与艺术课程体系整合到理工学院的课程环境当中，这样做的原因又是什么？本章，我们将围绕如何在课程体系中重视人文学科的引入，使学校始终保持和发展自己特有的探究文化。正如第一章所述，这种文化对于科学家和工程师的培养来说是不可或缺的。我们认为，人文与艺术学科不仅可以给学生带来文化知识上的价值，更准确地说，人文与艺术学科对于培养工科学生形成对当今世界有效的公民意识也是必不可少的。因为仅仅通过单纯构思或实施技术解决方案，却孤立于全球社会、环境、政治和道德的背景，已经难以应对 21 世纪的挑战了。因此，为学生提供补充性知识工具包及与多学科观点、价值体系互动的机会就显得尤为重要，这有助于培养学生成功应对各种挑战中所需的人文能力。

自 1865 年建校，WPI 就已经认识到了人文科学的重要性，并以尝试以多种方式实现人文科学教育的制度化。在持续的工业革命和美国南北战争带来的压力和机遇下，WPI 最开始成立的是工业科学自由学院（Free Institute of Industrial Science），该学院的教育计划最初侧重于为学生提供实践经验，用于直接支持电气工程和机械工程专业知识的商业应用。但是到了 19 世纪末，WPI 的领导者们已经清楚地知道，要想在工业领域获得成功，需要在研究、教学和商业活动之间构成一组更为复杂的关系。有趣的是，学校将人文学科确定为实现这些关系的关键。1900 年，学校 1879 级的学生向母校慷慨捐款成立了一项基金，用于对英语系、历史系和语言系年度最佳论文获奖学生进行奖励，这一事件成为20世纪初 WPI 对学生提出更广泛的知识要求的标志。

1970 年，学校通过了具有革命性意义的"WPI 计划"，该计划对学系和学生培养要求的重构，使人文艺术系（Humanities and Arts，HUA）成为全校最大、最重要的学系之一，尽管只有相对少数的本科生将人文艺术系的分支领域选作自己的专业；同时，该学系所谓的"充分性"项目（由一个或多个人文学科中的一名教师分别进行指导），成为所有毕业生必须完成的 WPI 三大体验性项目之一。多年来，随着更多人文艺术二级学科课程的出现，学校对学生的人文艺术素质要求也愈发严格。最近，WPI 批准通过了一种新的课程结构体系，该体系可以对课程重点内容的深度和广度进行区分。学生可以在广泛的人文艺术领域获得深度认识，这些领域涵盖艺术史、建筑、戏剧、德语、西班牙语、历史、文学、音乐、哲学、宗教、修辞和写作。人文艺术系拥有 50 多名教师，对学校精神生活做出的贡献远不止是学科课程的教学和原创的学术知识。人文艺术学科的教师们广泛参与许多全校性的举措和跨学科核心课程，例如一年级学习体验计划、跨学科写作、交互式媒体与游戏开发计划及环境工程的专业建设等。此外，人文艺术学科还是学校 GPP 计划中跨学科与全球研究部的积极参与者，该部门负责独立运行英国、德国和摩洛哥的校外研讨课和项目。跨校合作的不断涌现，使人文学科与科学、工程学之间建立了紧密的联系。

人文艺术的学习要求包括五门课程和一项具有收尾意义的探究性研讨课或实践课，旨在向学生介绍人类经验的广泛性、多样性和创造性；培养学生对世界进行批判性思考和独立思考的能力；鼓励学生在地方、国家和全球社区层面反思自己对他人的责任；增强学生以开放、合作精神与他人进行有效沟通的能力。在人文艺术的必修课中，学生在音乐、戏剧或写作课上有具体机会去"探索自己的创造力"。或者，学生也可以"通过对艺术与建筑、历史、外语、文学、哲学或宗教的学习来研究世界的复杂性和多样性"。如今的人文艺术课程体系经历了周期性修订与持续评估过程，旨在培养"技术人文主义者"，这也是自1865 年以来 WPI 坚持的核心目标。[1]

让我们重申一个核心问题：为什么一所大学在重塑和重新定义工程教育、以应对 21 世纪挑战的过程中，会将人文艺术作为其根本性的检验标准？如第一章所述，世界在领导力和倡导力领域正面临着重大的挑战，需要人们对全球化和知识公共化给予更多创造性的回应。知识迁移、人际合作和文化合作的加强，要求学校提供相比于传统工程课程计划教授的覆盖面更广的各类技能。要培养出在全球经济和全球科学领域中具有竞争力的工程师或科学家，依赖于创新性的学校探究文化，而这种文化的培育只有在这类探究工具和途径不断得到拓展和遭遇挑战的情况下才能实现，包括形成更广泛的参考框架、更广博的文化视角和对结果更长远的见解。在 WPI，如何更好地促进上述这些方面的创新，已经成为人文艺术教育者的工作核心。这些学者在补充性询问形式和定性分析方面接受过专业训练，因此他们具备了与科学领域的同事开展建设性对话的良好条件，进而有助于建立探究性的文化、促进多元问题视角的发展、对问题答案的广泛搜寻及强化学生的公民参与和倡导能力。

科学技术和人文的跨领域合作可以增强双方在知识创新事业中的实力。学校给学生提供了具有多种观点和各种认识论的平台，支持学生研究技术或科学问题，通过让学生接触人文学科和参与艺术实践，从本质上扩展了工科学生对"知识"的定义。在思想、方法与不同的提问方式之间的相互作用下，学生会意识到某些观点的局限性，并开始用批判性的眼光看待问题和提出解决方案。例如第一章概述中提到的为解决 21 世纪全球面临的技术和环境问题，需要采用多方面、细致入微的方法。人文艺术可以教会学生认识和理解特定领域的规则和价值体系是如何运行的，这种运行方式有时会受到技术、哲学和政治方面的挑战。学生只有具备这种看待问题的复杂视角，才能在混乱的现实世界中找到问题的答案。

同样，人文科学领域的学者们也受益于与工程、科学领域开展的富有建设性的合作。那些关注研究的严谨性与重要性的人文学科领军学者们一直呼吁，要在解释性工作与主动参与现实世界问题之间建立更牢固的联系。例如，哈佛大学的斯蒂芬·格林布拉特（Stephen Greenblatt）长期以来一直主张"要像对待文字材料一样对待文化"。格林布拉特的"新历史主义"方法"立足的前提是，文学作品应该被视为创作时间、地点和环境的产物，而不是一个孤立的作品"[2]。伊莱恩·斯卡瑞（Elaine Scarry），哈佛大学瓦尔特·卡博特（Walter Cabot）美学与价值理论教授，也一直非常敏锐地关注着如何将文学理论和解释技能有效地应用于诸如战争、电子信号传递、飞机失事、核武器等全球最为紧迫的问题。斯卡瑞认为，英语系教学的关键在于回应培养学生在社会世界中的公民意识和参与性等呼吁。[3]与在象牙塔中围绕文献展开研究工作的同事不同，WPI 的人文艺术学者们认为自己所面对的是现实世界中的重要问题。学者们在跨学科的大学教学工作中与这类问题开展互动，不仅挑战和扩展了他们的知识基础，而且提升了其学术研究工作的严谨性和重要性。

然而，并非所有的人文主义学者都会全然接受这一主张。在过去的 60 年中，有一种流行趋势是将重点放在对文献的深入研究和对语言结构的方法分析上，并定义了一种追求人文知识的后现代与结构主义方法，该方法在一定程度上借鉴了自然科学的研究模式。因此，一些学者可能会担心，这种强调应用的做法在某种程度上会削弱人文学科中分析的严谨性和概念性的学习。但正如科学理论需要实验和实际应用的支持与推动一样，人文学科中学术研究的蓬勃发展也可以通过与工程学的跨学科合作和与紧迫文化问题的对接来实现。这一点可以通过 WPI 在人文学科的教学和研究成果记录得到充分证明。应用人文主义不仅在影响力上超越了理论人文主义，而且可以对所要研究的现象形成更为严谨的概念性理解。例如，WPI 的学生们在文学或哲学课堂上学习生物中心主义及其哲学前提时发现，当自己有机会去当地的伍斯特生态园追踪本地动植物物种的减少情况，他们更容易以具有原创性和说服力的方式就该问题进行交流。这种体验式学习除了使学生能够写出更为明确清晰的概念性文章之外，通常还可以激发学生对环境问题投入更多的热情。

体验式学习的总体思想显然已经不是教育领域的新概念了。但是，很多高校发现，要将这一思想纳入人文学科的教学中并非易事。即便是约翰·杜威（John Dewey）[4] 和大卫·科布（David Kolb）[5] 提出的"基于实践的经验和学习是所有学习和概念形成的关键"这类开创性思想，事实上也还没有经过人文学科中的教学试点或大规模的测试。以"高等教育中的体验式学习：将课堂与社区相连接"[6]这项综合调查为例，该调查主要侧重于社会科学、技术学科和专业领域，而几乎没有涉及人文学科。因此，WPI 在其 21 世纪的工程师教育中涵盖了大量人文基础领域学习的举措，一方面为人文艺术领域的创新工作创造了机会，另一方面也提升了科学与工程产品的价值。这种价值的提升体现在它可以扩展科学和工程领域工作的背景和工具包，培育全校的批判性探究与公民责任文化，以及培养学生在带头倡导和沟通方面的技巧，所有这些都是 21 世纪获取技术领导力所必不可少的内容。

## 第二节　背景拓展

对人文学科的探究，使所有工程探索的背景得到了拓展。它可以将技术问题置于历史、文化或信仰体系等更大的背景中，人们可以朝着形成更具信息集成性和综合性的解决方案而努力。在弄清楚"如何"解决问题的各个方面之前，了解"为什么"会出现问题显得尤为重要。为什么会出现目前的状况？为什么这个问题很难得到解决？是什么阻碍了解决方案的实施，或者是什么原因导致了这个问题一直存在？

例如，现在许多美国人认为，面对全球气候变化问题，核能即便不是公认的解决方案，也已经成了应对全球能源消耗日益加速的必要方法之一。[7,8] 但是，能源结构向核能的大规模转变所带来的问题，其复杂程度会远远超出原子物理学本身的复杂性。尽管核电的生产成本在下降，但 1973 年以来，美国没有再购置过新的核电反应堆设施。[9,10] 仅有技术方面的说明难以解释该现象的出现。这时候，了解核电的历史背景就显得至关重要。在 WPI 的其中一项重大问题研讨课（"赋能世界"专题）中，大一学生对该问题的历史、政治、道德和技术因素之间的关系进行了研究，他们发现正是这些因素的共同作用遏制了核能生产的急剧扩张。这些学生对原子能最初的科学发展情况（如发生在纳粹德国的各种事件及德国和欧洲科学家的对外流失）进行了讨论，他们发现核武器不只是作为科学和工程产品，它还是集体政治领导与个人道德（或不道德）选择等历史因素驱动下的文化产物。随着对故事脉络的追溯，学生们逐渐了解了冷战爆发的原因、一系列重大核反应堆事故及对恐怖主义的担忧一直影响着对核技术的讨论。在过去 50 年的核能生产中，核反应堆的设计已经发生了巨大的变化，尽管世界上已经有其他国家成功投产了数十座核反应堆，但一些基本的技术和社会挑战却依然存在，包括如何处理放射性废物，或在危害存续期间如何对放射性废物进行安全存放；如何防止核武器扩散（核反应堆技术固有的既定容量）；

如何就改进核反应堆安全性的公众意见进行有效的教育引导。显然，要解决核电推广使用的障碍，需要使技术解决方案的开发能够与公众意识和政治话语的重大变化并行推进。

WPI 的许多人文课程都提供了诸如此类的机会，让学生去调查其他工程或技术问题的背景。以课程号为 EN2237 的"美国文学与环境"为例，该课程要求学生对当前环境危机的历史和哲学根源进行研究，并对宗教和哲学信仰体系如何在我们的文化中发展成为一种普遍权利意识、对自然资源进行操纵甚至达到破坏地步的问题做出解答。对于一个有抱负的机械、电气或环境工程师来说，如果他对这种信念的哲学基础没有做过研究，对其在西方文化中根深蒂固的影响没有准确的认识，那他就很难找到和实施可持续性的技术解决方案，也很难消除那些不具有可持续性的解决方案所带来的影响。

工业化进程是历史和社会调查的另一个重要领域。引发工业革命的历史和社会制度是什么？我们现在所面临的环境恶化问题是由什么原因导致的、又是如何导致的？在"大挑战之重大问题研讨课"上，学生们在读了麦克唐纳（McDonough）和布伦加特（Braungart）合著的《从摇篮到摇篮》（*Cradle to Cradle*）[11] 后，进行了激烈的辩论，该书对工业革命是不是人类历史上的一个失误、一个错误的转折，抑或是资本主义经济逻辑上稳健的产物等问题进行了探讨。无论学生站在哪个立场，他们都面对着这样一个现实，那就是历史与社会背景曾在过去对技术的发展进程产生过实质性的影响，同样它们很可能会在未来继续影响这个进程的推进。通过这些批判性讨论，不论是在学校的实验室还是在今后的工作岗位上，当面对一个问题存在其他多种背景的观点时，学生都可以更好地检视自己的信念体系。只有通过这样的教育体验，才能使学生（和毕业生校友）形成一种基本习惯，即在将精力放在思考"如何"解决问题的细节之前，先去研究一下问题"为何"产生。

数字艺术类课程以信息共享的全数据化格式替代了印刷式的文献，为学生探索当前和未来复杂多变的影响提供了直接的机会。在报纸行业努力维持经营状态而在线新闻已成为许多消费者首选的信息获取方式的情况下，思考这项新技术的出现带来的利弊具有重要意义。如果信息具有很强的可塑性，可以被轻易地更改，造成对公众的误导或者改变我们对历史的认识，那么它又将如何改变知识的本质呢？为了探索数字文献的流动性（尤其是在一个历史可以被篡改、当下可以被任何"键盘侠"重新定义的"奥威尔式"世界中），WPI 的一名学生编了一个故事，而随着阅读这个故事的人数增加，故事的内容不断发生变化。[12] 这位学生通过创建这种基于技术的叙述方式，提醒大家数字信息并非保持静态的。我们有必要对新技术的华丽外表及其附属物进行调查，并仔细审查它们的历史意义和社会意义。这让打算进入技术创新领域的学生可以在这些项目的支持下，更加敏锐地意识到技术变革背后所隐含的"全局"。

正如考察历史或哲学背景对任何问题的解决都具有重要意义一样，对技术解决方案的执行结果进行更全面的考察也是必不可少的。例如在科学史课程中（课程号 HI3331，以科学技术与社会为主题），学生们对国家试图运用某些科学专业知识或技术创新带来革命，以改变竞争冲突（或者改变国际关系中各方力量平衡）的近期和长期结果进行了专门研究。这些案例研究得到的结果，使学生更加深入地认识到技术被"不当之手"掌握时对社会造成的直接影响。学生们将意识到技术突破也会带来相应的沉重责任，并有望将这种责任意识带入他们未来的设计当中。要想让学生意识到所有人为干预后果的复杂性，可以让学生阅读和讨论诸如雷切尔·卡森（Rachel Carson）的《寂静的春天》（*Silent Spring*）之类的重要评论性读物（无论是在英语课、历史课还是在重大问题研讨会课上）。[13] 卡森在书中所谈到的"傲慢"与短视的科学可能会在什么类型的哲学、宗教、文化和历史条件下产生，成为人文学科教师推动课堂交流和辩论的一个组成部分。该书还为学生提供了一个开展科学实践的绝佳样板，即科学需要将艰苦透彻的研究与对自然的尊重和倡导相结合。

对工程行为的源头和后果进行反思，其作用不仅仅限于为技术探究提供了总体背景，这种思维方式还可能改变探究的本质，因为它使学生了解了自己的基本世界观，往往还能使未来的工程师们重新考虑或修改他们的实验设计。通过基于过去和未来的视角对当前内容进行解读，学生成为自身文化经历和教育中有意识的参与者，并开始对变革性行为持开放态度。通过寻找过去与现在、物理与哲学之间的联结点和脱节点，学生不仅可以成为熟知经典文献历史背景的读者，而且会成为批判性思考者，并为成为自身文化的参与性用户和能够为自身文化兴起做出贡献的有用公民做好准备。

# 第三节　拓展工具包

　　新的见解和巧妙的问题解决方案通常诞生于多种思想、方法论或学科的交汇之处。由于人文学科所从事的是对各种事件、经历和现象的评论、评判和情境化理解的工作，因此它们很自然地创建了许多学科交叉平台。在对较大的文化主题进行研究的课程中，学生会意识到一种现实的情况，那就是在某个领域中形成和发展的知识可以在另一个领域知识的促进下得到扩展、增强或受到挑战。他们通过学习认识到工程干预会受到技术本身以外诸多因素的制约，尤其是在全球经济的环境下。尽管新燃料的发明、新材料的合成及新发动机或新电池的设计本身都是极具吸引力的创新行为，但它们仍处于经济、环境、城市规划要求和政治游说力量等诸多因素的完全管控之下。21世纪的工程师必须能够理解所有这些因素在新技术的开发和市场推广各阶段产生的影响。如今，技术的卓越发展在很大程度上依赖于工程师对经济、管理和政治方面的精通，而汇聚了这些因素的人文学科教育则可以实现对工程师多方面能力的培养。

　　认识论的复杂性是学生在人文课程中学到的核心内容，这让他们开始认识到不同知识体系的内在价值。这种超越自身学科进行思考的能力可以通过多种方式得到发展。其中，写作、修辞和沟通课程的学习是最为直接的方式，这些课程强调了解各个学科文献和风格的不同惯例的重要性。通过这些课程，学生有机会对造成学科差异的原因进行思考和讨论，还可以对例如数学和诗歌在各自风格和认识论上的差异进行鉴赏。WPI通过全校性的跨学科举措和专业项目（例如大学第一年的学习体验计划、交互式媒体与游戏开发计划、环境工程专业项目等）为学生提供了机会，使他们能够在其项目任务中讨论和整合不同观点和学科方法。

　　重大问题研讨课中的"赋能世界"专题课程就是这类项目之一。有4名低年级的女生（伊丽莎白·拉皮尼尔、丽莎·普格斯利、海蒂·罗伯逊和凯拉·舒特）选择对中国加速发展所产生的长期影响和远距离影响进行调查。但对于她们制定的项目问题（"中国的空气污染：美国有责任吗？"），仅仅通过化学分析或公共卫生数据的研究是无法进行解答的。她们采用了包括个体叙述，重建各种历史和社会趋势及调查空气污染物中生物化学成分并在调查中融入公共卫生数据分析等多种方法。最终，这4名学生找到了一种方法，她们将追求正义的人文社会诉求嵌入其他学科知识（化学、公共卫生和医学）的应用之中。

　　尽管对于一年级的本科生来说，这项研究的成果非比寻常，但它并不是一个罕见的学生项目。人文探究通常都集中于揭示工程干预在道德、社会和文化方面的含义。在WPI，诸如为什么我们要关心犀牛的消亡和为什么要担心基因操纵等问题并非总是出现在科学课堂或实验室中，在学校的文学、历史和哲学课程中也会提出这样的问题。在当今世界中，我们对人类基因组的操控能力远远超过了我们以富有成效的方式对这类知识进行规范和引导的法律或哲学能力，所以前面那些问题的提出对于学生思维方式的养成至关重要。人文学科高度重视道德问题。尽管生物伦理和生物技术以惊人的步伐齐头并进，但通常伦理问题仍然处在生物学或生物工程教育的边缘或次要位置。通过对当前权威的生物工程学和生物力学教材进行抽样，得出的研究结果出乎意料：如果一本教材中对伦理学进行了讨论，那么以伦理为主题的内容会被放在书的最后一章，而这样的位置安排将该章节在整本教材中被读者阅读到的可能性降到最低或者会让读者认为该章在相关领域研究的重要性最低。[15-17]

　　WPI的教学与音乐制作课程是另一个能够有力体现培养学生创造性跨学科思维的案例。WPI的一位音乐教授在探寻音乐创作难以捕捉的潜在结构时，对组织的数学和科学理论进行了探索，包括集合论、人工智能、混沌理论、进化算法、分形、知识系统、复杂性和涌现理论等。事实上，这位教授一直将技术的运用与整合作为音乐制作和音乐分析的一个自然组成部分。通过这种方法，可以鼓励音乐专业的学生在技术类学科（如数学、生物学、计算机科学、心理学和工程学）上发展深层次知识，并将这些知识带入他们的表演和作品中。通过融合不同的学科视角，学生们开始把音乐看作将各种科学与数学关系通过声音进行呈现的形式。毕达哥拉斯的数学方法让学生有机会最终能够通过理解活跃于自然界中的复杂动力系统来获得对音乐的艺术形式更丰富的理解。虽然音乐本身无法揭示生命的内在形式和结构，但它有助于阐明深入洞察科学和数学的重要性，同样，正如学生们所发现的，这种更为深入的见解反过来也可以让音乐变得更加丰富。[18]

　　总之，对于未来的科学家和工程师来说，艺术与音乐、文学与历史、哲学与戏剧课程会产生持续性的重大影响,因为它们不仅可以激发学生的创造性思维(超越学科的既定范畴),促进文化和伦理问题的框架构建,而且为训练学生围绕特定技术给公众带来的道德和社会影响进行科学思考和交流提供了机会。跨学科研究可以带来丰富和令人激动的体验,它涵盖了多种方法论和工具包,除此之外,对那些做好自身技术工作的同时又学习了人文艺术课程的学生来说,他们还能获得在开展研究工作时承担公民责任的经验,从而走上积极追求更优技术解决方案的道路。

## 第四节　培养批判性探究和公民责任的文化

伟大的美国哲学家、心理学家、教育家和政治理论家约翰·杜威(John Dewey)早在一个世纪之前就已经发现,民主国家中的有效公民身份要求个体具有批判性的思维习惯。如果我们希望我们的教育机构能够培养出未来公民应具备的批判性思维能力,那么就有必要对教学环境进行设计,用于鼓励、促成甚至是要求学生发展并保持探究习惯。公民需要根据新的信息不断地对他们所"理解"的内容进行重新组织,将学到的概念应用于现实世界的问题和情境中,并对接触争议性想法、替代性知识方法和多元文化观点的机会表现出高度的宽容性(一种近乎热情的状态)。杜威警告道,传统的学科教学形式很容易培养出学生狭隘的"思维习惯,导致其信念缺失,形成错误的观念",这在工科学生的教育中也必定存在,特别是对于那些出于偏见冲动选择了理工类教育而放弃了在人文学科中进行更广泛知识训练的学生来说,更容易出现这种情况。[19]

阅读小说、研究历史或国外文化、讨论哲学文献或艺术作品及参演探索人类体验界限的戏剧,都是训练学生诠释能力、道德判断力和公民责任感的方式(见图7.1、图7.2)。WPI广泛实施了以项目为导向的学习任务,这为学生的学习增添了丰富的社会意义。基于问题和项目的任务有助于学生将重点放在问题解决上,并强调了问题本身具有的更广泛的意义。就一个特定的现实世界问题开展团队合作,可以将各方知识公共化,并进一步加强团队与个体探究文化的建设,这对于参与全球经济来说至关重要。人文学科的课程和研讨经常能够有效运用团队合作方式,探究性研讨课(现已成为顶点体验课程的人文艺术要求)

可能需要学生以团队合作的形式开展共同捍卫一个特定观点、对一个主题或一本书提出不同的看法、完成一份数字化的叙述材料等工作，锻炼团队成员的文字能力和数字化专业技术。例如，在课程号为 HU3900 的两门专题研讨课（环境史和全球科技）中，学生不仅要撰写个人的批判性书评，还要以三人小组的形式合作开展研究并完成该专题发展史的文章撰写，以上所有内容均整合为了"一整期"专业期刊。

图 7.1　音乐训练

图 7.2　戏剧训练

WPI 的多元文化主义是学校培养学生多样化观点和全球责任感的另一种支持机制。全校本科生中，国际学生占比近 10%，他们为课堂讨论和项目开展带来了极为丰富的文化体验。[20] 此外，各种类型的全球学习计划（详见第六章）为 WPI 的学生提供了在国内外接触多种多样问题与解决方案的机会。

尽管围绕某个问题进行深入的文献研究、批判性思考和更广泛的文化背景调查可以促使学生以更广阔的视野看待相关问题，但在培养具有社会参与性的科学家和工程师的过程中，人文学科的作用并不止步于此。WPI 支持学生在处理所从事的问题时采取积极的立场。例如，为了由对生物中心主义的了解转向实践，"文学与环境"课程的学生不仅要跟踪了解当地自然公园内濒危物种的情况，而且可能要开展工业污染调查的汇报工作，并参与撰写一篇以"决战号令"为题的学期论文，该论文要求列出经验数据及呼吁应当迅速采取相应行动的内容。重大问题研讨课则为学生提供了更多开展持续探究和公民行动的机会。这些为期一学期的课程旨在构建一个终极项目，该项目必须将技术问题（如开发更先进的电池或运输系统）与落实解决方案所要解决的社会挑战（寻求经济和政治支持）相结合，不能停留在缺乏实际行动的局面上，而是要将提议的设计变成现实。事实上，这些研讨课中的项目推进文件通常会包括行动落实的初始步骤。在过去的项目中，学生获得了与学校管理者面谈的机会，共同就减少食物浪费的具体计划进行讨论；他们还提出了校园堆肥计划，并在 WPI 的纳米比亚项目运营基地建立了一个"小母牛"基地。而要想拿到这类课程的及格分数，仅有技术能力或文献分析能力是不够的。相反，学生在学习中必须将对技术的深入了解与对复杂的社会困境和个人困境（无论困境产生于道德判断、知识迁移还是创造性协作）的处理相结合。这类课程培养出来的关心这些问题的公民（不仅仅限于高年级的学生），在提出"如何"解决问题之前会先思考"为什么"会产生问题，他们能够开展更大范围的搜索，探究可应用于多个层面、更加长远有效的解决方案，而不仅仅是停留在纸面上。

## 第五节　培养倡导能力和沟通技巧

互联世界中的技术领导者需要具备对事物进行微调的能力，他们能够向其他人介绍自己的解决方案并有说服力地引导他人采用这个方案。在过去，某些可持续的技术（如电动汽车技术）失败的原因，往往在于其没有得到公众和企业的支持，而并不在于创新结果本身。如果你不具备满足人类深层次需求的能力，未能很好地传递宏伟愿景，那你在任何领域中都无法取得领导地位。工程和科学迫切需要大量的领导者、公众发言人和倡导者。倡导能力是一种要求学生根植于更广泛的文化与历史背景、形成技术论点并跳出影响问题的因素和理念所在的有限领域，形成解决方案。人文和艺术学科为这两项工作提供了必不可少的工具，促进了科学技术现象与环境的联系，还为这些现象的研究打开了全新的学科视角。人文艺术学科还可以直接促进理工科学生顺利毕业所需的写作、公开演讲和跨学科合作等能力的发展。

整个人文艺术课程体系中的研讨课和其他写作强化课程，都特别强调每位学生的有效沟通能力，以及基于教师反馈与同学点评提高自身写作水平等方面能力的培养。这意味着 WPI 的学生将会有更多的写作类作业，产出更多的反思性作品，还会持续不断地经历展示、报告、课堂辩论和网上讨论区互动的学习体验。在这些课程中，学生个体和团队的写作与沟通能力都会得到全方位的锻炼。写作课程通常会围绕特定的主题（如环境、技术），以便学生能够在克服语法和写作问题的同时，就他们感兴趣的技术问题开展令人信服的论证工作。幸运的是，在 WPI 的学术技术中心、跨课程写作中心和戈登图书馆里，有一群高水平且敬业的教职员工，这些专业人员对学生的研究工作、文献理解中出现的问题和多媒体使用等方面都竭尽全力地给予了支持。

## 第六节　结　语

在 WPI，人文与艺术学科的学者们能够在这个不同寻常的环境中发挥他们的作用。学校整体的理工科环境要求他们与科学领域和应用学科领域进行更为积极的对话，这种情况给生产性协同效应的调动和人文知识本身的发展提供了充分的机会。当前，人文学科本身正承受着来自学术界的压力，其根源可追溯到知识主要形式从自然哲学向自然科学的转变，或者也可以追溯到在时间上更近一些的将人文学科后现代解构主义作为权威性知识形式。无论人们如何看待这些或长期或短期的压力根源，事实是人文艺术学科必须重新夺回并再次体现其在培养学生公民身份意识和社会参与性上的教育目标。高等教育阶段的人文教育与研究经常出于其自身的原因，专注于正式文本的分析，这种过于严肃的学术研究存在过于强调自我参照和处于象牙塔中、过于脱离现实生活问题的风险。为应对人文学科领域中的相关危机，教育研究人员提出了几种建设性的方法：（1）克服极端的专业化和形式主义；（2）通过学科交叉开辟更广泛的参考框架[2,21]；（3）将人文学科重新融入艺术领域[22-24]。WPI 的理工科环境具有现实世界导向、丰富的艺术作品供给、基于问题和项目的学习模式及众多强大的跨学科计划，为人文学科领域的振兴提供了肥沃的土壤。人文学科有助于探索技术解决方案的历史渊源或哲学意义，有助于指出其他学科有价值的见解，使探究工作更加充实；同时，人文学科可以培养学生的道德观念和公民责任感，并试图为学生参与全球的交流和热情的倡导提供必要的工具，还为开展原创性研究和学术工作开辟了新机会。

　　体现了人文艺术作用的以问题和项目为导向的 WPI 文化，鼓励了批判性参与和建设性（而非破坏性的）研究的开展，它为人文学科的自我振兴提供了成熟的条件。有人会担心实践性参与可能会对概念性学习造成不利影响，但事实正与此相反，人文学科的学术研究与艺术创作只有通过与经验和关键问题的互动才能得到加强。与科学教育相比，人文与艺术教育也会承担不好的甚至是灾难性的后果。如果我们接受不了学生不会应用三角函数的概念，那么我们也绝对无法接受学生阅读了罗伯特·格雷夫斯（Robert Graves）的诗文之后，仍然将战争视为解决冲突的合理手段，或者在让他们阅读了丹尼尔·奎因（Daniel Quinn）的《以实玛利》之后，依旧对动物的灭绝无动于衷[25,26]。具体化和实践性的人文主义远比其理论的一面更加强大，这也促成了更好的概念性学习。因为"在这种意义上，理解一首诗就是'通过它'看清一个世界"，于是一个并未远去的世界就可以对个体的自我感知、记忆、情感……以整体或部分的形式进行强烈的呈现。[23] 正是科学、人文、艺术和应用领域的合作，促成 WPI 在课堂中创造出了这样的一个世界。

# 参考文献

1.　Department of Humanities & Arts—Worcester Polytechnic Institute, "Humanities & Arts." 2010. Available: http://www.wpi.edu/Academics/Depts/HUA/index.html.

2.　C. Gallagher and S. Greenblatt, Practicing New Historicism. Chicago: University of Chicago Press, 2000.

3.　E. Eakin, "Professor Scarry has a Theory." New York Times, sec. SM, pp. 178–181, Nov 19, 2000.

4.　J. Dewey, Experience and Education, vol. 10. New York: The Macmillan Company, 1938.

5.　D.A. Kolb, Experiential Learning: Experience as the Source of Learning and Development. Englewood Cliffs, NJ: Prentice-Hall, 1984.

6.　J.A. Cantor, Experiential Learning in Higher Education: Linking Classroom and Community, ASHE-ERIC Higher Education Report No. 7, 1997. Available: http://www.eric.ed.gov/PDFS/ED404949.pdf.

7.　G. Cravens, Power to Save the World: The Truth about Nuclear Energy. New York: Knopf, 2007.

8.　A.W. Crosby, Children of the Sun: A History of Humanity's Unappeasable Appetite for Energy. New York: Norton, 2006.

9.　L. Parker and M. Holt, "Nuclear Power: Outlook for New U.S. Reactors." U.S. Congress, Congressional Report Service, 2007. Order code RL33442. Available: http://www.fas.org/sgp/crs/misc/RL33442.pdf.

10.　B.K. Sovacool and M.A. Brown, Energy and American Society—Thirteen Myths. Dordrecht: Springer, 2007.

11.　W. McDonough and M. Braungart, Cradle to Cradle: Remaking the Way We Make Things. New York: North Point, 2002.

12.　M. Yovina, Momentary Substance. Worcester Polytechnic Institute undergraduate seminar project, 2008. Advisor: Joseph Farbrook.

13.　R. Carson, Silent Spring. 40th anniversary edition. New York: Houghton Mifflin Harcourt, 2002.

14. Worcester Polytechnic Institute, "Undergraduate Studies Project Gallery First Year Experience (FYE)." 2010. Available: http://www.wpi.edu/Academics/Undergraduate/FirstYear/gallery.html.

15. A. Atala, R. Lanza, R. Nerem and J.A. Thompson, Principles of Regenerative Medicine. New York: Academic Press, 2007.

16. S. Shien, P.C.Y. Chen and Y.C. Fung, An Introductory Text to Bioengineering, 2nd edn. Hackensack, NJ: World Scientific Publishing Company, 2008.

17. C.R. Ethier and C.A. Simmons, Introductory Biomechanics: From Cells to Organisms. New York: Cambridge University Press, 2007.

18. F. Bianchi, Private Communication, 2009.

19. J. Dewey, How we Think. Boston: D.C. Heath and Company, 1910.

20. Worcester Polytechnic Institute, "Undergraduate Admissions, International Students." 2010. Available: http://admissions.wpi.edu/International/index.html.

21. J.T. Klein, Humanities, Culture, and Interdisciplinary: The Changing American Academy. Albany: State University of New York Press, 2005.

22. R.E. Scholes, The Rise and Fall of English: Reconstructing English as a Discipline. New Haven, CT: Yale University Press, 1998.

23. K. Spellmeyer, Arts of Living: Reinventing the Humanities for the Twenty-First Century. Albany, NY: State University of New York Press, 2003.

24. K.D. McBride, Visual Media and the Humanities: Pedagogy of Representation. Knoxville, TN: University of Tennessee Press, 2004.

25. R. Graves, Poems About War. Kingston, RI: Moyer Bell Books, 1990.

26. D. Quinn, Ishmael. New York: Bantam/Turner Book, 1992.

# 第八章　顶点项目：整合性的学习体验

弗雷德·J. 洛夫特（Fred J. Looft）

荣易明（Yiming /Kevin Rong）

## 第一节　引　言

"在（1970 年的）一次全体教师投票决议中，WPI 成了一所与众不同的大学。"[1] 当时在"与众不同的大学"设想目标中包括了一项要求，即 WPI 全体本科生在校期间都必须完成至少两个专业项目，并将这项需求作为学生毕业条件的一部分。学生通常在大学的第三年完成自己的第一个项目，该项目旨在"考查学生将社会需求或社会关切与技术发展所引发的特定问题进行关联的能力"。关于这个极为独特的要求，特别与工科学生相关的更多详细信息，可以参见第二章、第四章和第六章。学生的第二个项目被称为专业研究资格项目（MQP），旨在考查学生"在专业领域中有信心解决问题或开展工作，并对结果进行有效交流"的能力。[2]

接下来，本章将对学生的大四项目要求（即 MQP）进行具体介绍、回顾、反思和讨论。涵盖的主题包括 MQP 的内容要求、实施模式、挑战与机遇及预期的未来发展。鉴于 WPI 的 MQP 被普遍用于满足 ABET "最终专业设计经历"或简称为"顶点项目"（毕业设计项目）要求，因此在后续讨论中，我们将会交替使用"顶点项目"和"MQP"这两个词语。但在采取这种操作的同时，我们需要提醒读者，请不要将 ABET 顶点项目要求中基于课程的实施方案与 WPI 对学生在所学专业领域中开展一个专业项目的毕业要求（如 MPQ）相混淆。

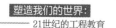

# 第二节　获取学位的专业研究资格项目要求

根据 WPI 的目录，有四项广义上的毕业要求，包括：

- 人文与艺术要求
- 跨学科研究资格项目（IQP）要求
- 专业研究资格项目（MQP）要求
- 个人课程计划的"分类必修"课程要求

每个资格项目相当于学生项目任务中的至少 9 个学分（3 门课程）。尤其是 MQP，需要能够"展现出将学科技能、方法和知识应用于学生未来职业生涯中典型问题的解决方案的制定"。此外，MQP 项目团队的学生所选择的项目，应当能够对个人的教育课程计划有补充促进作用，"特别要关注到课程、自主学习和（任何有意向的）项目所代表的知识体系间的相互关系"。[3]

需要强调的是，MQP 是 WPI 早在 20 世纪 60 年代制订、70 年代初实施的学校计划的一部分，该计划将团队合作、自主学习和研究项目等概念融合到一个基于项目的本科生全面教育计划中，从根本上改变了高等教育的结构。值得注意的是，尽管本科生的顶点工程项目如今已普遍存在，但将重视基于项目的教育和强调现实世界作为本科生教育计划的基石的做法在 WPI 已经持续了超过 35 年。此外，WPI 不是仅仅要求通过 ABET 认证的学系学生需要完成这些项目，而是要求所有的学生都要完成学校的两个资格项目。

ABET 标准中的五项要求可以概括为：

> 学生必须通过以专业设计收尾的课程体系为工程实践做好准备，要求学生以前期课程学习中获取的知识和技能为基础，并结合适当的工程标准和多种现实约束条件进行专业设计。[4]

在 ABET 的上述要求下，各个大学明确并证明了满足 ABET 要求的学生学习经历的内容范围和总体设计。长期以来，WPI 坚持认为绝大多数完成 MQP 的学生，已经超越了ABET顶点经历要求。事实上，当学生完成了MQP时，项目指导老师就会向学校教务部门提交学生的学位要求完成情况表（Completion of Degree Requirement，CDR）。在CDR表格上有一个供指导老师填写的选框，用以说明某个项目/学生实际已经符合ABET的"专业设计经历"要求。

## 第三节　MQP的项目实施

MQP的项目活动可以包括研究、开发和应用环节，可以涉及分析或综合，可以是实验性的或理论性的，可以强调某个专业的特定子领域或结合多个学科领域，可以基于个体开展或基于团队开展。此外，与基于课程的顶点项目不同，对于想要达到MQP要求的WPI学生来说，他们在每个学年和每个暑假期间都可以获得弹性学期和各种机会。项目的实施和可选的主题非常广泛，所幸仍然有一些可供介绍的MQP完成策略，涵盖了MQP从项目注册到最终报告的形成与提交的大部分活动。

### 一、项目的注册模式

传统的项目注册模式是让学生团队成员在四个学期中，每个学期都注册完成总项目学分（共9个学分）中的一部分学分要求。然而，目前学生在一个学期里注册全部的9个学分（相当于3门课程），并完成全部项目要求的情况正变得越来越普遍。这种注册方式主要由那些前往某个校外和（或）企业项目中心开展项目以达到顶点项目要求的学生采用，下文将对此进行更为细致的介绍。另一种不常见的方法是学生团队需要注册各种数量的学分，以便在一个学期（AB或CD学期）或暑假期间（E学期）完成MQP要求，或满足特定的学生注册、日程安排或对接单位限制的变化。

### 二、项目的执行

#### （一）项目团队的招募与组建

顶点项目通常可分为校内完成项目和校外完成项目。参与校外项目的机会通常与某个项目中心（其中大多数为驻地项目中心）相关，有兴趣在项目中心工作的学生（下文将提供示例）通常会在他们大三秋季学期向某个中心提交申请，然后参加面试，最终被选拔参与该中心的工作。这些学生通常无法选择团队的其他成员，但他们可以根据每个中心提供的初步项目列表，在学生选择阶段自主选择想要参与的项目。

WPI有一个教师与企业项目的在线数据库，主要针对校内项目进行相关数据的维护工作，各个学系也可能会对自己的数据库进行维护。在大三春季学期，学校会鼓励学生对拟开展的项目进行审查，并与可提供支持的指定教师就所感兴趣的项目进行讨论。与通常由指导教师负责创建团队的校外项目不同，目标完成MQP校内项目要求的学生往往自行组建项目团队。但这是非必要的，因为指导教师会根据学生的不同背景为项目遴选适当的学生人数，帮助学生创建团队。这种指导教师与学生间的灵活协商、团队的组建及项目的最终注册一般在大三的C学期和D学期进行。

最后，学校会鼓励学生和学生团队与潜在的指导教师围绕他们拟开展的校内项目的想法进行讨论。当然，是否给学生的方案思路提出修改意见及是否为相关项目提供建议，都是教师的自由。

尽管学校内部的项目存在着很大差异，但常规的项目团队都是由2～3名学生和1名指导教师组成的。只有少数项目是由单个学生自行完成，也有一些项目可能会由多达15～30名学生组成的团队完成，这具体取决于一个项目如何定义团队规模。例如近年来，我们的跨学科纳米卫星与航天器有效载荷设计项目容纳了多达20～30名学生，这些从事有效载荷设计工作的学生来自多个学系，整个大团队中包含多个由2～3名学生组成的小团队，分别负责有效载荷技术设计的各方面工作。

（二）项目的指导

高质量的项目指导对于形成高质量的学生经历来说至关重要，在项目指导这个话题上需要注意以下几点内容：第一，WPI要求每个具有终身教职的全职教师每学年担任一个或多个MQP的指导老师。为了使教师精通顶点项目指导工作的相关流程和最佳实践，学校鼓励新入职的教师在头几年与资深的指导教师一同参与一个或多个项目的指导工作。这种全员参与指导教师工作的概念，与为了实现ABET要求而开展的基于课程的常规方式形成了鲜明的对比，后者仅由每个学系中少数教师负责指导整个顶点班级学生。

第二，指导教师自行制定与各个项目团队会面的时间表。最常见的方法是指导教师与团队成员至少每周召开一次正式会议及更多的非正式会议。此外，校内项目团队通常会在导师的实验室工作，因此，他们几乎每天都可以与自己的指导教师及其他在实验室工作的研究生们进行交流。

第三，校外顶点项目的指导工作有所不同。对于需要校外住宿的项目，指导教师可能会在项目开展期间一直与团队待在一起，并单独负责召开与学生团队的会议，包括每天白天、晚上及周末的会议。如果驻地项目中心未配备现场指导老师，则通常会安排一位指导教师在项目的启动周和收尾（项目展示）周给学生团队提供指导。无论是驻地中心还是其他中心，对于所有的项目中心而言，产业项目导师通常都担任项目的主要顾问，并与团队进行日常的交流。

第四，随着跨学科项目（机器人技术、自动驾驶汽车、太空飞行系统等）的增加，一个项目团队接受两名或多名教师共同指导的情况正越来越普遍。虽然这种方式需要耗费大量的时间，而且可能不太具有时效性，但它确实会为项目带来团队学生所关注领域的专家建议。

（三）学生准备工作和项目申报书

经验表明，开展 MQP 的第一步就是学生撰写项目申报书。学生在撰写过程中，将会进行项目的背景研究，加深对问题的理解，学习以清晰明确的方式对问题做出阐释，并开始学习成功完成项目所需的各项材料。一份典型的申报书包括：

- 与问题或潜在解决方案相关的最新进展的综述。
- 该项目问题的已有解决方案（如果有的话）。
- 明确说明要解决的问题。
- 问题解决的限制条件（如安全性、技术、材料、人体工程、经济、可制造性、环境运行等）。
- 针对拟建议的解决方案进行高质量的系统性描述。
- 明确关键日期的进度安排。

经验表明，如果申报书在一些关键方面做得出色，将会提升申报书整体的实际意义。

（1）具体要求：必须将项目要求以量化指标的形式进行明确，用这些量化指标评判项目成功与否。例如，"必须尽可能快"的系统设计要求就不是特别具有实用性或可测性。相比之下，诸如"运转的时钟最小频率为200兆赫"或"在1分3秒内吊起20千克"这样的描述是可衡量的，在项目结束时不会就是否达到了项目目标而产生歧义。项目团队还应该通过商业研究（从经济考虑、技术成熟度、定制化与商用现成产品等方面）证明项目指标具有合理性。最后，项目要求还需要（酌情）包含安全性、可靠性、成本、美观性和其他特定项目因素。

（2）背景：对已有解决方案进行细致的综述，具有极为重要的意义。申报书应该解决以下问题：之前为解决这个问题已经做过哪些尝试？当前有哪些解决方案？解决方案的设计还存在哪些改进的空间？

（3）资源：一年期项目具有一个显著优势，那就是该项目几乎肯定能够在项目开发进度的约束下获得资源。然而，这也使在项目申报书中尽可能明确所需资源成为一项重要内容。确定资源的目标之一在于可用于生成项目的详细预算，预算会受到学系和（或）项目对接单位的影响。团队需要牢记的是，资源可能包括空间、材料、软件、计算设施、来自外部资源的数据及解决项目问题所需的其他事物。

（4）系统设计：一旦问题得到了准确的理解和定义，并受现实约束条件限制，团队就应该能够制定多种问题解决方案。这里的关键在于确定问题的常规解决方案，而无须对应该实施哪种解决方案进行详细说明。

（5）知识：在开发和比较概念系统设计的过程中，应当鼓励学生明确必须自主学习的知识，以便最终选择出最优的系统设计或解决方案。例如，最近有一项基于 GPS 卫星导航系统的方案，该项目在指导教师的建议下提出和实施，要求团队采用卡尔曼滤波器最小化相位误差测量方法，这就反过来要求学生自学滤波器使用的理论和实践知识。[5]

（6）进度安排：最后，团队应制定一份进度安排表，需要包含所有相关的学年结束日期、毕业离校日期和其他影响项目完成的截止日期。例如，许多教师会要求团队至少要在最终电子文档提交的截止日期 3 周前，提交最终的项目报告，以留出时间对该报告进行全文的终审。同样，根据项目实现特定目标的需要，进度安排中可能还会有其他的截止时间要求。因此，如果未能实现预定日期的进度，会理所当然地被认为是项目出现问题且该问题亟待解决的一个显著标志。

（四）**核心项目工作**

本阶段的项目工作取决于所要开展项目的类型，可能包括实验室的实验工作、软件开发、信号测量、设备设计与分析、产品或设备建造、性能评估、生命周期确定、准确性测量和安全评估等。

核心项目工作还应该包括学习相关行业从业人员的常备技能，包括：

- 学习如何对数控机床进行使用、配置和安全操作。
- 学习电子显微镜的正确使用程序。
- 学习如何开发高速印刷电路板和系统的原型。
- 学习并使用行业标准软件进行前端、超大规模集成电路、天线建模或其他类型的前沿设计和分析。
- 学习大学审查委员会批准的公认生物实验规程（也可能需要撰写申请材料获取委员会的批准）。

（五）**撰写最终报告：支持和过程**

每个 MQP 团队都需要撰写全面详细的最终项目报告。这给学生们提供了一个关注专业文本标准的机会，不论这些标准来自大量不同样式书籍中任意一种公认实践，抑或是某个团队曾经提交的详细研究方案或期刊稿件，它们都会对文本的样式和格式进行详细描述且方便学生获取。

（六）**口头汇报**

多年来，WPI 在 D 学期设置了一个"项目汇报日"制度，其间会暂停所有课程，由各 MQP 团队展示其项目成果。校内和校外项目团队都会对项目目标、对象、方法、分析、设计及结果进行简短、专业的汇报。许多学系会让汇报表现最出色的团队参加后续的书面或口头项目汇报比赛，从而选出每个学系的年度最佳项目。

## （七）收尾

正如 WPI 的项目网站所述[6]，学生们必须将已完成的项目报告提交给项目指导老师。学生还需要在学期结束前最大限度地向参加的校外组织提交文件资料的副本，以便识别和删除报告中涉及的专有信息和机密信息。

所有完成的报告都必须转换为 PDF 文件，并通过 E-Projects 在线提交流程报送给学校的教务处和图书馆。公众可以在 WPI 图书馆在线搜索与档案系统（见图 8.1）中访问指导老师审核通过的报告。学生和教师均可获取详细的使用指南和清单，以简化项目报告的提交和审批流程。

**GEORGE C. GORDON LIBRARY**
*Electronic Projects*

**STUDENT SUBMISSION & ADVISOR APPROVAL**

1. **Convert** your report to PDF. Your advisor may want a copy of the pdf you will be submitting online.
2. **Submit/Modify** your project online
3. Your advisor must approve the project.
4. You must print out a customized eCDR in order to get a grade.
   1. For MQPs, Print the customized eCDR for yourself and all project partners, sign it and give it to your advisor.
   2. For IQPs, Complete IQP Survey, after which you can print your customized eCDR to sign and give to your advisor. Your project partners must individually complete the survey as well. If you are using the same pc, each person should exit the browser and start fresh to login individually.
5. Your advisor turns in your eCDR to the Registrar's Office.

The eCDR must be filed no later than the second day of the next academic term. Students who have filed an application to receive their degree in May must submit a completed eCDR to the Office of the Registrar by the last Thursday in D-term.

A complete list of deadlines is available from the Registrar's Office.

**SEARCH COMPLETED PROJECTS**
You can use library resources to search for projects.
View Collection Statistics

**RESOURCES FOR STUDENTS & FACULTY**

eProject Submission Checklist
Frequently Asked Questions (FAQ)
Creating & Modifying PDF/As
Copyright Information

eProject Submission Tutorial for Students (8 min) (PDF transcript)
eProject Submission Tutorial for Advisors (5 min) (PDF transcript)
IQP evaluations

**TOOLS FOR REGISTRAR & LIBRARIAN**

Review Advisor-Approved Projects
Manage Available Projects
Manage Withheld Projects
Catalog Projects

图 8.1　图书馆 E-project 提交帮助页面的屏幕截图

资料来源：http://www.wpi.edu/Pubs/E-prolect/。

## （八）评分标准

下述评分准则由 WPI 教师开发，用以指导项目工作任务的级别评定，并获得了教师们的普遍认可。

**A（优秀）**：完成的工作超越了所有的项目目标或项目要求。团队展现出了强大的实力，可以证明独立并出色完成的工作已远高于正常标准。

**B（非常好）**：满足了所有的项目目标或项目要求，工作质量高，团队在项目期间有着良好的努力表现并具有一定的独立性。

**C（及格）**：基本满足所有的项目目标或项目要求。

**NR（无记录）**：没有满足所有的项目目标或项目要求。

**NAC（不及格）**：项目工作不及格。该等级针对那些无法获得学分的学生表现而设置。它意味着学生的表现（或表现的缺失）严重阻碍了团队的进步，或者给指导老师、项目对接单位和（或）WPI造成了为难的局面。

考虑到需要让教师们理解上述已发布的指导准则，许多学系还会为教师和学生提供关于开展评分工作的额外指导原则和建议。在阅读这些文件资料时，相关人员会注意到，WPI并不会给出低于平均水平或不及格的成绩，但是，教师可以给学生一个NAC的评分结果，该记录会显示在成绩单上，说明该生开展的工作确实是不及格的，无法获得相应学分。

### 三、项目支持和资源

正如对一所强调项目式教育的大学所期望的那样，随着时间的推移，学校许多支持项目活动的计划和中心得到不断发展。下面列出了其中一些机构和中心的发展情况。

#### （一）项目管理办公室

项目管理办公室的工作人员会采取多种方式帮助教师进行项目的开发、创新和指导。例如，他们在支持各项目中心预算、评估和降低校外项目中心风险、根据需要处理应急程序和相关医疗问题、为校外指导教师提供支持及完成课程计划的宣传与学生的报名选拔等各方面工作中都发挥着至关重要的作用。此外，项目管理办公室还为学生和教师提供了广泛的在线支持材料，用于解决诸如项目启动、撰写项目申报书、保密性和人性主题问题（如果适用的话），以及如何将最终项目通过图书馆在线项目提交系统进行递交等问题。项目管理工作人员还提供了以下支持功能：

（1）组织召开会议，用于分享项目的优秀指导实践案例和外部拓展与开发的经验，帮助教师理解学生的学习方式，甚至还可以向教师普及WPI的各种规章制度和法律要求。

（2）召开年度风险管理培训会，对教师进行风险管理意识的培训。

（3）当（医疗、基础设施等）情况发生变化时，工作人员会及时做出响应，向项目中心顾问给出如何处理问题的建议，并为问题的解决给予必要的资源支持，使问题最终得到安全合理的处理。

（4）与正在世界各地建立新项目中心的教师进行合作，解决诸如旅行与驻地风险、住宿、交通规划、应急程序、（医院、使馆等）当地支持系统及与校外项目基地相关的其他关键性管理基础设施因素等问题。

（二）**课程体系交流中心**（Center for Communication Across the Curriculum，CCAC）

该中心的任务是"提升 WPI 学生的书面交流、口头交流和视觉交流能力，并推动写作成为学生学习各个学科的工具之一"。CCAC 的工作人员在支持学生写作学习、安排个体辅导和小组讨论会方面发挥了非常重要的作用，他们帮助学生团队成员成为更优秀的写作者和汇报人，并为项目团队提供广泛的在线资源。

（三）**教学技术中心**（Academic Technology Center，ATC）

该中心分为教学技术、校园媒体服务、媒体制作服务和音视频系统工程四个服务组。ATC 是各个项目获取展示、影像、卫星连接（如跨时空的远程会议支持）和音视频工程等项目活动技术支持的主要渠道。

（四）**WPI 创业创新合作社**（Collaborative for Entrepreneurship and Innovation，CEI）

合作社为寻求项目成果转化的学生团队提供支持，例如出售想法理念或基于已有项目工作进一步创办新公司。对项目团队和导师而言，CEI 在某些特定方面具有重要的价值，具体包括对创业者的指导和网络构建，以及举办主题丰富的研讨会，包括发明创造、小型企业合法性、市场营销和商业计划等主题。

（五）**教育发展与评估中心**（Center for Educational Development and Assessment，CEDA）

该中心的使命基于以下三个基本理念：（1）优质的教学和项目指导，可以通过教师的学习和进步得以实现。（2）在与完善的教育教学方法相结合的情况下，技术会成为一种有效工具。（3）有意义的评估对改善教与学至关重要。CEDA 开展的代表性行动具体包括：组织新进教师的指导计划、组织和举办技能发展研讨会及帮助教师开发课堂与项目活动的评估工具。

## 第四节 项目中心

MQP 项目中心是指在一个对接单位的支持下，指导教师和学生共同完成一组项目的地方。项目中心的运行范围涉及从居住地、单程旅行、项目基地（如英国伦敦、美国硅谷、法国南锡、中国）到一站式通勤（如林肯实验室、吉列公司），还有可接待学生每周前往公司驻地参观的校内企业（如通用动力公司）。表 8-1 列出了 2008—2009 学年和 2009—2010 学年 MQP 项目中心的完整名单。

表 8-1　2008—2009 学年及 2009—2010 学年 MQP 项目中心名单

| 2008—2009 学年 MQP 计划 | 2009—2010 学年 MQP 计划 |
| --- | --- |
| 匈牙利布达佩斯项目中心 | 匈牙利布达佩斯项目中心 |
| 波士顿吉列项目中心 | 加拿大艾伯塔省埃德蒙顿项目中心 |
| 爱尔兰利默里克项目中心 | 波士顿吉列项目中心 |
| 马萨诸塞州伍斯特理工学院与麻省理工学院林肯实验室项目中心 | 爱尔兰利默里克项目中心 |
| 法国南锡项目中心 | 马萨诸塞州伍斯特理工学院与麻省理工学院林肯实验室项目中心 |
| 加利福尼亚州硅谷项目中心 | 法国南锡项目中心 |
| 马萨诸塞州太阳计算机系统（Sun Microsystems）项目中心 | 中国上海项目中心 |
| 纽约华尔街与伦敦项目中心 | 加利福尼亚州硅谷项目中心 |

资料来源：http://www.wpi.edu/Academics/GPP/Centers/intheworld.html。

下面，我们将对一些中心进行简要介绍，并就这些中心如何实现可持续建设、对接单位可从中得到哪些益处及相关问题进行简短讨论。

### 一、林肯实验室

自 2002 年起，WPI 建立了一个由麻省理工学院林肯实验室（Lincoln Laboratories，LL）作为对接单位的项目中心。为激发学生对该中心的兴趣，林肯实验室的工作人员会在项目开展前一年的秋季学期来到 WPI，并向各个学生焦点小组进行宣讲。随后，会有来自电子与计算机工程、机械工程、计算机科学、物理和数学等专业的学生进行报名、参加面试并接受审查，最终选出大约15名学生参加该中心的项目。被选拔出来的学生会被安排到由2～3名学生组成的各个项目中，然后在大四的第一学期（A学期）在项目基地全职开展指定的项目工作。由于LL与WPI的距离较近，因此这些学生每天都可乘坐由LL提供的公共汽车作为通勤工具。

像所有的项目中心一样，LL希望被录取的学生在参加全职项目工作之前能够做好充分的准备。被选拔到该中心工作的学生，需要在大三最后一个学期（D学期）先参加一个被称为预备资格项目（Preliminary Qualifying Project，PQP）的准备项目，为他们在LL的项目经历做好准备。考虑到如今许多学生在项目开展的前一年暑假就已经以实习生身份在LL参与工作，这项要求在执行了一段时间之后就被取消了。从逻辑上讲，LL给学生安排的实习主题通常与他们在A学期开展的顶点项目主题具有关联性，并且在分组上也会将他们与部分实习期间的团队成员安排在一起。不是每一个入选LL项目的学生都能够去LL实习，同时也并非每一个学生都会接受实习机会，但是鉴于已有足够多的学生参加了暑期实习计划，LL决定废止PQP的要求，转而让学生依靠暑期实习获取项目工作经验。

图8.2　林肯实验室实习活动剪影

二、华尔街和伦敦

华尔街与伦敦项目中心因其专注于金融、银行和投资的项目主题而独具特色。对这些中心感兴趣的学生需要在项目开展前一年的秋学期提交申请，在大四的第二学期（B学期）通过面试、选拔，然后被安排到参加现场项目工作的项目团队中。项目机会向多个专业开放，包括计算机科学、电子与计算机工程、物理学、数学、信息技术管理、工业工程管理、工程管理等专业。下面是一些顶点项目案例。

- 在雷曼兄弟公司，一名计算机科学专业的学生帮助公司实现某系统的自动化运行，使系统能够显示放贷的相关风险及在不同信贷状况下的特定风险。

- 在摩根大通集团，一名计算机科学专业的学生和一名管理专业的学生重点围绕数据污染开展工作。前者将重点放在数据污染问题的软件方面，后者则专注于研究污染源（通过数据输入、软件、网络或硬件）及未来减轻污染的方法。2007年，摩根大通将网格技术作为项目重点，并招募了两名电子与计算机工程专业的学生参加该项目工作。

- 在伦敦的项目中心，一支来自电子与计算机工程专业的学生团队对设计和实现可重新配置的FPGA系统进行了研究，该系统可显著加快某些计算密集型金融研究的分析和建模效率。

华尔街与伦敦的项目团队与其他中心的不同之处在于，其团队通常只由两名学生组成，全部人数约为10～12名学生，其中3～4名学生在伦敦项目中心，其余学生则在华尔街的项目中心。虽然在这里开展的项目已经被证明具有可持续性，但与其他项目中心类似，这些项目最终能否实现可持续发展，高度依赖于参与这些项目的WPI教师与在华尔街和伦敦公司就职人员（通常为WPI校友）间的关系。

值得一提的是，主要针对工科、理科等专业学生开设的预备课程，会要求学生学习涉及金融市场、投资知识及包括股票、债券在内的所有货币交易形式等内容，并熟悉金融市场和机构的专业语言。

（一）吉列公司

吉列南波士顿制造中心是吉列公司最大的生产基地，也是该公司主要研发和工程团队的所在地。在过去12年中，吉列公司一直重点支持机械工程专业的顶点项目，这些项目往往围绕机械设计问题进行，涉及机械分析与设计、材料选用、应力和挠度分析及动态建模等。项目主题每年都不相同，当年将要开展的项目主题通常会在当年 8 月份确定。

这些项目在 B 学期进行，学生在大多数工作日里会乘公交车前往位于波士顿的吉列基地。学生需要在 A 学期完成预备课程，该课程旨在让学生为在项目基地开展长达 7 周的强化活动做好准备。在预备课程的开展过程中，吉列项目中心主任罗伯特·诺顿（Robert Norton）教授和一位国际知名的机械工程设计图书的作者会给学生团队设置任务，要求他们对那些被吉列公司认定为问题机器或问题机器零件的详细信息进行学习。为了在预备项目开展期间尽快启动工作，团队成员们为机器或组件制作了非常详细的 CAD 图。随后，他们会创建一个动态模型，并在时间允许的情况下，对机器或组件进行有限元分析。现场项目的前几天工作内容涉及仪器测量，这些测量数据可用于动态模型的修改，使模型与观察到的那些需要改进或修复的行为实现完全匹配。在之后几周的现场项目工作中，每个学生团队都会努力工作，以提出针对某个问题的多种解决方案并对这些方案进行分析，一旦找到可被采纳的方案，他们就会在吉列公司工程导师的支持下实施该解决方案。最终，在方案实施之后，吉列公司会进行相关的测定，以确定机器性能是否与预期改进结果一致，最终可能会将 1/3 的改进方案确定为永久性的实施要求。

从公司的角度来说，吉列显然可以从项目中找到公司所遇问题的解决方法和出色的后备工程人才。从 WPI 的角度来看，学生可以像在大多数的企业项目中心一样，与真正的工程师（通常为 WPI 的毕业生）一起工作，在实际的机械和设计约束条件下解决真实问题，获得无价的实践经验。

（二）硅谷

硅谷项目中心的活动在学生的 C 学期进行，这个长达一个学期的项目机会面向计算机科学、电子与计算机工程和交互式媒体与游戏开发专业的学生开放。预备课程被安排在项目正式开始之前的 B 学期进行，使学生能提前熟悉未来将给他们安排的项目。近期项目对接单位包括斯坦福国际研究院、eBay、NVIDIA 及许多规模较小的公司。一些项目中心的学生现已获得了这些对接单位和其他硅谷公司的全职岗位。

项目中心协调员、计算机科学专业教授大卫·芬克尔（David Finkel）指出，硅谷项目一个特别有价值的方面在于，学生团队成员必须与其他工程师及公司职员一起工作，而这种情况在完成校内项目的过程中通常是不可能的。具体的例子包括验证在潜在产品版本中使用非本公司生成软件的合法性；与公司的网站设计团队合作，确保产品符合企业品牌标准；与质检人员一起处理质量保障问题；还有与工业工程师和其他人员一起工作，确保产品的性能符合公司的标准。

### （三）中国

MQP 中国计划是学校最大的大四校外国际项目中心，是 WPI 与华中科技大学（HUST）的合作项目。该中心在 2005 年成立时只有 4 名学生参加中心活动，到 2009 年参加活动的学生人数已达到 21 名。

总体而言，加强技术交流和对社会的理解一直是 WPI 所有中国项目的目标。这些项目使背景各异的学生能够聚在一起，为所有参与者提供了一种有效打破文化壁垒与社会障碍的方式。WPI 的学生尤其要学习如何在技术与文化的背景下与其国际团队成员协调合作，将重点放在解决现实世界中的问题及在不同文化环境中开展业务和解决问题的方式上。在项目开展过程中，我们的学生不仅对技术问题的解决方案有了更多的了解，而且还考验了他们与具备多种处理问题方式的工程师一起工作并向这些工程师学习的能力，同时还要求他们在一个不熟悉的文化环境和不同的社会环境中锻炼自己的团队合作和领导能力。

中国项目中心的所有项目都在夏季（E 学期）完成。预先选拔出来的大四和大三学生将前往中国，与华中科技大学大四的工科学生一起以混合团队的形式工作，并开展真实的研究项目，这些项目由中国本土公司和（或）美国或其他外国公司（如美国卡特彼勒公司、法国圣戈班集团、美国安费诺集团及 CIS公司）对接支持。所有的项目均由 WPI 和华中科技大学两所学校的教授共同指导。

项目的知识重点通常涉及解决那些与国际设计和制造活动相关的技术问题。以一个在中国完成的项目为例，学生在特定的磨床上对高速表面抛光进行了磨削技术的设计和实施工作。这些学生与在中国的合作伙伴公司和工程师们一起，明确要求、构思问题、提出替代性解决方案、执行设计并进行测试。另一个例子则是一家中国的本土公司通过执行精益生产原则，实现了公司的最优生产运营。

每个项目至少有一名来自对接公司的工程师担任行业导师，行业导师会参加小组会议，提供项目的背景和技术信息，并帮助学生确定项目问题和验证问题的解决方案。

与其他项目中心类似，为使学生获得成功的项目经验，"中国顶点计划"也包含了多个步骤。

（1）项目的确定：中心主任与潜在的项目对接公司进行合作，明确每个项目的目标和范围，作为项目的初步介绍。

（2）学生选拔与团队组建：学生向中国顶点项目中心提交申请，之后中心将根据每个学生特定的项目兴趣、课程背景和其他选拔因素安排学生进行单独的面试，然后将入选人员组建成各个团队（通常包括 3～4 名学生）。

（3）项目与文化准备：入选的学生必须注册参加一个 PQP 项目，学生团队会在该项目中从事文献综述工作并学习必要的技术、文化和信息背景。在参加 PQP 的过程中，学生还将开始与中国伙伴和合作指导教师进行沟通。PQP 的最终成果是形成一项研究方案，该方案会向所有 PQP 的参与者提供，并在 PQP 最后的口头正式汇报阶段进行展示。

（4）现场项目时期：学生前往华中科技大学并在校内住宿。每个团队都应该在项目现场勤奋工作，在返回 WPI 之前完成报告撰写并向对接单位作专业汇报。学生将得到 WPI 和华中科技大学两所学校教授的共同指导及对接单位工程师的指导。

（5）项目的影响和价值：项目的主要预期影响是促进高素质青年专业人才的发展和成长，并形成兼具文化创造和知识进步的项目技术成果，后者将确保项目成果的可持续发展。参与项目的学生则会因其丰富的国际经验，得到美国各大公司的重视。

所有参加中国项目中心项目的学生在返回 WPI 后，都必须参加年度"WPI 项目汇报日"活动，将他们的项目成果向全校师生展示，并激发同学们成为下一届的参与者。许多中国项目中心的学生还担任了"全球大使"，协助学校招募参与全球视野计划的学生。

中国项目中心还包含了一个与华中科技大学的校际交流计划，该计划使

WPI 有机会接待前往 WPI 交流的约 10 名华中科技大学学生，这些学生将在长达 7 周的时间里与美国公司一起完成他们的大四项目任务。该计划为可能没有机会前往中国的 WPI 学生和本土公司的工程师提供了一个机会，使他们能够与华中科技大学的学生合作，或者通过华中科技大学学生的汇报，学习这些学生在构思问题、寻求替代性解决方案时的思维方式，以及他们为解决问题的共同目标所开展的合作方式。该计划是 WPI 学生通过社交和活动了解中国文化的机会，同时也向来自华中科技大学的学生介绍了美国的风俗文化。

### （四）法国南锡

化学工程系的学生将有机会前往法国南锡国立高等化工学校（l'Ecole Nationale Superieure des Industries Chimiques，ENSIC）完成 MQP 的项目任务。ENSIC 有一个由 5 个独立实验室组成的研究中心，致力于开展大分子物理化学、反应物理化学、热力学与分离过程及化学工程科学的研究。该中心会基于学生申请者的兴趣和所在专业等方面的考虑选定项目。

该中心虽然没有要求参加项目的学生具备流利的法语交流能力，但可能会优先考虑会说法语的学生，并且强烈建议所有的学生将学习法语作为提高自身学习和生活能力的一种途径。

### （五）土木与环境工程系

土木与环境工程系支持开展了两项值得一提的项目中心活动。第一项是该学系多年来与斯坦特克咨询公司一起在加拿大埃德蒙顿阿尔伯塔省运营的一个项目中心基地，每年大约有 6～8 名学生被分成 3～4 个团队，为对接公司开展各种可持续性的项目。第二项则是得益于最近的外部拓展机会，2010 年 C 学期在巴拿马开设一个新中心，该中心要求学生在项目开始前的 B 学期完成预备课程的学习。像大多数中心一样，这个新的项目机会是校友网络的产物，它为土木与环境工程专业的学生在一个独特的地方获得真实经验提供了机会。

### 三、可持续发展

为什么对接单位需要承担 MQP 团队的支持工作，为什么 WPI 应该在时间和费用上追加投资来支持现有校外中心的建设？实际上，这些问题的答案正好击中了项目中心可持续运行的核心问题。

计划的可持续性通常会下沉为向参与者和项目对接单位提供切实收益的问题。这些益处包括：

- 能够在限制条件和项目要求下获得工程／科学／数学真实经历的一种方式，这种方式可以完整地呈现真实的决策、处理和问题。
- 通常在校园里不一定会有机会接触到具有设备和专家的先进技术机构。
- 有机会解决诸如使用性能、质量保障等通常难以在校内项目执行过程中遇到的问题。
- 提供了使对接单位确定并聘用能找到的最优秀员工的一种方法。
- 具备让学生从事其感兴趣的项目的能力，如果学生没有成功完成，这些项目将被搁置，因此不会影响其他各个项目的进行。
- 可以有机会让团队不在先入为主的思想引导下解决问题，这些思想包括如何解决问题，或者在技术上、组织上或操作上有哪些可能性的想法。
- 负责的导师：这是项目中心要实现可持续性和理想化的发展需要的另一个至关重要的因素。乐于指导学生的企业导师很可能愿意反复参与这种项目。事实上，根据我们的经验，一次高质量的项目经历是保持与对接单位间长期关系最重要的因素，因为它意味着可以为对接单位提供专业化的优质项目成果和优秀的招聘备选人才。第二个最为重要的因素是需要安排一位驻地导师，他可以全身心地为学生投入，并能够基于自身经验说明项目的开展之于对接单位和学生个体的价值。

## 第五节　成绩与评估

与任何学业课程一样，学校通常会要求学生项目团队的成员产出特定的学习成果。例如，通常顶点项目任务会要求导师与学生一起确定项目是否具有"能够体现出符合（ABET要求）的证据"，包括对经济因素、安全因素、可靠性因素和美学方面的考虑，以及分析、综合、整合以往的课程工作和实验工作。

不同的学系、专业、领域和主题可能还需要考虑其他一些基于证据的标准要求。无论如何，中心指导老师都有责任确保所有的团队成员都知晓标准要求，并指导学生沿着符合标准的学习道路不断向前。

尽管 30 多年来 WPI 一直将基于项目的教育作为重点，但直到 2009 年，学校才批准认可了 MQP 的项目成绩。具体而言，完成了 MQP 的学生将可以：

- 将基础知识和学科的概念与方法以恰当的方式运用于其主要研究领域。
- 围绕特定的专业研究领域，对技能、现有信息知识、技术工具和工艺进行论证。
- 有效开展口头、书面和视觉交流。
- 通过持续开展批判性的调查，创造性地确定、分析和解决问题。
- 对多个渠道的信息进行整合。
- 表现出对恰当的个人、社会和职业道德标准的认识和应用。
- 锻炼个体进行终身学习所需具备的技能、勤奋和追求卓越的决心。

每个学系对 MQP 成绩的评估方式略有不同，这里以电子与计算机工程系为例。在电子与计算机工程系，评价由两部分组成：首先，该系会要求所有指导教师填写一份评估表，在这份表格上，指导老师可以记录项目完成团队和各个团队成员为实现 ABET 顶点特定考察领域（经济、安全等方面）要求做出了多大程度的努力。其次，该系每两年都会安排两名教师在暑假期间对上一轮审查结束之后完成的每个 MQP 进行查阅和评价。每个因子按照 1—5 的等级进行评分，其中，1 级表示根本没有参与或做得不好、不合适，5 级表示进行了极高度的参与或做得很好、很恰当。这些具有等级的评价因子包括：

- ABET 因子（经济、安全等）
- 成绩给定的合理性
- 有记录可查的工作能否等价于项目活动的全部 9 个学分
- 设计与分析的水平和范围

- 资料记录的质量
- 图形、表格、数据等的质量
- 是否涉及试验和实验室工作
- 参考文献的质量和范围

负责暑期审查工作的教师还要对项目汇报日期间形成的口头汇报评价结果进行汇总和总结，用于对汇报的质量、需开展工作的领域及长期趋势进行评估。

一旦教师完成对项目报告的审查与分析，并将口头汇报的评审结果制成表格之后，就会生成一份报告，报告中会对方法、数据和观察结果进行总结，并对质量控制和整体项目计划的完善提出建议。这份审查报告中包含了与之前评审结果的意见对比，这样可以确定项目的趋势和问题，并对之前改进建议的结果进行评估。下一学年初，学系将会对这些提交的数据、报告摘要和建议进行审查，以便采取相应的举措使 MQP 的项目经历得到进一步的全面改善。

不仅仅是那些获得了 ABET 认证的学系，每个学系都会有某种形式的项目正式评估流程，其中许多学系的评估流程和电子与计算机工程系类似，因为项目与汇报的暑期审查工作是由教务部门支持协调的，但在落实方式的具体细节上各个学系会略有不同。

## 第六节　未来与正在形成的挑战

最近一项全国性的顶点设计课程和评估研究[7]引起了普遍关注，该研究表明，绝大多数的高校都认为一项收尾性质的设计经历对（工科）学生的教育来说至关重要。基于这种认识，人们可能会产生一个疑问：如果基于项目的教育和顶点经历对于工科的学生具有重要的价值，那为什么不是各学科的所有学生都需要它们呢？我们相信答案理所应当是所有专业的全部学生都应该参加这样的项目。经验清晰地表明，招聘人员、研究生院和学生本人都十分重视非工程或技术专业（如管理、数学、生物学、生物化学、人文与艺术等）学生的顶点项目要求（即 MQP）。全国性研究指出的顶点经历的益处，例如团队合作、问题解决、工具的合理使用和试验机会等，一直都是 MQP（往往还有 IQP）经历的传统组成部分，这些项目不只是针对获得 ABET 认证的学系，而是面向所有的本科生。

## 一、走向全球

在各个大学开展的许多重大变革中，有一项强调为所有大学生提供全球经历或其他形式的文化培训和认识。这个概念可以在 ABET 的要求中找到[4]，计划成果的第 3 项标准提到，工程课程计划必须证明该专业的学生取得了以下成果：

> 为了解全球、经济、环境和社会背景下工程解决方案的影响，进行了必需的广泛教育。

其他大学正在努力开发满足这一要求的课程计划，值得一提的是 WPI 最近一期毕业班（2009 年 5 月的毕业班）的一些相关情况：

- 69% 的毕业生具有校外项目经历。
- 52% 的毕业生参加过国际项目。

重点在于大部分 WPI 毕业生，不论来自哪个学科，都参与了一个或多个校外、有对接单位或其他类型的非校内项目经历，并且有许多学生的经历事实上是在全球背景下进行的。

我们认为，以下两个因素支持了我们的全球计划发展：

第一，促成一段有意义的全球顶点经历存在很大困难。造成这种困难的原因在于，全球顶点项目通常需要大量的技术支持和指导，而后者往往只能在教育或实验室的环境中提供。如果课外全球项目仅依赖个人电脑技术，那项目的确定是相对容易的。相比之下，常见的顶点项目要求学生具备类似于行业工作体验和基于之前所有课程作业的经验，这使它可能无法成为开发基于课外的全球性项目经历的最佳方式，尤其是当这种顶点项目需要开发成为能够面向一所大学中绝大部分学生的全球计划时。

第二，形成全球性计划并非易事。它需要有一个强大的基础架构进行支持，需要考虑和管理诸如风险、计划成本、医疗与健康问题（尤其是在第三世界国家）、交通、学生行为、学生与指导教师的准备情况及许多其他问题。

这里的重点在于，我们认为多方兼顾的方式最适合为大学的绝大部分学生提供全球经历的机会，这种方式强调全球教育和文化意识的培养，而不一定仅仅聚焦于顶点项目本身。

## 二、跨越时空的项目

如今，行业中的设计团队通常会与其他国家的同行进行密切合作。出现这种情况的原因有很多，但其中有几个显而易见的原因，包括利用地处不同时区的团队加快产品上市时间，利用当地团队获得最理想的可用人才，以及利用跨越时间的各个团队，将开发和生产成本最小化。

我们究竟应当如何将团队环境纳入顶点项目中？我们并不认为组建跨越时间与空间的国际顶点团队是保障培养出成功的工科学生教育工作的必要条件。相反，我们认为，让学生与其他人一起合作并拥有以下类型的经历和意识更为重要。

### （一）团队合作

学生需要**多种机会**进行团队合作。WPI 给学生提供了广泛的机会，这在选修课和必修课中均有所体现，学校所有的四年制本科生课程共同为基于团队的项目和实验室经历提供了多种机会。

### （二）跨学科

具备跨学科性质的项目现在愈发普遍，它反映了工业环境中经常会遇到的工作类型，而具备不同背景的工程师团队正是在这样的工业环境中共同致力于解决系统设计问题。WPI 有许多有名的跨学科课程，包括美国的第一个机器人工程学位课程计划及该校的交互式媒体与游戏开发学位课程计划。

### （三）解决问题

被现实条件约束的真实问题是顶点项目的基础之一。从大一的重大问题研讨课开始，WPI 学生就有很多机会可以致力于解决严肃、真实并且受制于现实约束条件的问题，这些问题会对生活质量产生真正重要的影响。全球项目中心的机会和行业对接项目则给出了其他关于如何在真实环境中解决问题的示例。

### （四）文化感知力

WPI 的 IQP 项目在同行院校中独树一帜。我们主要以沉浸式教学来培养学生的文化感知力和意识，通过把大多数学生派往参加（通常为第三世界国家的）小型团队项目，让学生与致力于解决社会问题的项目对接单位一起交流、共同努力。

### 三、创新与创业

顶点项目以解决方案未知、采用的技术尚不确定和存在多种约束条件的开放性问题为基础，它在创业精神的鼓励和教授中居于核心位置。对我们而言，培养学生的创业精神是需要承担风险的，尤其要求我们能够判断哪些风险值得承担，并能够在很大程度上对风险进行量化以便进一步做出选择。创业型工程师包含了以下特征：

- 能够发现机会。
- 愿意为精心策划的方案承担风险。
- 在产品或市场中寻求改进。
- 基于某个愿景创建全新的市场或业务。
- 愿意设定一个全新的标准或者打破原有假设的障碍。
- 具有不达目的绝不罢休的坚韧品质。

创业并不一定意味着要成立一家公司。根据特里格瓦森和阿佩利安这两位作者在第八章及第一章中所述，21 世纪的**创业型工程师**要能够：

- **了解一切**或者能够找到、评估和使用所需的信息。
- **尽一切努力**或者能够去快速了解、学习和使用实现目标所需的工具。
- **在任何地方工作**都具备恰当的沟通与团队协作技能，并了解有效和高效工作需要掌握的全球、当地和当前问题。
- **让想象成为现实**，具备创业精神、想象力及构思和指导解决方案迈向成功所需的管理技能。

也许最重要的问题在于"我们的 MQP 是否有助于 21 世纪（创业型）工程师的发展？"我们认为，考虑到以下内容，答案绝对是"肯定的"！

• **了解一切**：信息时代放大了如何确定有用或正确信息的问题。正如特里格瓦森和阿佩利安所指出的，"对于职业工程师来说，能够对他或她拥有信息的质量做出判断"至关重要。这种判断力的培养至少可以通过以下一种方法进行：即通过实施诸如 MQP 这样的强化型实践项目。这种项目要求学生基于尚未掌握的数据和信息去解决一个现实世界中的问题，并且要求学生在尝试将所获取的数据和信息应用于给定问题时，必须对这些数据和信息的质量进行判断。

• **尽一切努力**："尽一切努力"的核心是独立学习解决问题所需知识的能力。重要的是要认识到，最优秀的 MQP 正是那些让团队有些困惑，之后又（在适当的指导下）让他们把问题弄清楚的项目。在这个过程中，团队将逐渐意识到他们可以自己学习新的事物，而且以目标为导向的学习是充满乐趣的。

• **在各地工作**：我们基于课堂外的资格项目计划通常会在一个企业基地或全球中心进行，该计划的本质决定了大批 WPI 学生有机会在独特且充满挑战的环境中工作。

• **让想象成为现实**：只需要对已完成的项目进行一次快速回顾，就可以充分理解大部分已完成的 MQP 所达到的广度和深度，以及学生团队表现出来的创新和创业精神。阅读已完成项目的报告并充分理解这些工作深入各个学系项目的程度和水平，事实上是一段能让人学会谦虚的经历。

# 第七节　总结与结论

只关注顶点项目经历的人可能会陷入这样一种观点，即认为虽然 MQP 的实施远远早于 ABET 要求的发布，但 MQP 还是与其他大学的顶点经历很相似。然而，我们必须从 WPI 计划的角度来审视 MPQ 的任务要求，而不仅仅是将 MQP

看作在最后一个学期安排给教师们讲授的项目课程。因为 WPI 计划中 IQP 和 MQP 的任务要求和教育理念都是以团队合作、项目、全球经历机会为基础，并要求全体教师的共同参与。

这种将项目升级为 MQP 的整合性方式，其优势可以总结如下：

第一，**团队合作**被整合到了整个课程体系中，包括从第一年以课程为基础的实验室学习到必须完成的（IQP、MQP）项目。因此，真正的项目团队合作不会被拖到大学的最后一个学年，也没有必要直到顶点项目进行期间才教学生如何成为一名有用的团队成员。大多数 WPI 学生其实早在顶点项目开始之前就已经有过若干次基于团队的重要经历了。

第二，**独立学习**已成为 WPI 教育计划的固有特质，尤其是成了 MQP 和 IQP 项目的组成部分。这两种项目经历共同促使学生根据项目的需要去发现、甄别和学习新的材料。从 ABET 的角度来看，终身学习的需求可以通过以下问题的询问进行量化，比如"学到了哪些新的主题、信息或技能"，"如何应用这些新的技能、主题或信息"及"新学到的技能、主题或信息对项目成果有何影响"。

第三，完善的**支持机制**。大学在寻求开发能提供文化沉浸感、校外机会或项目经历新形式的计划时，还需要考虑所需的支持体系，例如风险管理、计划招募、给予指导教师和学生应对各种形式突发事件的支持、预算编制，当然还有前期的学生准备工作。发展整合性的全面支持体系有着重大的意义，实际上，它对于任何大规模和管理良好的校外项目计划的成功都至关重要。

第四，IQP 为 WPI 学生提供了一个独特的机会，让学生可以在课堂外的自然环境中获得**全球项目经历**。相应的，我们并没有遇到要将开发全球经历作为顶点项目组成部分的紧迫要求，而是我们能够去专注于将全球顶点项目开发成真正有意义的课外项目，并且可以利用业已存在的支持体系为这些项目提供支持。实际上，ABET 的标准 3（课程计划成效）提出了如下要求：

为了解全球、经济、环境和社会背景下工程解决方案的影响，进行了必要的广泛教育。

第五，我们认为，这一目标可以通过一个大三的跨学科项目得到最好的实现，该项目在设计时专门将科学、工程和（或）技术与社会需求相关联。在

155

ABET 认证的院校中，只有 WPI 有这样的项目，而且经过 35 年多的实施，该项目被证明是一种发展具有上述成效特征的学生的绝佳方式。

第六，**学习如何做项目**是其他许多大学顶点预备课程中一个不可或缺的部分。相比之下，WPI 的课程体系则将项目作为重点，尤其是大三的项目（IQP）和诸如 ECE 2799[①] 这些特定学系的项目预备课程。后者通常在第二学年开设，因此无须到最后一个学年再去教学生学习如何做一个项目。如果把这些课程与类似的项目预备课程及学生在大三项目启动前参加过的"走向全球"课程合起来计算[②]，WPI 的学生将获得相当于 15 个项目预备课程的学分及把他们引向顶点项目和参与顶点项目的各种经历。

WPI 的课程体系具有高度的整合性特质，基于项目、团队合作、获得全球经历的机会及无数个校外与企业对接的顶点项目机会，共同构成了一个独特的环境，据我们所知，这种环境是其他地方无法复制的。用理查德·瓦兹（Richard Vaz）教授和佩德·佩德森（Peder Pedersen）教授的话来说[9]：

> 最好建议那些正在寻求如何将广泛教育的成果（例如全球意识）整合到工程课程中的大学，要考虑超越传统意义上的课程驱动型课程体系结构。当工科学生参与到国际环境中的真实设计经历时，他们不仅获得了对设计过程的了解，还可以对职业、世界及他们自己有所认识。

---

① 电气和计算机工程设计（课程号 ECE2799）：本课程的目的是为学生提供关于系统、组件或过程设计的经历。通过基础科学、数学和工程科学的应用来实现由资源向实现既定目标的转换。对设计过程的基本步骤进行实践，包括目标与标准的建立、综合、分析、可制造性、测试和评估。学生以小组形式进行工作。鼓励学生发挥创造力，解决特定的开放性问题，并对其结果做汇报展示。强烈建议所有学生参加此课程，并将其作为 MQP 设计要素的预备课程。

② 面向 IQP 的社会科学研究（课程号 SS2050）：本课程面向被校外 IQP 中心与课程计划录取的学生开放。本课程向学生做研究设计、社会科学研究方法及分析的介绍。课程还利用由学生与对接单位一起选择的项目主题，给学生提供在特定的研究与场域技能下的实践。学生要学会基于其主题领域中的文献综述来发展社会科学假设，并将社会心理学、人类学、社会学、经济学和其他适当领域中汲取的概念进行运用。学生要做汇报展示、撰写一份有组织性的项目申报书和开发一个用于报告其项目发现的交流模型。

# 参考文献

1. M. Dorsey, "A Miracle at Worcester: The Story of the WPI Plan, Part 1." WPI Journal, Oct, 1996. Available: http://www.wpi.edu/News/Journal/Oct96/miracle. html.

2. Office of Projects Administration—Worcester Polytechnic Institute, "Projects Program: Welcome." 2010. Available: http://www.wpi.edu/Academics/Projects/.

3. Worcester Polytechnic Institute, "The Major Qualifying Project (MQP)." 2010. Available: http://www.wpi.edu/academics/catalogs/ugrad/mqp.html.

4. ABET Board of Directors, Criteria for Accrediting Engineering Programs: Effective for Evaluations During the 2008—2009 Accreditation Cycle. Baltimore, MD: ABET, Nov, 2007. Available: http://www.abet.org/Linked%20Documents-UPDATE/Criteria%20and%20PP/ E001%2008-09%20EAC%20Criteria%2011- 30-07.pdf.

5. J.P. Salmon, M. LaBossiere and M. Minotaur, "GPS Attitude Determination System." Worcester Polytechnic Institute, MQP Project Report, 2005. Advisor: W.R. Michalson.

6. Office of Projects Administration—Worcester Polytechnic Institute, "Projects Program: Finishing a Project." 2010. Available: http://www.wpi.edu/academics/ Projects/finishing.html.

7. L.J.McKenzie, M.S.Trevisan, D.C.Davis and S.W.Beyerlein,"Capstone Design Courses and Assessment: A National Study." proceedings of the 2004 ASEE Annual Conference & Exposition, Session 2225, Salt Lake City, UT, June 20-23, 2004. Available: http://soa.asee.org/ paper/conference/paper-view.cfm?id1/420515.

8. G. Tryggvason and D. Apelian, "Re-Engineering Engineering Education for the Challenges of the 21st Century." JOM Journal of the Minerals, Metals and Materials Society, vol. 58, no. 10, pp. 14–17, Oct, 2006.

9. R.F. Vaz and P.C. Pedersen, "Experiential Learning with a Global Perspective: Overseas Senior Design Projects." 32nd Annual, Frontiers in Education, Nov, 2002. Available: http://dx.doi. org/10.1109/FIE.2002.1158685.

# 第九章　创新经济中的技术教育

柯蒂斯·R. 卡尔森（Curtis R.Carlson）

杰罗姆·J. 肖菲德（Jerome J. Schaufeld）

## 第一节　刺激和充满挑战的世界

　　世界的机遇和挑战正在以仅仅几年之前还无法想象的速度发生着变化。教育工作者肩负着重要的责任，他们要确保理工科学生对这个世界做好了充分的准备。现在我们需要为这种必要的教育提供新的课程体系和其他教学创新。

　　令人震惊的是，我们已经由**工业经济**和**知识经济**时代过渡到了**创新经济**的环境中，这里有着无限的机遇，技术以指数级的速度发展，同时也有着激烈的全球竞争。[1] 为了实现蓬勃发展，我们必须具备新的创新能力和思考方式。有了它们，才能将未来正确地看作一个富足的时期；如果没有它们，未来可能会被错误地视为一个稀缺的时代。创意成了创新经济中的货币，它是一种丰富且取之不尽的资源。

　　鉴于全球范围内的这些变化，学生在全球多学科团队中获得快速创新能力的情况下，是否做好了参与竞争的充分准备？未对创新过程进行加强和拓展的企业将会遭遇失败，而掌握这些能力的人将会具有独特的价值。为了解创新经济，我们首先回顾了之前的各个经济时期，在此基础上对创新经济进行了更为详细的描述。

### 一、工业经济

　　工业经济由包括英国、美国和德国在内的少数工业国家主导。[2] 这些工业领导者显然拥有着无穷无尽的资源，并通常对环境抱着并不在意的态度，当时世界上许多的产品和服务都是由它们提供的。亨利·福特（Henry Ford）的批量生产线[3] 就是这个时期尾声的一项标志性创新，这项创新在 1913 年极大地降低了制造成本，从而使运输业得到了彻底变革。这项创新和许多其他创新似乎势不可当地出现，促进了飞机、汽车和许多其他有形商品的大规模生产的增长。

但在 20 世纪 60 年代和 70 年代，美国在生产优质产品上的领先优势输给了日本。第二次世界大战之后，"日本制造"的标签曾意味着廉价商品，日本的公司决心消除人们的这种看法。它们通过开展爱德华兹·戴明（Edwards Deming）和丰田的大野耐一（Taiichi Ohno）[4,5]开创的全面质量管理（Total Quality Management，TQM）运动实现了这一目标。这些创新者证明，公司采用新型且更有生产力的方式开展工作，可以实现质量的显著提升和成本的大幅降低。借助大野耐一的精益制造创新，丰田成为世界汽车质量领域的领导者，并最终成为世界排名第一的汽车公司。[6]

刚开始，美国和大多数其他发达国家都没有对日本这一革命性的新型工作方式给予重视。结果，在随后的几年中，美国的许多公司倒闭，成千上万的工人失业，[7]在此期间，出现了许多有关美国衰落的书籍和文章。[8]在遭受巨大的商业和社会重创之后，美国最终像世界上的其他国家一样，采用了这些生产力更高的工作方式。如今，每个重要的制造公司都采用了某个版本的 TQM 持续改进原则。这种方式非常有效，因为低成本和高质量已经成为当今大多数新产品的基本要求。

## 二、知识经济

在 20 世纪 60 年代后期，美国进入了知识经济时代。1969 年，"现代管理理论之父"彼得·德鲁克（Peter Drucker）在《不连续的时代》一书中敏锐地刻画出了这个新兴时代的特征。[9]1969 年，美国人登陆月球，成为开启这一时期的标志性事件，这次技术之旅吸引了来自全世界的想象力。计算机自动化和无处不在的新通信形式（如移动通信）开始出现，成为这一时期的例证。这个时期的另一个指向未来通信的著名事件是 1969 年通过互联网的前身"高级研究计划管理局网络"进行首次网络传输。[10]

知识经济时期采用的策略是使用计算和通信技术来增强知识工作者的能力，以此提高生产力。尽管如此，20 世纪 70 年代至 80 年代，关于信息系统是否确实提高了生产力仍然存在许多争论。但是到了 90 年代，这种争论的局面就基本结束了。[11]美国成为服务行业的领导者，这提升了其农业和制造业的核心优势。最终，现代信息系统在全世界范围内掀起了生产力持续增长的浪潮。如今，我们很难想象在没有先进的计算和通信系统的情况下该如何经营各项业务。在不久的将来，这些系统将会继续快速改善和扩大全世界的生产力。

知识经济时期，印度、中国和其他发展中国家为世界经济做出了重要贡献。这些发展中国家首先利用其庞大的劳动力供给，重点发展低成本的制造业，他们生产出了更快消和更便宜的各种产品。然而，产品质量经常成为当时的一个问题。[12,13]

在发达国家，沃尔玛将现代信息系统与全球低成本生产相结合[14]，推动向消费者提供价格低廉和品质出众的产品，并成为全球新可能性出现的征兆。同时，"外包"成为一项日益增长的战略。[15]随着数百万的工作机会流向发展中国家，这一趋势受到了发达国家主要社会和政治人士的关注。在这一时期，发达国家也越来越关注社会责任和环境问题，"绿色"环保运动开始遍及全球。

总体而言，发展中国家的成功对美国和其他发达国家都是有利的，因为它们为消费者创造了廉价的新产品，为企业开辟了广阔的新市场。[16]然而，全球竞争的加剧和工作岗位的持续流失，无疑将加剧自由贸易带来的社会和政治问题。

知识经济带来了许多积极的发展，但我们正在跨越这个时期。因为全球各地越来越多的人使用了TQM管理流程和标准知识管理系统的这些功能，导致许多行业已经无法从中继续获得充分的竞争优势。1997年到2003年的"互联网泡沫"在许多方面成了当时世界经济状态的缩影，[17]知识已经不足以形成优势，因为每个人都可以快速地获取知识。

## 第二节　创新经济

在发达国家，高附加值创新已成为实现经济增长、繁荣、环境可持续性和安全性的主要途径。[1]发达国家再也无法依靠全球的低成本劳动力或获取自由流动的资本去赢得竞争的胜利，他们必须提供一个能够促进持续与高效创新的环境，即在市场上创造和实现新的客户价值，这是发达国家保持收入增加和高就业率，维持生产性与竞争性的唯一手段。

在创新经济中，我们需要对我们能够创造新客户价值的机会有一个更广泛、更全面的了解。这种更广泛的了解强调了一项事业（包括教学领域）的各个部门持续创造价值以保持竞争力的重要性。当然，创新一直是实现进步和提高生产效率的驱动力。[16] 而如今，不同之处在于我们必须将创新坚持到什么程度，才能维持一个企业或一个国家的发展。具体而言，创新经济具有三个主要特性。[1]

**一、大量的机会**

这一时期有着前所未有的机会。几乎每一个主要的领域都经历着越来越快的技术发展。进步的速度通常呈指数级上升，在相同的成本下，每经过 12～48 个月，产品性能就能实现翻倍提升，计算机界的摩尔定律就是一个最有名的例子。但是，现在许多其他领域也出现了指数级的快速进步，因为这种发展越来越多地基于创意和观点，而不再单纯依赖于原料和劳动力。[18] 这些持续、快速的进步创造了一个又一个的重大机遇，无论是在医疗、传媒、能源、消费类电子产品、计算机技术还是通信领域，现在都是进行重大创新的最佳时机。如果我们能够抓住机遇并应对创新挑战，将可能迎来一个大繁荣时代。因此，这也是接受一段科学教育或工程教育的最佳时机。

**二、快速的变革**

这种指数级的快速进步在创造了巨大机会的同时，也带来了巨大的挑战。例如，一家未按照市场速度进行创新的公司将会迅速地消失；标准普尔 500 指数中的公司寿命的缩短表明，它们中很少有公司能跟得上这些变化；[19] "终身雇佣制"已经成了一个陈旧理念。

**三、激烈的全球竞争**

如今，世界已经高度融合，竞争正以前所未有的速度增长。传统的八国集团经济领导者转变为更具包容性的二十国集团（G20）就是变革的例证之一。[20]现在，几乎每一个重要的企业都必须在我们"扁平的世界"中进行全球性的思考和行动，创意和资本正在扁平世界中以光速运转。[21] 像印度和中国这样的国家，正在逐渐突破仅靠廉价劳动力形成的竞争优势。正因为印度和中国可以利用全世界的知识，将成熟的商业理念和技术引入自己的国家，并使其适应国内市场，使得这种转变得以迅速进行。

这里还需要考虑的是，仅凭国家人口总数，中国可能就会比美国拥有更多的"荣誉学生"[22]，那么中印两国每年培养的理工科毕业生数量是美国的 10 倍以上，可能也就不足为奇了。尽管美国在毕业生质量方面仍然遥遥领先，但这种优势并不会持续很长时间。[23] 在印度和中国，对教育的热切需求、伟大的职业道德和开拓性的创业文化为国家的快速发展奠定了坚实的基础。

同时，我们在预测中国的长期前景时应保持谨慎的态度。印度则必须尽已所能，解决艰巨的基础设施、污染及政府治理问题，[24] 中国也有着类似的问题。[25,26] 但显然这种日益加剧的全球竞争才刚刚开始，可以想象一下，如果印度、中国和其他发展中国家近 30 亿人口，带着他们的创意和创新完全融入世界经济，那么全球竞争将会变成什么模样。

### 四、其他的挑战

这一时期还有着其他的特殊挑战。当我们走出全球金融的混乱时期时，我们依然不清楚为应对危机进行的制度变革是有助于还是不利于未来的经济增长。打击恐怖主义费用的持续增长，夺走了其他活动所需的资源。

世界各地的人口正在发生着重大变化，我们尚未能很好理解这些变化带来的后果。例如，在日本、韩国、西班牙、意大利、瑞典和许多其他发达国家，代际交替时，下一代人口的数量就会较上一代下降 1/4 到 1/2。[22] 如果未来没有有效的移民政策，这些国家可能只有更少的劳动力来承担支持人口日益老龄化所需的昂贵的社会服务。此外，环境的成本也可能会增加。

学生已经注意到世界发生了改变，他们需要学会新的能力。例如，在最具创新前景的历史时期，美国的计算机科学毕业生人数比网络时代减少了一半。[27] 尽管最近毕业生人数有所增加，但似乎有些人还是认为，计算机科学专业本身可以外包给印度或中国数十万名成本低廉但接受过良好教育的程序员。

此外，美国人在面对大量令人兴奋的机会时，他们对科学和工程并不具有像我们许多人认为他们应该有的那种热情。例如，美国科学和工程领域的博士课程计划录取的全部学生中，外国学生的占比已达到 33%。[28] 遗憾的是，我们只允许一小部分受过良好教育的外国学生留在美国。此外，许多在美国接受过教育并且聪慧、有文化的年轻人如今正返回自己的祖国，他们可以在那里找到各种很好的机会。许多来自印度和中国的学生认为，他们的祖国现在正处在"淘金热"时期，他们可以做出重大的贡献，因此美国现有的移民政策是相当短视的。聪明、上进、受过良好教育的人才是创新经济中唯一真正稀缺的资源，美国应当积极招募来自世界各地的优秀学生和专业人士。

### 五、糟糕的创新表现

如前所述，美国的大型公司的生命周期正在迅速缩短。在 20 世纪之交，标准普尔 500 指数中的任何一家公司在被收购或解散之前，都能够在标准普尔 500 中存在 75 年以上。在那个时期，许多员工都可以期待得到"终身雇佣"，但现在已经不可能了。如今，这些精英集团公司的平均寿命已经缩短到 20 年以下。[19]

我们还应该考虑零售杂货行业的新产品成功率只有 20%～30％的情况。[29]它们之所以失败，是因为技术不佳或缺乏智慧的创意吗？并不是。它们失败的原因在于它们不符合顾客的需求。即便是目前为止仍作为领先世界的创业地区的硅谷，也只有 1/5 甚至 1/10 的新创公司真正取得了成功。这种情况可以在哪些其他活动中被视为表现优异呢？事实上，这些失败造成了巨大的浪费。我们认为，如今糟糕的创新表现，与 TQM 创建之前，20 世纪 50 年代生产的那种质量差、成本高的产品是类似的。

出于上述原因，为实现经济的蓬勃发展，我们需要大幅提高创新形式的成功率。这是可以显著解决社会所面临的诸多巨大挑战的唯一要素。试想如果我们的创新能力每年提高几百分点，随着时间推移，这些进步对于美国经济和世界经济的积极影响都将是巨大的。


# 第三节　改变教育的重点


随着社会从农业经济、工业经济、知识经济进入创新经济，劳动力所需的能力发生了变化，教育机构也随之调整了教育内容。例如，在农业经济时代，许多高中和大学都会教授畜牧业课程；在工业经济时代，教授制图课程；在知识经济时代，则教授计算机编程课程。当然，这些学科并没有消失，而是随着社会需求的变化，融入了更专业的教育计划中。在创新经济时代，我们除了要教授传统的技术能力外，还必须教授创新和价值创造的基础知识，这要求更明确地将"创新"作为一门教育学科纳入课程体系中。理工科大学至少在一定程度上是做到了这一点。但是今天，我们需要考虑得更加周到，并涵盖创新的方方面面。

## 一、教育融合

创新经济时代之所以成为教育领域一个极其振奋人心的时期，还有其他原因。有五个重要因素推动着教育的进步：第一，如上所述，各界对学习成效的改善提出了前所未有的需求。第二，正如诺贝尔物理学奖获得者卡尔·威曼（Carl Wieman）所描述的那样，人类在教育科学领域取得了巨大的进步，人们对如何改善教育成果的认识也日益加深。[30] 第三，教育技术的快速进步（如无线平板电脑）为实现这类新的教育理解提供了成本低廉但功能强大的系统支持。第四，新的课程体系最近在学习方面展示出显著进步，[31,32] 在构建中它运用了我们对教育的理解和支持性技术。第五，出于上述原因，目前正在开展一项运动，旨在将"创新"列为教育领域的一门学科。这是本章的重点内容。

随着这五个因素在未来几十年中融合，将会出现大量的教育创新。正如新加坡课程计划、全美课程计划及盖茨、考夫曼和科恩家族基金会支持的课程计划所表明的那样，[33-35] 这种融合潜力如今已开始得到人们的认可。此外，美国政府也注意到了这一新兴潜力。美国国家科学基金会和美国教育部正在开发的新课程计划将有助于推动这种教育融合的发展。[36,37]

出于这些原因，教育机构必须重新调整，以回应全球创新经济下学生的新需求。在知识经济时代，这个动向中的一个广泛变化是将技术教育与 MBA 相结合，以获得核心管理能力，进而提升强大的量化能力。[38] 这是富有成效的一步，几十年来，它似乎已成为成功的一条必经之路。事实上，如果一个人的目标是成为一家现有公司的经理或者是成为一名创业的企业家，那他需要的是实现各种能力的完美组合。然而，当今时代的要求正越来越多。

## 二、阿尔托大学

大学已经意识到了需要对创新进行更深入的了解，并且正在做出回应。这里我们要提到芬兰，它是拥有世界上最好的 K-12 数学和科学教育的国家之一。芬兰早就意识到，它们的大学毕业生并不具备创新经济时代中促进经济蓬勃发展所需的创新和创业能力。为应对这一点，芬兰于 2010 年 1 月 1 日创建了阿尔托大学。[39] 阿尔托大学由芬兰的三所大学合并而成，这三所大学分别以科学与技术、商业与经济及艺术与设计见长。学校的目标是创建一个由多学科教育和研究活动构成的新型教育机构，只为"培养世界上最好的产品设计师"。该校的新课程体系包含最初围绕三个跨学科"工厂"制订的基于项目的计划，这三个跨学科"工厂"分别为设计工厂、传媒工厂和服务工厂。该校还有许多以创新为基础的课堂和由学生运营的组织，例如阿尔托创业协会。

### 三、美国创新计划

在美国，一大批不同类型的新教育计划正在开发过程中，它们旨在使"创新"被广泛作为一门需要进行研究、授课和改进的学科。例如斯坦福大学的BIO-X 与创新新闻学课程计划、凯特琳大学的勤工俭学计划及凯斯西储大学的创业硕士课程计划等。[40-43] 美国的考夫曼基金会和科恩家族基金会一直是众多大学开展教学创新计划的主要资助者。WPI 面向大一工科学生新开设的"创新与创业"课程也是这种大趋势中的一个例子。如今，世界各地正在进行数十种不同课程计划的开发。

### 四、女子中学

还有一些教育计划的启动是为了提升 K-12 教育的创新能力。在加利福尼亚州的山景城，有一所提供 6—8 年级教育的小型私立女子学校，被称为女子中学（Girls' Middle School，GMS）。[44] 该校由企业家凯瑟琳·本内特（Kathleen Bennett）于 1998 年创办，原因是她发现社会没有对年轻女性进行适当的教育培养以应对迅速发展的世界。[45]GMS 有一个基于项目的课程体系，包含了严格的数学、科学、计算机科学和人文科学课程及一门语言课程，除此之外，女孩们还要去"车间"学习如何制作物品。那么为什么要这样安排呢？

GMS 的女生在 7 年级时会参加学校的创业计划，在那里她们会创建并经营自己的企业。女孩们首先要参加为期 2 天的"新兵训练营"，学习如何组建一家公司。然后，4～5 人一组撰写商业计划，对其打算营销和售卖的产品或服务进行描述。她们在一个所有听众都站着的大型礼堂中，向硅谷的风险投资人介绍她们的商业方案，以筹集项目启动所需的运营资金（数百美元）。接着，她们设计和制造出自己的产品（她们参加车间课程的原因之一）并将产品卖给真实的客户。在校期间，她们可以赚到几千美元。有一个学生团队甚至还撰写了一本名为"中学：如何应对"的书，在 2005 年由编年史出版社出版。

当女孩们经历自己所经营的业务的起伏时，她们学会了团队合作、沟通技巧、建立共识、个人责任和创新基础知识。年底的时候，这些女孩将公司解散，还清了风险资本家的投资并支付利息，并将一部分盈利捐赠给她们自行选择的慈善机构，以彰显其社会责任，然后将剩余所得进行分享。参加过这个绝妙计划的女孩在看待世界时将产生不同的看法，她们对自己可能和可以做什么会产生新的认识。年底与这些年轻女孩的聊天很能鼓舞人心，当被问及她们学到了什么时，一名女孩说："起初确实很难。但现在一切都结束之后，我们为自己所获得的成就感到非常自豪，也获得了很多的乐趣，不知道您有没有过这样的经历？"我们回答道，"我们有过。"但是我们在想，在 7 年级而不是在研究生毕业后才有过这种经历，将是多么宝贵。[46]

有幸在 GMS 就读的年轻女孩已经开始学习促进创新经济蓬勃发展所需的能力。设想一下，如果所有学生都能在 K–16 及后续阶段经历类似课程，他们的能力将达到何种水平。例如，新加坡这个国家在竞争力排行榜上经常能排在第一名，[47,48] 但他们深知，他们现在所做的事情在将来并不一定会依然表现出色。为取得更大的成功，他们正在制订 K–16 阶段的教育计划，以提高全国劳动力的创造力和创新力。[49]

## 第四节　WPI 计划的起源

WPI 创建了一个满足创新经济教育需求的课程体系，作为该校初始使命的延续。1865 年，WPI 将满足工业经济的教育需求作为建校目标。之后，在 1970 年，WPI 率先提出了在全校范围内以革命性的新型方式开展工程技术教育，并称之为"WPI 计划"，该计划解决了知识经济的新需求。[50] 最初的 WPI 计划以基于项目的课程体系取代了传统工科院校典型的刚性课程体系，前者将课堂学习与真实的、基于团队的问题解决工作进行结合。这些基于项目的课程教授了创新过程的基本要素，从而为学生、学校和社会提供了更大的价值。WPI 计划本身就是一项重要的教育创新。

团队是 WPI 计划的核心。这种对团队的关注代表了与传统个体学术工作方式的背离，传统的方式是指"在没有他人帮助"的情况下开展工作。相比之下，当今的商业组织和技术组织完全要求以团队形式开展工作，其他任何方式都显得异常缓慢且效果不佳。当今社会中最重要的问题都需要多学科的解决方案。一个人不可能具备所需的全部知识。而团队的成员们除了可以提供来自其个体背景的见解之外，还可以提供能大大加速解决问题进程所需的冲劲和多角度观点。每个人都会进入知识空白的死胡同，但团队可以帮助我们快速地找到出路。团队还会在不可避免的困难时期，给成员们带来鼓励和寄托，这让我们拥有了更多的乐趣。如果让学生一直独自开展工作，我们就无法教会他们在激烈的市场竞争中获得成功所需的协作能力，而大多数人一辈子都会处在这样的市场环境中。帮助学生认识来自团队合作的力量和乐趣，为学生提供了一种可获得的最重要的教育体验。

最初的 WPI 计划要求所有学生除了要达到其专业领域的严格要求之外，还必须完成三个专业项目。大二学生要完成一个人文与艺术项目，项目主题来源于一系列的学生自选课程，这些项目的开展可以围绕一个特定的主题或者进行一次艺术表演。大三学生要完成一个跨学科研究资格项目（IQP），以团队的形式在项目中解决科学、技术和文化交叉的问题，该项目重在解决真实问题，同时学生要学习解决方案将如何影响社会各个方面，这对学生来说是重要的一课，他们会了解到，所有创新都面对着许多必须满足其要求的"客户"，包括产品的购买者、生产该产品的企业和员工及社会大众。例如，如果制造商违反了环境保护法，那么它的产品就不是可行的解决方案。一项成功的创新必须满足包括社会大众在内的所有客户的需求。

大四学生要完成一项专业研究资格项目（MQP），团队在该项目中解决那些他们专业学科领域中通常会遇到的真实问题。这三个项目合在一起，强调职业工程师必须针对真实的非结构化问题创建实用的技术解决方案。他们必须在多学科团队中富有成效地开展工作，进行有说服力的汇报展示，持续记录自己的工作，并处理好解决方案给社会和人类带来的结果。也就是说，WPI学生正在学习在当今世界实现成功创新所需具备的大多数基本要素。

# 第五节　教育面临的当务之急

## 一、教育目的

如果你问高校教育工作者，科学或工程教育的目的是什么，你会得到一系列的答案。这些目的通常包括能够找到一份好的工作、成为一名对社会负责的公民、创造新的知识及能够继续不断地学习，这些无疑都是正确的答案。一些以分享和创造新知识为目标的毕业生也将成为科研工作者。但是，大多理工科的毕业生将在学术界之外的领域，成为从事各种职业的专业人员。他们最重要的职责之一是成为一名创新能手，即他们要为客户、同事、企业和社会创造新的价值。而且，他们的工作要求他们继续学习、创造与分享新的知识，并以对社会负责的方式开展工作。

一旦了解了创新的定义，即在市场上创造和实现新的客户价值，就可以明显发现它同样适用于学术界。教授应该成为创新者，并不断努力为他们的利益相关者（如学生、父母、同事、大学和社会）创造新的价值。以WPI计划这个教育创新的重要案例为例，该计划为五类利益相关者都提供了附加价值。

成为一名精通创新的人才不仅只是理工科毕业生的必须要求，也是大多数学习经济学、数学、商务、建筑、传媒、艺术、创意写作、心理学、社会科学和政治学专业毕业生的核心目标。因为在他们的职业生涯中，所在岗位也会要求他们为客户、企业和社会创造新的价值。

## 二、艺术创新

以艺术为例，有多少艺术家认为自己是一名创新者？以我们的经验来看，数量并不多。但是巴勃罗·毕加索（Pablo Picasso）在艺术市场上创造了数十亿美元的新的经济价值，同时也创造了关于如何看待世界的新的基本知识。他不是一名渺小的创新者，而是一位重要的颠覆性创新者。无论是路德维希·范·贝多芬（Ludwig van Beethoven）、威廉·莎士比亚（William Shakespeare）还是更当代的伦纳德·伯恩斯坦（Leonard Bernstein），所有伟大的艺术家都是这样的创新者。创新在大多数学科中都是一个固有的组成部分，几乎每个专业都把它作为教育目标之一。显然，如果教授们对这个重要的教育目标感到困惑，那他们就无法为创新经济环境下的学生创造出最适合的教育课程体系。

WPI计划从一开始就是一项革命性的举措，致力于推动创新性成功的基本方面。但是WPI的教师们知道，这种发展必须随着世界的变化而不断强化。现在来看，以项目为基础的课程体系依然是扎实技术教育的重要组成部分，但接下来，仅有这样的课程体系是不够的。社会的需求已变得日益全球化、相互联系和纷繁复杂。最近关于碳排放权、经济发展和可持续性的全球辩论就是体现出这种复杂性的例子，此外，贫困、传染病和饥饿仍然困扰着世界上的大部分地区。尽管人们普遍承认创新是应对世界挑战的途径，但对于什么是创新及如何进行创新的教学，依然存在很多不确定的问题。

### 三、高度重视创新

人们对创新这一主题给予了极大的关注。在谷歌上对"创新"进行查询，会产生超过3.5亿条点击条目。创新的概念已经成为理论、研究和学术写作的一项重要资源，并且成了新闻界无穷无尽的话题源泉。一大批的顾问、一连串的出版物和公众讨论都将创新优势视为一项向前发展的战略。美国还新成立了一个国家创新与创业咨询委员会（National Advisory Council on Innovation and Entrepreneurship）。

但是，目前我们对创新的认识仍然存在缺失。《彭博商业周刊》（*Bloomberg Business Week*）的首席经济学家迈克尔·曼德尔（Michael Mandel）的困惑在于，为什么在拥有了了不起的纳米技术、生物技术、机器人技术、人工智能及其他技术的情况下，我们却没有看到这些创新给市场带来更多的影响。[51]他进一步提出疑问：既然我们认同创新的重要性，为什么我们没有更好的工具量化创新所引发的进步？我们有产出指标，例如IPO数量、股价、公司增长幅度和市场份额，但他认为，这些指标仍然不足以量化创新，因为它们既没有衡量创新的能力，也没有衡量创新的效率。我们认同知识产权和出版物不是衡量未来创新成功的恰当指标。除了上面列出的市场产出指标外，使用创新的"人为定义"是衡量进步、能力和效率的唯一方法，例如下面将要描述的核心概念和过程。我们相信，一旦这些核心概念广为人知，我们的创新进展将会更加迅速、更为成功。

### 四、定义创新

尽管大家对创新这个主题有着很大的兴趣，但该领域仍处于起步阶段，就像在戴明和大野出现前的全面质量管理学科一样。[52]例如，如果你要求经验丰富的高管给出创新的定义，他们通常会告诉你，创新与创造力、团队合作、知识产权、新颖的思想或创业精神有关。遗憾的是，这些定义都是不完整的。于是，这样的误解导致众多概念混淆也就不足为奇了。

有一个定义比我们之前给出的定义更加完整，那就是"创新是在市场上创造和实现新的客户价值"。只有当企业有一种能够实现不断生产的商业模式，创新才会具有可持续性。[1]无论是商业、政府还是教育领域的新生事物，在没有让市场上的客户获得新的产品或新的服务之前，都不能被称为创新。除非企业、团队或个人获得足够的价值来生产产品或服务，否则新生事物会迅速消亡并在创新的过程中戛然而止。"足够的价值"是指生产者可以收回投资，或者找到一种能够直接地或基于志愿者的付出进行补偿的方法，例如维基百科。

创新可以是一种小的、短期性的事物，例如摩托罗拉的 RAZR 平板手机，也可以是大的、持续性的事物，例如最早由道格拉斯·恩格尔巴特（Douglas Engelbart）开发的计算机鼠标和现代 PC 接口。[53]人类理应对颠覆性的重大创新进行褒扬，例如爱迪生的灯泡和互联网，而绝大多数创新都是很小的存在，但它们可以累积起来，创造出巨大的价值。如果把福特的 T 型车与现在的汽车进行比较，那它们都仍然是运输工具，但今天的汽车中包含了众多大大小小的创新。如今，汽车具有卓越的质量、耐用性和可靠性，这需要基于成千上万个小创新才得以实现。现在的汽车还可以包含许多重大创新，例如空调、AM/FM 卫星收音机、安全气囊、安全带、GPS 导航系统和污染控制器。此外，与 T 型车只有黑色的车身外观不同，现在的汽车有各种车身颜色可供选择。

### 五、产出：与投入不同

将精力集中在产出（即创新）上，不把产出与投入相互混淆，有着重要的意义。创业精神、创造力、协作和业务能力等概念都有助于实现创新的投入。也就是说，创业不是我们的目标，创新才是。创业是能力、态度和行为的组合，可以促进一个人在开发创新方面更加成功。

用错误的文字去描述创新，会引起混淆并限制创新的成功。它甚至会阻碍人们充分参与到创新工作中。例如，一位机械工程系的系主任在听了一次面向大批学者（包括许多院长和系主任）开设的关于创新的报告之后，说道："那次演讲改变了我的生活。"当被问及原因时，他说："因为学校要求我教创业课程，而我不觉得自己是一个创业者，这并不是我真实的样子，与我的身份不相符。教授创业课程总是让我感到不舒服。但是我对创新是充满热情的，这就是我在获得博士学位后，成了一名教授并同意担任系主任的原因。这也是为什么我喜欢教育学生，因为这样他们就可以成为创新者，也去做出积极的贡献。今天，您给我们提供了新的视角，现在我意识到自己可以充满热情地去教授这些课程。"[54]

### 六、对教育创新不恰当的理解

在位于加利福尼亚州门洛帕克（Menlo Park）的斯坦福国际研究院（SRI International）总部，有数千名学者、政府官员、技术经理和高级管理人员一起参加了一项名为"**斯坦福国际研究院五大创新准则**"（SRI Five Disciplines of Innovation）的计划。该计划首先要求参与者在便笺上写下一系列问题的答案，包括创新、客户价值和价值主张的定义。这些都是所有业务（包括教育在内）中**最**基本的概念。之后，参与者将答案以匿名的形式贴在墙上，这样大家就不会对自己的答案感到尴尬。值得注意的是，大约只有 10%～20% 的参与者可以对这些基本问题给出合理的回答。当然，因为这些参与者都是很认真的专业人员，因此他们最终可以在一些指导下找到恰当的答案。但是，由于仍未有一种准确的通用性语言可以用于描述创新最基本的概念，导致他们在日常交流中通常会出现概念混淆和效率低下的情况。显然，这些基本的思想就无法向大家广泛地传授。

不幸的是，如果你向学者们提出同样的问题，他们中能给出正确答案的人会更少。创新的语言显然仍未存在于现有的学术字典中，这种误解使许多学者认为这些思想对他们来说并不适用，尽管事实上它们是适用的。由于教授扮演着一种独特角色并与学生保持着独特关系，因此"客户"一词也成了一个障碍。但优秀的教师显然在通过新的课程体系和更好的教学方法，不断努力为学生创造更多的价值。因此，在学术界，"利益相关者"一词通常会引起更多的共鸣，可以代替"客户"一词来使用。

### 七、教育变革的重要需求

理工科大学依赖于一流的技术教育。这种教育应该包含对系统设计、技术发展速度及其未来几十年内会将哪些可能变为现实的理解。但是，创新经济要求技术课程能产生其他变化，例如对创新和可产生有效价值创造的过程进行更全面的理解。这种新的理解要求，包含了对全球视野下基本业务概念的认识。毕业生必须能够撰写出信息明确的文章并进行内容清晰、引人入胜的汇报，在被变革和各种干扰驱动的世界中，这些能力变得尤为重要。最后，毕业生还必须具有多学科、生产性合作所需的人际关系能力和价值观念。总而言之，创新必须成为一门有广泛基础的学术性"学科"，并融入课程体系中。如何将这些变革内容加入已经非常紧凑的课程体系中，成为一项挑战。

# 第六节　今天的 WPI 计划

自 1970 年 WPI 计划创建以来，为回应全球的动态发展，WPI 的课程体系已经产生了巨大的变化。[55]虽然仍旧包含大二、大三和大四学年的三个基于团队的项目，但现在的 WPI 计划具有全球性，它包括了新生的重大问题研讨课，以及关于创新和介绍创新在复杂世界中重要性的课程。一个由 WPI 教授组成的多学科团队会在整个学年中定期召开会议，旨在改进课程，开发新项目，并帮助其他教师将创新概念更广泛地嵌入 WPI 的课程体系中。[56]

### 一、全球视野计划

WPI 意识到，我们生活在一个全球化的世界中，因此，学校创建了全球视野计划，参加这个计划的学生团队可以去国外解决真实问题。[57]1970 年至今，WPI 通过这个计划派出的理工科学生数量已经超过了美国其他任何一所大学。[58]

WPI 的学生可以将自己跟随团队出国的经历作为大三 IQP 或大四 MQP 的一个部分。在全球各地的项目中心，WPI 的学生处理地方难题，解决真实问题，加深对其他文化的了解，并亲眼见证自己的生活和工作将如何在全球舞台上发挥作用。与许多学校将学生送到像巴黎这样的国外大城市不同，在巴黎，学生们把大部分的时间都花在了去小餐馆里喝浓咖啡，WPI 的学生则经常前往偏远地区，在充满挑战的环境中解决实际问题。WPI 在全世界有超过 26 个项目中心，[59]包括泰国曼谷、英国伦敦、纳米比亚温得和克、南非开普敦、澳大利亚墨尔本、法国南锡、日本关西、中国的武汉和香港、波多黎各圣胡安和丹麦哥本哈根等项目基地，也有离学校较近的华尔街中心和硅谷中心。

### 二、开普敦洗衣系统

有一个 WPI 团队前往了南非开普敦城外一个非常贫穷的社区——卡雅利沙（Khayelitsha）。这个社区缺乏用于洗衣的自来水，他们将使用过的洗涤用水倾倒在屋外，因而存在卫生问题。学生们将建立一个公共洗衣站作为他们的项目，以满足社区的上述需求和其他需要。

首先，学生们要在社区中建立牢固的关系，收集有关居民洗衣习惯的信息，并对储水、洗衣和灌溉方式的选择进行探索。他们利用这些信息，设计了一个洗衣站，并对洗衣站进行了评估和改进，直到满足社区需求为止。然后，他们与社区一起建造了新的洗衣设施。最终的洗衣系统包括一座围绕着雨水收集与灌溉处理系统建造的新的小型建筑。社区不再使用从远处通过来的、稀缺的市政供水，排放的废水也不再出现在屋外。鉴于该项目的成功，开普敦的其他项目基地都复制了这个洗衣系统。该项目的四个学生实现了一项创新，为社区带来了可持续的价值。这四个学生在结束这段经历后拍摄了一份录像，从视频中可以看出，他们为自己克服了所遇到的全部障碍而感到自豪。对于其他学校的学生来说，在大三前往欧洲游学也是很有价值、很有趣的经历。但这些学生在开普敦的经历，将为他们接下来的职业生涯带来知识、自信、灵感和决心。

### 三、重大问题研讨课

WPI 的校长丹尼斯·伯基（Dennis Berkey）和教师们都意识到，即便作为新生，WPI 的学生也需要有一次以全球性为重点、基于团队的项目经历。2007 年，

WPI 启动了重大问题研讨课。这个计划开启了学生进行团队合作、学习如何解决非结构化问题及进行全球性思考的 WPI 经历之旅。这个为期一个学期的计划向新生介绍了世界上的一些重大挑战，包括**养活世界**、**赋能世界**、**治愈世界**和**创造世界**。通过在这些项目中进行协作，学生可以为他们参加接下来其他的 WPI 计划项目做好更充分的准备。

重大问题研讨课的学生具有很高的课程参与度，他们在课程结束后会继续推进自己的项目。例如，"创造世界"课程的两个团队将他们的项目在肯尼亚延续了下去。[60,61] 他们在听取了非政府组织"工业人道主义支持联盟"（Industry's Humanitarian Support Alliance NGO，IHSAN）一名工作人员的讲话后，开始了他们的项目，IHSAN 将"通过水、卫生设施体系、个人卫生状况和教育为人类提供生存手段"作为组织的使命。[62]WPI 的学生团队在了解到肯尼亚的一些重大问题后，决定对该地区的疾病及其传播方式开展研究。肯尼亚是世界上传染病发病率最高和致命性疾病感染率最多的国家之一，在这个极度贫困的国家，超过 20% 的人口每天的生活支出不足 1 美元，失业率预计高达 40%。[22]

在 WPI 的团队开展项目期间，学生们发现了马雷瓦（Malewa）镇有几个相互关联的问题。第一个是供水问题，这个问题涉及一条距村庄一英里多的河流，每天只能由当地的妇女将河里的水运回城镇，这种做法是很不卫生的。WPI 的团队制订了一项名为"更好的净水器"的计划，该计划使用低成本的净水器，并让当地的学生负责这些净水器的运行。项目团队的学生还制订了一份传播计划，并在社区内分发附有宣传净水器正确使用方法的小册子。

另一个问题是当地的个人卫生状况普遍较差。因为大多数人没有足够的水、肥皂或任何有关疾病传播的知识，所以很少有人会去洗手。WPI 的团队找到了当地一位名为马马·简（Mama·Jane）的女士，她正在使用本土的有机材料制作优质的芦荟皂。有意思的是，如果你要在美国当地的专卖店购买到这种肥皂，需要支付一部分佣金。为了使这种肥皂得到广泛使用，这位女士需要通过改进生产方法来降低肥皂的成本。

WPI 团队通过与马雷瓦镇内的一位 IHSAN 成员联系，制订了一个"可持续小企业"的建设计划，以解决当地的个人卫生和卫生设施问题。该项目涉及为马马·简提供 750 美元的小额贷款，这样她就可以把她的业务扩展到她所在的社区之外。这个项目计划帮助她创建了一个小企业5年增长计划的商业模型。在短短的6个月内，马马·简就购买了更多的设备，雇用了当地员工以提高肥皂产量，并将销售范围扩大到20英里以外的社区。她还设法将一部分利润存下来用于偿还小额贷款。

第二年夏天，该项目原有团队成员利用自己的课余时间筹集到了4000多美元，IHSAN也为此支持了配套经费，这些资金使学生们能够前往肯尼亚，并协助马马·简进一步发展她的肥皂分销与销售计划。WPI的这个团队还帮助该地区的学校启动了个人卫生意识培养计划。最后，学生们还为当地安装了3个IHSAN提供的水泵配水系统，这有助于减轻当地妇女每天辛苦搬运水的体力劳动。

一名给这些学生授课的教授对他的学生在参加了重大问题研讨课之后所做出的反馈感到惊讶。他在讲完一门传统的课程后，通常会收到一些表达感谢的电子邮件。但是每次当他教授这门课程时，都会出现收到超过20封感谢信的情况。学生们对这个课程计划充满了热情，因为它建立了一种积极的联系，而且学生能够在成功完成项目后获得极大的成就感。他们在大一的时候就经历了一些挑战和创新带来的喜悦。学生们还获得了全球性的视野，并认识到自己确实真的可以"创造世界"，把它变得更美好。

新生的重大问题研讨课已经成为WPI计划的组成部分之一。需要注意的是，这个课程在首次开设时，仅向少数学生开放。作为"市场拉动"的一个绝佳案例，几位未能参加该课程的学生家长向WPI表达了他们的孩子未被纳入授课对象的不满。在这之后，这门课程进行了很大的扩展。[56] 教师们发现，有过这种新生经历做铺垫的高年级学生，凭借对一些基础创新知识的了解，能够更好地开展更为复杂的项目。此外，参加该课程的学生也会变得更加现实和成熟。[63]

### 四、创新与创业课程体系

2007年，WPI的几位教授认为需要开设一门新的课程，从而在WPI的技术教育中为学生们提供对创新更为广泛的认识。在科恩家族基金会的资助下，他们开发了新课程"创新与创业"，并面向新生和大二学生授课。这样一来，学生就可以把这门课中所学到的东西用于他们在大三和大四阶段的项目当中。这门课的目的是要给学生提供有关**创新的基本原理**的知识，这些概念和实践会对学生的整个职业生涯产生影响。课程包含了商业和创新基本原理的"工具包"，这部分内容会在课程开始时进行介绍，而来自哈佛商学院的案例则会作为课程的补充材料。

### 五、公认的专业人士

这项课程计划的一个特点是将公认的创新领域专业人才的成果纳入课程内容，也就是说，这些课程的材料来自那些被公认成功创造了全球高价值创新理论的创新者和思想领袖。因此，课程材料中包括了克里斯蒂安森（Christiansen）、摩尔（Moore）、波特（Porter）和其他人的著作。[1,64-66] 这门课还要求学生团队完成一项常规的设计挑战，例如新的机器人解决方案。该项目要求学生进行创新的设计，而不仅仅是聪明的设计。接受设计问题对学生来说是相对容易的，但要开发一项创新则是一件更加困难的事情。创新的过程要求学生学习这门课所教授的其他技能和思考方法。课程通过卷面评估和测验结果，记录学生对这门课的理解和反馈，WPI 的教师会基于这些材料进一步改进课程，这种持续性改进也是这门课程的特点之一。

### 六、综合性的方式

WPI 的创新与创业课程广泛地涵盖了价值创造和商业化过程。众所周知，一个地区的生态系统在实现该地区持续成功的创新中起着至关重要的作用。[67] 环绕马萨诸塞州波士顿的 128 号高速公路沿线和加利福尼亚州的硅谷等地区都是综合性创新生态系统的范例。这些地区积极鼓励和支持创新创业。它们提供了文化、风险资本、经验丰富的创业人员、服务及其他要素，极大地提高了创新成功的可能性。创业的一项核心能力就是能够对一个地区的创新潜力以及如何利用这种潜力进行了解并做出评估。

### 七、公认的最佳实践

另一个来自专业人士的示例是斯坦福国际研究院。基于与行业和政府的合作，斯坦福国际研究院负责了如计算机鼠标和高清电视等许多改变世界的创新工作，这些创新成果创造了数百亿美元的新经济价值。在《创新：创造客户所需的五大准则》一书中，作者描述了斯坦福国际研究院使用的一套"准则"，一旦掌握这些准则，将会极大地促进创新的成功。[1]斯坦福国际研究院的 SRI 五大创新准则如下：

· 重要客户和市场需求。

· 价值创造。

· 创新拥护者。

· 创新团队。

· 组织协调。

他们强调，首先要关注成功的系统性创新所必须的最基本的概念。斯坦福国际研究院之所以将这些称为"准则"，是因为可以对这些准则进行研究、学习和改进。

## 八、价值创造

WPI 的创新与创业课程中包括了许多优秀创新实践的例子，比如融合了斯坦福国际研究院五大准则的实践案例。下面，我们将对"价值创造"其中一个案例进行简要介绍。

开发一项新的创新不是一个事件，而是一个**过程**。它需要发现和创造能够满足客户需求的新知识，即**价值创造**。如图 9.1 所示，这是一个过程，通过将 B 处的客户需求与 A 处的新知识连接在一起，创建出新的产品或新的服务，例如一个新的课程体系。从 B 处到 C 处，企业产生了利润，但产品或服务最终会被淘汰，必须重复进行创造价值的过程。例如，美国的技术教育在每个经济时期都发生了重大变化，并且随着技术的发展而不断地做出调整。

所有创新都需要将 **A** 和 **B** 进行连接。这是一个非常困难的过程，要开发出高价值解决方案需要花费大量的精力和时间。通常这个过程被称为"死亡之谷"，因为它很难理解，也很难找到前进的方向。[68]过程中的每一步，都应该采用最为高效的做法。由于所有的创新都需要将 **A** 与 **B** 连接起来，任何能使这个过程变得更快速、更成功的改进，本身就是一项重大的创新，即"元创新"。正是出于这个原因，《创新：创造客户所需的五大准则》一书的作者卡尔·卡尔森

（C.R. Carlson）在谈到斯坦福国际研究院时说道："**我们的工作方式就是我们最重要的创新**。"下面给出了一些概念、工具和实践的示例，它们可以极大地提高创新的效率和成功的可能性。

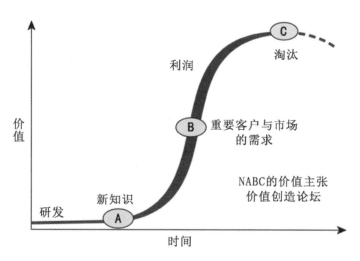

图 9.1　价值创造过程

如图 9.1 所示，价值创造是一个过程，在这个过程中，B 处的重要客户和市场需求与 A 处的新知识汇聚在一起形成创新，进而从 B 到 C 产生企业利润（或者维持创新的其他手段）。在产品生命周期结束后的某个时刻，该产品就会被淘汰，因此必须创建一个新的、更高价值的产品或服务。研发的作用是提供新的知识，以满足重要客户和市场的需求。创新工具和过程有助于促进价值创造，例如 NABC 的价值主张和价值创造论坛。

### 九、价值主张

开发一项新的创新需要回答四个基本问题，这些问题定义了拟开展创新的价值主张：

- 重要客户和市场的需求是什么（这个需求并不是指你感兴趣的需求）？
- 哪种独特而又引人注目的新方式可以解决这一需求？
- 这种方法带来具体可量化的单位成本收益（即客户价值）是多少？

• 为什么这些成本收益要优于竞争对手和其他替代物？

这四个问题定义了"NABC 的价值主张"（即需求、方法、收益和竞争）。[1] 每一项创新都必须至少对这四个问题进行回答，这是底线。关注这四个问题，而不是试图撰写一份长达 200 页的报告进行介绍，可以为大家节省时间，因为刚开始你对客户和市场的了解很少，很少会有绝佳的想法和合作伙伴来找到你所要寻求的创新方式。而且，鉴于此时你通常对竞争对手和现有想法的替代物知之甚少，你几乎不知晓自己的单位成本收益。

NABC 方法使潜在的创新者将重点放在这四个最基本却很难回答的初始问题上，这可以为他们节省大量的时间和精力，遗憾的是，那些没有受过培训的潜在创新者通常将这些时间和精力花费在了无用的活动上。一旦形成了 NABC 的价值主张，人们就可以向前进发并有效地创建更详细的创新计划。NABC 的这种方法适用于企业中的所有岗位及学术界的教学研究工作。

正如我们所指出的，WPI 的创新与创业课程将重点放在将伴随学生整个职业生涯的基本原理上。这门课已被纳入 WPI 的课程体系，成为 WPI 计划的一部分，随着时间的推移，它会成为学生在 WPI 获得完整工程教育的一块基石。

### 十、持续改进

为了适应不断变化的外部环境，最好的做法是使用持续改进的过程机制。WPI 就创建了"WPI 创新团队"，包含一支由致力于创新和创业工作的教授构成的核心队伍。团队定期召开会议，分享和发展对学生、学校和社会有价值的新的教育思想。他们会使用来自学生、教师及 WPI 社区外其他人的反馈意见。例如，他们正在研究创新孵化器，如麻省理工学院的业余爱好商店（Hobby Shop）、WPI 的门户中心（Gateway Center）和罗得岛州的斯雷特基金会（Slater Fund），这些孵化器中富有前景的创意都对 WPI 具有潜在的益处。外部反馈意见来自国家企业孵化器协会（National Business Incubators Association）等组织，该协会会选树孵化器中的标杆，并将这些标杆性孵化器的表现与协会中其他 1600 个成员组织的优秀实践进行对比。[69]

## 十一、课程体系创新

WPI 创新团队专注于探寻能够鼓励全校将创新的概念与实践纳入其他群体和教育性学科的方法。[56] 对于像 WPI 计划这种基于项目的课程计划，大家的一个共同关注点在于 WPI 创新团队会在已经很紧凑的课程体系中占用多少时间。WPI 正在探索解决这个问题的两种方法，将有关创新的核心课程建设：（1）纳入基于团队的项目中；（2）纳入课堂的课程当中。

## 十二、价值创造论坛

WPI 的 IQP 和 MQP 团队项目为其他创新概念的教学提供了绝佳机会，因为学生已经参与到了可以立即使用这些新概念的活动当中。例如，当团队在开展项目时，他们会定期开会，汇报各自的进展。这些会议通过定期举办的"**价值创造论坛**"，为学生提供了丰富经验的机会，团队可以对他们的项目进行简短介绍并获得反馈，并对新想法进行学习和分享。[1]

价值创造论坛旨在通过深入挖掘"团队的天赋"，对创新思想做出快速改进。在两项指导原则指引下，会议的开展卓有成效，第一条原则是每个人都要站着进行汇报，坐着汇报是不被允许的。每个人都需要针对自己的项目展现 NABC 式的价值主张。[1] 汇报时间为 5 分钟至 10 分钟，时间一到，必须马上停止汇报。由于整个展示十分简短，汇报者可以重点围绕基本原理展开，尽管这一点很难做到。第二条原则是在汇报完毕后，紧接着，要求展示者的团队成员对展示内容做出点评，旨在加强有效内容的呈现，对不足之处则提出改进建议。汇报者不对各项意见做出回应，而是仔细聆听反馈内容，后续对相关内容进行更正，以节省整个小组的汇报时间。事实证明，无论是在企业、学术还是政府环境中，这种方法都非常有效。[1]

经验表明，在举办了三到四次价值创造论坛后，汇报者通过与团队成员的合作，实现了令人印象深刻的改进。价值创造论坛可以让大家快速地分享各自的想法，并让每个参与者都能成为团队成员的榜样。这些会议充分发掘了参与者本能的竞争意识，从而激励他们对每一次的展示进行不断的改进。

有效教授创新涉及的另一个概念是将核心的创新概念嵌入课堂课程之中。工程、经济、金融和商务课程是最自然的讲授创新内容的起始课程。[1] 还有一种更综合的方法则是将一到两个创新概念融入其他课程，如艺术、传媒学、心理学、社会学、政治、建筑学、文学写作和历史等课程。WPI确定的"工具包"大约包含了20个概念，它可以在整个课程体系4年多的课程安排中提供扎实的创新教育。

通过将有关创新的核心课程嵌入基于团队的项目任务和课堂讲授课程，学生可以在深刻理解创新基本原理的情况下，进入自己的工作岗位或进入研究生院深造，这些知识可以让他们在自己的职业生涯或学业生涯中脱颖而出。

### 十三、教师受益

学生不是这些创新课程计划的唯一受益者。经验表明，当高级技术专家获得这些创新能力时，他们也会变得更加成功。他们的研究质量提高了，与同事的成果性合作增加了，还创建了有助于学术事业持续进步的工作框架。

## 第七节　结　语

我们处在创新经济之中。实现重大创新的最佳时机正史无前例地摆在我们面前：这可能会成为一个空前繁荣的时期，但这也是创新史上最具挑战性的时期，大多数领域的技术进步都以快速的、指数级的速度出现，全球竞争也同样急剧加强。

这种势头不会停止，并将随着发展中国家的数十亿人口从贫困和低端制造转向繁荣和新的高价值创新创造而持续加快。要在这个世界蓬勃发展，技术专家们需要具备新的能力，这种新能力的形成需要基于卓越的技术教育，以及对能够带来成功创新的概念和过程的全面理解。

WPI在满足社会的人力资本需求上，有着公认的悠久积淀。这种积淀自1865年WPI为响应工业经济需求建校就开始了。之后，为响应知识经济的需要，WPI于1970年开始了"WPI计划"，该计划开创了世界上第一个全校性、综合化、基于项目和团队的技术课程体系。

之后，WPI再次对"WPI计划"进行了拓展，并开发了可能是面向创新经济的最优质的技术教育。这是一项贯穿大学四年的全校性综合计划，该计划将精湛的技术教育与一系列基于团队的多学科项目相结合，学生可以从中解决真实的问题并学习协作、沟通和其他核心能力。此外，该项目包括一项拥有 26 个以上海外项目中心的全球拓展计划、教授创新基础原理的课程、学生主导的课外创业活动，以及不断完善的课程体系，该体系包含了 WPI 广义社区中的创新核心概念。

WPI 计划是面向创新经济的综合性技术课程体系的一个范例。通过这样的教育，WPI 的毕业生做好了充分的准备，进入一个令人兴奋的世界。对他们来说，将会迎来一个有着持续不断的机会、重要的成就和满意度极高的职业生涯。

# 参考文献

1. C.R. Carlson and W.W. Wilmot, Innovation: The Five Disciplines for Creating What Customers Want. New York, NY: Crown-Random House, 2006.

2. C. Gregory, A Farewell to Alms: A Brief Economic History of the World. Princeton, NJ: Princeton University, 2007.

3. R. Batchelor, Henry Ford: Mass Production, Modernism and Design. New York, NY: Manchester University, 1994.

4. W.E. Deming, Out of the Crisis. Cambridge, MA: MIT Press, 1986.

5. T. Ohno, Toyota Production System: Beyond Large-scale Production. Cambridge, MA: Productivity Press, 1988.

6. "Toyota Motor Corporation." New York Times, sec. Business Day, Aug11,2010. Available: http://topics.nytimes.com/top/news/business/companies/toyota_ motor_corporation/index.html.

7. G. Friedman, The Next 100 Years: A Forecast for the 21st Century. New York: Doubleday, 2009.

8. A. Dowd, "Three Centuries of American Declinism." Real Clear Politics, Aug 27, 2007. Available: http://www.realclearpolitics.com/articles/2007/08/declin- ism.html.

9. P.F. Drucker, The Age of Discontinuity Guidelines to Our Changing Society, 3rd edn. Piscataway, NJ: Transaction, 1992.

10. P.S. Salus, Casting the Net: From ARPANET to Internet and Beyond. Reading, MA: Addison-Wesley, 1995.

11. E. Brynjolfsson and L.M. Hitt, Computing Productivity: Firm Level Evidence. Cambridge, MA: MIT Sloan School of Management. Working Paper No. 4210-01. June 2003. Available: http://papers.ssrn.com/sol3/papers.cfm?abstract%5Fid =290325.

12. D. Barboza, "China Reveals Deep Consumer Product Quality Problems." New York Times, sec. Business, July 4, 2007. Available: http://www.nytimes.com/ 2007/07/04/business/ worldbusiness/04iht-food.5.6497264.html.

13. P. Midler, "Dealing With China's 'Quality Fade.'" Forbes.com, July 26, 2007. Available: http://www.forbes.com/2007/07/26/china-manufacturing-quality-ent- manage-cx_

kw_0726whartonchina.html.

14. N. Lichtenstein, The Retail Revolution: How WAL-MART Created a Brave New World of Business. New York, NY: Metropolitan Books, 2009.

15. M.J. Power, K.C. Desouza and C. Bonifazi, The Outsourcing Handbook: How to Implement a Successful Outsourcing Process. Philadelphia: Kogan Page, 2006.

16. M. Ridley, The Rational Optimist. New York, NY: Harper, 2010.

17. R. Lowenstein, Origins of the Crash: The Great Bubble and its Undoing. New York: Penguin, 2004.

18. R. Kurzweil, The Singularity is Near: When Humans Transcend Biology. New York, NY: Viking Press, 2005.

19. R. Foster and S. Kaplan, Creative Destruction: Why Companies that Are Built to Last Underperform the Market—and How to Successfully Transform Them. New York, NY: Doubleday-Currency, 2001.

20. E.L. Andrews, "Leaders of G-20 Vow to Reshape Global Economy." New York Times, sec. A, p. 1, Sept 25, 2009.

21. T.Friedman, The World Is Flat: A Brief History of the Twenty-first Century. New York, NY: Farrar, Straus and Giroux, 2005.

22. The CIA World Fact Book. Washington, DC: Central Intelligence Agency, 2009. Available: https://www.cia.gov/library/publications/the-world-factbook/.

23. V. Wadhwa, "About that Engineering Gap, Is the US Really Falling Behind China and India in Education." Business Week, Issue 3936, Dec 13, 2005. Available: http://www.businessweek.com/smallbiz/content/dec2005/sb20051212_623922.htm.

24. A. Kapor, "Urban Greatness Awaits Good Governance." New York Times, sec. World, Asia Pacific, May 20, 2010. Available: http://www.nytimes.com/2010/05/ 21/world/asia/21iht-letter.html.

25. E. Rosenthal, "Iceland Leads Environmental Index as United States Falls." New York Times, sec. Science, Earth, Jan 27, 2010.

26. J. Yardley, "A Troubled River Mirrors China's Path to Modernity." New York Times, sec. World, Asia Pacific, Nov 19, 2006. Available: http://www.nytimes. com/2006/11/19/world/

asia/19yellowriver.html.

27. J. Timmer, "Computer Science Degrees Rebound from Dotcom Bust." ARS Technica, sec. Science, News, Mar 17, 2009. Available: http://arstechnica.com/science/news/2009/03/computer-science-degrees-rebound-from-dotcom-bust.ars.

28. National Science Board, National Science Foundation, "U.S. R&D: Funding and Performance." Key Science and Engineering Indicators, 2010 Digest, 2010.

29. D. Stone, "Winning the New Product Innovation Game." Corp., Dec 4, 2008. Available: http://www.corpmagazine.com/DesktopModules/EngagePublish/ printerfriendly.aspx?itemId=274&PortalId=0&TabId=74.

30. C.Wieman,"Why Not Try A Scientific Approach to Science Education."Science 2.0, Mar 10, 2009. Available: http://www.science20.com/carl_wieman/why_ not_try_scientific_approach_science_education.

31. J. Roschelle, N. Shechtman, D. Tatar, S. Hegedus, B. Hopkins, S. Empson, J. Knudsen and L. Gallagher, "Integration of Technology, Curriculum, and Professional Development for Advancing Middle School Mathematics: Three Large-Scale Studies." American Educational Research Journal, vol. 47, no. 4, pp. 833–878, June 2010.

32. J.Roschelle, D.Tatar, N.Shechtman, S.Hegedus, B.Hopkins, J.Knudsen and M. Dunn, "Scaling Up SimCalc Project Extending the SimCalc Approach to Grade 8 Mathematics." SRI International, Technical Report 02. Menlo Park, CA: SRI International, Dec 2007. Available: http://ctl.sri.com/publications/downloads/ SimCalc_TechReport02.pdf.

33. Bill and Melinda Gates Foundation, PO Box 23350 Seattle, WA 98102. Available: http://www.gatesfoundation.org.

34. Kauffman Foundation,4801 Rockhill Road,Kansas City,MO 64110.Available: http://www.kauffman.org.

35. Kern Family Foundation, W305S4239 Brookhill Road, Waukesha, WI 53189. Available: http://www.kffdn.org.

36. For example, SRI International's Barbara Means is leading a team to developthe national education technology plan for the Department of Education. See http:// www.ed.gov/.

37. National Educational Technology Plan, Technical Working Group, "Transforming American

Education: Learning Powered by Technology." Washington, DC: United States Department of Education, Office of Educational Technology. Mar 5, 2010.

38. "Entrepreneurship: The Path to Economic Stability." Judith Cone Interview.The Businessmakers, Jan 24, 2009.

39. M. Green, "A Merger with Innovation at Its Heart." Financial Times, Business Education, p. 14, Mar 30, 2009.

40. "BIO-X," Stanford University, 2010. Available: http://biox.stanford.edu.

41. "Center for Innovation and Communication." Stanford University, 2010. Available: http://injo. stanford.edu.

42. Kettering University, 2010. Available: http://www.kettering.edu.

43. Case Western Reserve University, 2010. Available: http://www.case.edu.

44. T.G. Ranzetta, "Rx for Silicon Valley Success: VC Advice." CNN Money-Fortune Blog, Mar 30, 2010. Available: http://postcards.blogs.fortune.cnn.com/ 2010/03/30/rx-for-silicon-valley-success-vc-advice.

45. The Girls' Middle School, "History of the Girls' Middle School." Available: http://www. girlsms.org/about/our-history.

46. Girls' Middle School Students, Private correspondence, 2008.

47. B. Einhorn, "Innovation: Singapore Is No. 1, Well Ahead of the United States." Bloomberg Business Week, p. 1, Mar 16, 2009. Available: http://www.business-week.com/globalbiz/ content/mar2009/gb20090316_004837.htm?campaign_id1⁄4 rss_daily.

48. "Economy Rankings." Doing Business. Available: http://www.doingbusiness. org/ economyrankings/.

49. Ministry of Education Singapore, "Science Programmes: Innovation Programme (IvP)." Available: http://www.moe.gov.sg/education/programmes/gifted-education- programme/ special-programmes/science-programmes/innovation-programme.

50. "The WPI Plan." Worcester Polytechnic Institute, 2010. Available: http://www. wpi.edu/ academics/catalogs/ugrad/wpiplan.html.

51. M.Mandel, "America's Innovation Shortfall."Bloomberg Business Week,June 3, 2009. Available:http://www.businessweek.com/mediacenter/podcasts/mande-l_on_economics/

mandel_on_economics_06_03_09.htm.

52. W.A. Shewhart, Economic Control of Quality of Manufactured Product. New York: Van Nostrand Company, 1931.

53. D.Nielson, A Heritage of Innovation: SRI's First Half Century. Menlo Park, CA: SRI International, 2006.

54. C.R. Carlson, "The Imperative for Including Innovation into a Technical Education." Keynote at the Kern Family Foundation Annual Meeting at Thunderbird University in Arizona, Jan 7, 2008.

55. D.D. Berkey, "International Education and Holistic Thinking for Engineers." in D. Grasso and M. B. Burkins (eds.), Holistic Engineering Education: Beyond Technology. New York: Springer, 2010.

56. R.D. Sisson, Private correspondence, May 19, 2010.

57. "America's Best Colleges." U.S. News and World Report, 2010.

58. Worcester Polytechnic Institute, "U.S. News & World Report' Lauds WPI's Study Abroad and Senior Project Programs." 2010. Available: http://www.wpi. edu/news/20090/usn.html.

59. Global Perspective Program, "Project Centers in the World." Worcester Poly-technic Institute, 2010. Available: http://www.wpi.edu/academics/GPP/Centers/ intheworld.html.

60. J. Bowers, F. Buckley, A. Chase and P. Kinsky, "Malewa Clean Water Project." Worcester Polytechnic Institute. Make the World unpublished first-year student report, 2009.

61. E. Muniz, A. Gottshall, M. Connolly, N. VerLee, M. O'Brian, and V. Nguyen, "Sustainable Soap and Hygiene for Malewa, Kenya." Worcester Polytechnic Institute. Unpublished first-year student report, 2008.

62. Industry's Humanitarian Support Alliance NGO (IHSAN) website. Available: http://www. ihsan-h2o.org.

63. K. Wobbe, Private correspondence, May 10, 2010.

64. C.M. Christensen, The Innovator's Dilemma: When New Technologies Cause Great Firms to Fail. Boston, MA: Harvard Business School Press, 1997.

65. G.A.Moore, Crossing the Chasm: Marketing and Selling Disruptive Productsto Mainstream Customers. New York: Harper, 2002.

66. M.E. Porter, Competitive Advantage: Creating and Sustaining Superior Performance. New York: Free Press, 1985.

67. M.E.Porter, The Competitive Advantage of Nations. New York: Free Press, 1990.

68. E.Taylor,et al., Encouraging Industry-University Partnerships, Kaufman Foundation, 2008. Available: http://www.kauffman.org/uploadedFiles/EAC_UIP_ report_v4.pdf.

69. National Business Incubator Association, NBIA.org, 2010. Available: http:// www.nbia.org.

# 第十章　面向新世纪的新学科：机器人工程

迈克尔·A. 根纳特（Michael A. Gennert）

弗雷德·J. 洛夫特（Fred J. Looft）

格雷塔尔·特里格瓦森（Grétar Tryggvason）

## 第一节　引　言

随着技术的变革，有时会出现需要一个新的工程领域的情况。这个新领域可以帮助解决与新技术相关的问题，也可以与现有的工程领域以新的方式进行结合，甚至可以同时具备这两种功能。并非所有的新学位计划都取得了成功，但有一些学位计划，如航空航天工程和计算机科学，正是在相关行业最需要的时候被纳入教育体系。除了满足新出现的需求，新的学位课程计划还包括课程体系和教学方法的创新，这些创新难以在成熟的课程计划中实现。因此，新学位课程计划的成功引入往往伴随着新的变革性技术的发展。[1]

机器人，这个在真实世界中传感、计算和驱动的结合体，正在成为最热门的新技术领域之一。传感器、计算设备和驱动器的成本下降和可用性增加正在为仅受我们想象力限制的新设备和产品打开机会之门，而仅仅靠我们的想象力是难以进行这些创新的。这些新的机器人产品通过服从我们的命令和预测我们的需求，使我们的生活变得更加便捷。虽然它们的形态通常与《星球大战》中的C3PO、R2D2 或 ASIMO 毫无相似之处，但仍然是未来学家过去设想的那样。

机器人已经成为一个大型产业。估计目前有 100 多万个工业机器人投入使用，仅在 2007 年就售出了超过 10 万个新的工业机器人；机器人年度市场规模估计在 180 亿美元左右，包括机器人相关的软件、外设和安装等，[2] 服务机器人的市场规模约为 90 亿美元，但预计会加快增长。国家情报委员会（National Intelligence Council）确信机器人将成为六大颠覆性技术之一；[3] 此外，国防部的无人系统路线图（DoD roadmap for unmanned systems）要求机器人和自动驾驶车辆发挥更大的作用。[4] 尽管商用机器人的发展目前很大程度上受工业和军事机器人的推动，但是其消费市场的出现已经成为一个不可避免的趋势，[5] 事实上，像比尔·盖茨这样的技术领袖也认为，每个家庭很快都将拥有机器人。[6]

在马萨诸塞州，机器人是一个快速增长、价值数十亿美元的产业，成千上万的人在这个领域工作。[7] 除了国防以外，机器人还在很多领域有着丰富的应用，例如安全、交通、老年人看护、家务自动化、定制化制造、农业、矿业和交互式娱乐等。目前在机器人行业工作的工程师主要接受计算机科学、电子与计算机工程或机械工程方面的培训。然而，机器人技术本质上是跨学科的，当新的应用情景变得更加复杂时，没有任何一门学科能够单独提供这些应用所需的知识宽度。真正的智能机器人依赖于信息处理、决策系统和人工智能（计算机科学）、传感器、计算平台和通信（电气工程），以及执行器、连杆和机电一体化（机械工程）。此外，为了开发成功的产品，工程师需要接受管理方面的培训，并且具备科学和社会科学背景，这种复合背景特别有利于机器人技术在生物科学和医学等领域的应用。

为了培养年轻的机器人工程师，2007 年春季，WPI 推出了机器人工程（Robotics Engineering，RBE）学士学位课程计划。除了满足新兴的机器人产业需求外，中小学生对机器人的浓厚兴趣也推动了该学位的推出。从机器人竞赛的数量上就可以看出这一点，例如 2008 年科学和技术奖励鼓励协会（For Inspiration and Recognition of Science and Technology，FRIST）赞助的四项比赛吸引了来自 50 个州和 36 个国家[8] 的 16 万名青少年参赛者（含 6 名 18 岁的参赛者），在 7.3 万名导师和志愿者的帮助下，他们制造了 1.3 万多个机器人。此外，目前为止，已经有超过 40000 名学生参加了 Botball 机器人足球比赛。[9] 其他的机器人赛事同样展现出了人们对机器人的浓厚兴趣，如 BattleBots IQ[10]、Robocup，以及每年拥有 10000 多名参与者 BEST Robotics。[11] 网站 Robots.net 列出了 2009 年举办的 120 多场比赛。[12] 因此，机器人专业的学位课程计划为那些对工程职业感兴趣的年轻人提供了一个充满吸引力的出发点。我们注意到，尽管"机电一体化"这个术语已经被用来描述机械工程与电气工程的融合（计算已经被默认包含在内），日本、欧洲等国家也已经引入机电一体化工程学位，但"机器人"这个概念对人们有一种直观的吸引力和天然的熟悉感，这是人们相对不那么熟悉的"机电一体化"概念所无法传达的。事实上，"机电一体化"在美国还没有流行起来。

## 第二节 机器人教育

尽管直到现在，机器人还没有成为美国的本科学位计划，但已有几所大学开设了 30 多年的机器人课程，并编写了许多入门级教科书。20 世纪 80 年代，工业机器人在装配线上的普及，推动了机械与制造工程课程计划中机器人技术课程的引入，以及机器人经典书籍的出版，如《机器人入门：力学和控制》（ *Introduction to Robotics: Mechanics and Control* ）[13]，这本书主要关注机械手动力学和运动学。在计算机科学中，诸如《计算机视觉心理学》（ *The Psychology of Computer Vision* ）等机器人认知方面的内容被视为人工智能的应用。[14]90 年代引入的一些基于更复杂的控制理论（模糊神经网络控制器和自适应控制器）的课程成为新的焦点。[15] 在 90 年代末至 2000 年，机器人高级课程涉及路径规划、导航、自主、通信和移动机器人等方面内容。[16] 与此同时，乐高（Lego）[17, 18]和 BOE-bot[19] 等机器人套件的发展使大学生及年龄更小的学生都能更便捷地使用机器人。

目前，有几所大学开设了机器人技术方面的课程。机电一体化课程是其中的一种，如科罗拉多州立大学的机电一体化与测量系统（课程号 ME307），使用的是阿尔恰托雷（Alciatore）和希斯坦德（Histand）的《机电一体化和测量系统》（ *Mechatronics and Mesurement Systems* ）教程[20]，并辅以泛读的实验室手册[21]。哈维马德学院（Harvey Mudd College）开设了一门名为机器人的课程（课程号 CS154），向学生介绍计算机与物理环境的交互作用，这门课程的开发资金部分来源于国家科学基金会。它采用了由特龙（Thrun）等人编写并在斯坦福大学得到成功运用的概率机器人教程。[22] 斯坦福大学的机器人统计技术（课程号 CS329），从统计学视角探究移动机器人，使学生了解统计分析技术应用于移动机器人的局限性和可能性。由西格沃特（Siegwart）和诺巴克什（Nourbakhsh）编写的《自主移动机器人导论》（ *Introduction to Autonomous Mobile Robots* ）[23]成功应用于卡内基梅隆大学的移动机器人导论（课程号 CS16761）课程，这门课程向学生介绍了移动机器人的基础知识，涵盖机械、运动、感觉、知觉和认知层面。课程网站提供了课程的详细信息，包括教学大纲、机器人平台、编程等 [24]（机器人课程的资料库可以访问 http://roboticscourse ware.org/），其他面向本科生的机器人课程的案例也很容易在互联网上搜索到。

本科阶段的机器人工程通常会被嵌入传统的工程课程或计算机科学课程中，因此通常被视为一种技术的应用而不是一门单独的学科，但是美国一些大学已经推出了机器人专业的研究生学位。例如，卡内基梅隆大学的机器人研究所于1990年授予了第一个机器人博士学位。最近，宾夕法尼亚大学于2006年推出了机器人的硕士学位课程计划，紧跟其后的是密歇根大学（2008年）及南达科他矿业理工学院（2009年），2007年佐治亚理工学院建立了一个机器人博士课程计划。

## 第三节　WPI 的机器人工程本科生课程计划

WPI 机器人工程课程计划的开发始于2005年，来自计算机科学系、电子与计算机工程系和机械工程系的一小群教师定期开会讨论，旨在为该学位的设立准备一份建设方案。WPI 于2006年秋同意设立该学位，并于2007年3月通过了董事会的批准。这个新的课程计划于2007年冬对外发布，在招生开放日吸引了大量的参与者。虽然该课程计划的正式批准时间与学生录取的最后期限的时间间隔相对较短，但2007年秋季入学的学生可以将该课程计划列为拟修读专业，事实上当时许多人都做了这个选择。

2007年10月，这项课程计划在为期一天的研讨会上正式启动 [25]，会议开设了专家讲座，吸引了来自产业界和学术界的与会者及当地高中生。随后，召开了由机器人行业代表组成的项目咨询委员会的首次会议。2008年4月，这项学位课程计划在佐治亚州亚特兰大举行的 FIRST 竞赛中，通过短视频和面向潜在考生的演讲等形式进行了宣传。

### 一、学位概述、目标和成果

倡导新学位课程计划的教师团队很早就决定采用自上而下的方法来设计课

程，即首先要确定课程目标。参加这项工作的所有教师都明白，虽然机器人工程大量借鉴了计算机科学、电子与计算机工程及机械工程的内容，但是该课程计划并不是这些学科资料的简单汇总。将机器人工程定义为一个独立的学科，涉及从定义机器人核心知识体系的三个学科中遴选一些学科知识。这涉及区分每个机器人工程师必须知道哪些内容及哪些内容可能对一些机器人工程师有用。因此，虽然机器人工程师可能会在某个时刻需要热力学和流体力学的知识，但是项目团队不会将这些主题放在核心知识体系中。同样的考量也适用于半导体器件和电子工程中的电磁场，例如计算机科学中的数据库。同样，教师团队试图从计算机科学、电子与计算机工程或机械工程中选出机器人工程必需的材料。虽然我们希望能对机器人课程体系进行定期审查，但实际上最初遴选出来的知识体系可能会在很长一段时间内成为课程体系的核心内容，这个遴选过程就这样将机器人工程作为一门本科生的工程学科确定了下来。

（一）教育计划的目标

教育计划的目标是为了定义课程计划的背景和内容：机器人工程课程计划致力于培养学生的以下能力：

- 对计算机科学、电子与计算机工程、机械工程和系统工程的原理有基本的了解。
- 用这些抽象概念和实践技能来设计、开发机器人及机器人系统的各种应用。
- 思考机器人在改善社会中的潜在应用及支持他们的想法变成现实的创业背景与创业精神。
- 展示负责任的专业人士在多元化社会中应有的道德行为和道德标准。

教师团队还采用了标准化 ABET 计划成果要求，保证学位计划能在"通用工程"ABET（a-k）的认证标准下得到认证。[26]

二、学位计划的结构与课程体系

工程教育的研究为如何保持学生的兴趣、有效传递教学内容和激发创造力提供了很多启发。我们试图在课程体系的设计中运用这些研究成果。我们知道，课程体系的结构对学生的整体满意度和保留率发挥着重要作用，而且尽早引入工程学科通常是有益的。[27-29] 我们也知道不同的教学方法能够吸引不同类型的学生，但通常情况下，当我们以多种方式来展示学习内容的时候，所有的学生都会学到更多的东西。[30, 31] 此外，结构合理的课程可以教授或者至少可以激发学生的创造力和创新力。[3, 30, 32, 34]

机器人课程计划的核心内容包括五门新课，即一门入门课程（第一学年）和基于螺旋式课程理念的四门"统一机器人"课程（第二学年和第三学年），在这种理念下，学生应该参与日益复杂的设计，并在该过程中根据需要引入各种技术主题。这些课程需要按一定顺序授课，并且每门课程的讲授都建立在前面的课程的基础之上。因此，尽管所有的 RBE 课程都对其他学科的学生开放，但课程要求使非本专业的学生很难选修全部课程，最多只能选修前期的两门或三门课程。除了 RBE 课程计划中的课程之外，每个参与该计划的学系都会要求学生选修一些其他课程，以确保技术知识的广度和深度得到满足。每一门新的 RBE 课程都包含计算机科学、电子与计算机工程和机械工程元素。为了增加课程内的凝聚性，计划中具有统一顺序的课程都有各自的重点，如运动、感知、操作和导航等。新的 RBE 必修课程包括：

**RBE 1001 机器人导论：**机器人多学科导论，涉及电气工程、机械工程和计算机科学领域的概念。课程主题包括传感器性能与集成、电动和气动执行器、电力传输、材料与静态力分析、控制与可编程嵌入式计算机系统、系统集成和机器人应用。实验课包括实践练习和团队项目，学生可以从中设计和制造移动机器人。

**RBE 2001 统一机器人 I：**四门统一课程中的第一门课程，从计算机科学、电子工程和机械工程领域介绍机器人工程的基本理论与实践。课程的重点是电力到机械动力的有效转换、用于移动的动力传输，以及有效载荷的操作和交付。本课程将运用能量、动力和运动学等概念；利用静力学中的力、力矩、摩擦等概念来确定电力系统要求和结构要求；考虑与惯性和刚体运动方程相关的简单动力学问题；通过对现有嵌入式处理器和功率电子设备来引入功率控制和调制方法；引入必要的编程概念、与模拟器的交互和集成的开发环境。此外，实验课包括实践练习和团队项目，学生可以在其中设计和建造机器人及相关的子系统。

**RBE 2002 统一机器人 II**：四门统一课程中的第二门课程，从计算机科学、电子工程和机械工程领域介绍机器人工程的基本理论与实践。课程的重点是通过传感器、反馈和决策过程与环境进行交互。该课程将介绍与力学相关的应力和应变概念，应变式电子传感器、光电传感器、接近电子传感器和角度光电传感器的操作原理和接口方法，并基于电子电路和软件机制实现机械系统的基本反馈机制。同时，该课程还将介绍决策算法和有限状态机的模块化设计与实现所需的软件。此外，实验课包括实践练习和团队项目，学生可以在其中设计和建造机器人及相关的子系统。

**RBE 3001 统一机器人 III**：四门统一课程中的第三门课程，从计算机科学、电气工程和机械工程领域介绍机器人工程的基本理论与实践。课程的重点是执行器设计、嵌入式计算和复杂的响应过程。本课程将讲授与振动和运动规划相关的动态响应概念，讨论各种执行器的工作原理和接口方法，包括气动执行器、磁性执行器、压电执行器、线性执行器、步进器等，通过在嵌入式系统中运行软件来实现复杂的反馈机制，以及介绍实时处理器编程、可重入代码和中断信号等必要的概念。实验课将要求学生最终构建一个多模块机器人系统，展现学生在本课程中所学到的各种方法。

**RBE 3002 统一机器人 IV**：四门统一课程中的第四门课程，从计算机科学、电气工程和机械工程领域介绍了机器人工程的基本理论与实践。课程的重点是导航、位置估计和通信。本课程将探讨航迹推算、地标更新、惯性传感器、视觉和无线电定位等概念，介绍用于导航的控制系统，应用于移动机器人和远程机器人系统的通信、远程控制和遥感以及包括无线网络、典型的局域和广域网络协议等在内的无线通信。此外，本课程还将讨论在水下、航空航天、危险境地等困难环境下的操作注意事项。在整个学期中，实验课将针对一个开放式问题形成解决方案。

导论课程主要面向大一学生，旨在对机器人学及实操项目进行广泛而浅显的介绍。本课程主要对工程领域的成就与挑战进行介绍，适合所有工程学科的学生。虽然 RBE 计划的大多数学生会在大一修读这门课，但它只是"工程选修课"而不是正式的必修课，因此，具有丰富的高中机器人竞赛经验和强大技术背景的学生可以直接从统一机器人课程系列开始学习。

从详细的课程描述和实验任务可以看出，二年级课程（RBE 2001 和 RBE 2002）强调机器人的技术基础。每个基于 VEX 课堂实验包（VEX Classroom Lab Kits）的实验任务一般由 2～3 名学生组成的团队完成。课程也会为学生提供额外的直流电机、H 桥电机驱动器和所需的定制机械零件。这两门二年级课程采用了由戴特尔（Deitel）父子编写的《C++ 大学教程》（*C++: How to Program*）[35] 和一本定制教科书，该书将诺顿（Norton）编写的《机械设计》（*Design of Machinery*）[36] 和里佐尼（Rizzoni）编写的《电子工程基础》（*Fundamentals of Electrical Engineering*）[37] 的摘选章节内容进行了整合。

三年级课程（RBE 3001 和 RBE 3002）对机器人学进行了深入介绍，课程强调了理论基础。学生们现在必须严格依赖标准工业组件，而不再依赖早期课程中使用的硬件和软件套件，不过这些工业组件也是提供给学生使用的。课程会为学生提供所需的资源包，资源包的内容和设计背后的理念是为学生提供一个足够结构化的开发环境，以避免在对不可靠的设备进行故障诊断过程中浪费时间；该资源包也具有一定的非结构性，得以让学生可以独立进行重要的设计决策。选择这些组件是为了简化机械、电气和软件的组装和接口问题，但它并不是一个对学生具有限制性的工具包。[38, 39] 除了大二课程所需要的教材之外，本课程将在课堂上为学生提供更先进的机器人学教材。四门统一课程中的实验室练习都与课程的其他部分紧密结合，这保证了学生可以及时巩固课程中学习的内容。所有的 RBE 课程都包括每周四次的讲授课和一次两小时的实验课。

除了四门统一的机器人课程外，参加 RBE 课程计划的学生还需要学习其他几门课程。尽管根据 WPI 的常规理念，如果可能的话，这类要求都是由学科层面而不是具体课程提出的。在列出 RBE 课程计划的要求之前，我们有必要关注一下 WPI 校历的特点。校历将每个学期分为 2 个为期 7 周的学期（实际上就是 A、B、C、D 4 个为期 7 周的学期），在这期间，学生要上 3 门强化型课程。学期 A 和学期 B 在秋季（9 月到 12 月）授课，学期 C 和学期 D 在春季（1 月到 4 月）授课。ABET 要求学生学习一年半的工程科学和设计课程，相当于 18 门课程。过去 WPI 的顶点项目相当于 3 门课程（1/4 学年），因而工科的学生还需要完成 15 门本专业课程的学习。在这些课程中，学生至少要选择 5 门机器人工程课程（比如导论课程＋统一课程），3 门包括算法和软件工程在内的计算机科学课程，2 门包括嵌入式系统在内的电子和计算机工程课程，以及 1 门静力学和 1 门控制学课程。学生必须从规定的课程列表中选出剩下的 3 门工程选修课。其中 1 门必须涉及高级系统概念，另外 2 门通常包括编程入门、高级设计或工业机器人等课程。为了让跳过入门课程的学生满足至少修读 5 门 RBE 课程的要求，他们可以选择由三门与 RBE 对接学系所开设的高级课程，也可以选择新推出的面向研究生的高级 RBE 课程。和所有 WPI 其他专业的学生一样（详见第八章），RBE 课程计划以一个顶点项目收尾，学生可以在该项目中综合运用他们所学的知识。

RBE 的学生还必须完成 WPI 的一般教育要求，即修读 6 门人文学科课程、2 门社会科学课程、12 门数学和科学课程（按照 ABET 的要求，需要修读一年），以及完成 1 个相当于 3 门课程的大三项目。数学和科学课程必须包括微积分、微分方程、离散数学和概率学，以及至少两门物理课程。

一个新的行业中存在大量实践新想法和推出新产品的机会。为了鼓励学生成为"创业型工程师"（详见第一章 [40]），我们需要开设一门创业课程，尽管对于那些打算自己创业的人来说，一门课程是不够的。我们坚信，工程师们需要"跳出思维的局限"，去理解他们所处的业务环境。这不仅对那些与风险资本家、律师及其他金融和营销行业打交道的创业者来说很重要，而且对那些产生新商业想法并打算向公司高级管理层展示其价值的内部创业者来说也很重要。因此，本课程包括确定新业务想法、可行性分析、合适性评估和撰写商业计划等内容。产业界对课程体系的创业精神部分反响良好。

机器人学总是让人感到恐惧和敬畏。虽然我们肯定没有面临阿西莫夫笔下的卡尔文博士所面临的问题，[41] 但是很显然，大规模的自治很可能会以比电力和互联网更深远的方式改变我们的生活，同时也会提出一些深刻的甚至令人不安的挑战。例如，在战场上大规模部署机器人会引发一系列问题，从我们如何将取人性命的决定权转移到机器人身上，到当机器人参与人类的战斗时，勇气和胆量的概念会发生怎样的改变。[42] 工业机器人已经改变了制造业，但成本的大幅下降和性能的提高可能会导致产品成本产生更大的变化。无论如何，机器人工程师必须意识到这些问题，并在设计产品时将这些问题考虑在内。因此，我们明确要求所有学生都需要学习一门关于技术的社会影响的课程。

　　除了上课之外，WPI还要求所有学生在他们的专业领域完成一个大四项目。由于本书在其他章节提供了更全面的描述（参见第八章），所以这里只给出一个简短的概要。对于RBE的学生来说，这个大四项目就是机器人工程的一个顶点项目（见图10.1）。学生通常以2～4人为单位开展团队工作，但也可以进行单人项目或人数更多的团队项目，一名本专业的教师会对项目提供指导，学生需要在项目开始前学习相关课程。项目通常以一个正式的项目方案开始，包括文献回顾、明确的研究路径及设有时间节点的工作计划，以一份报告和面向老师同学的汇报展示结束。许多项目报告最后形成了会议论文，WPI非常重视各个年级的学生合作撰写论文。项目创意包括以下几个来源：教师可能会提供与他们的研究或其他兴趣相关的主题，行业经常会提供项目支持（以项目费用来换取独家使用特权），学生可以在教师的批准下探索自己对项目的想法。行业提供的对接项目特别有价值，因为对接方可以近距离观察潜在的未来员工，还可以有机会实施一个没有合适员工投入的小型项目。学生也很享受这种经历，在这个过程中，他们发现自己已经为未来的就业或读研做好了准备。在RBE课程计划推出之前，来自不同专业的学生就已经在共同开展机器人项目，如太阳能电池/可充电燃料电池供电机器人项目和屋顶检查机器人项目。

图10.1　机器人顶点项目剪影

　　在图10.2中，我们以饼状图的方式展示了RBE课程体系的各组成部分，以便读者更清楚地看到各组成部分的比例。

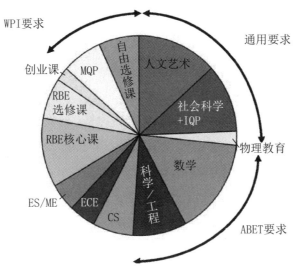

图 10.2　REB 本科生课程计划

注：ES 代表工程科学，包括静力学、应力分析和动力学；ME 代表机械工程，RBE 代表机器人工程，CS 代表计算机科学，ECE 代表电子和计算机工程，IQP 是等同于 3 门课程的大三项目，MQP 是等同于 3 门课程的大四项目，ABET 要求是指 ABET 所要求的一年期的数学和科学课程。

### 三、课程安排示例

虽然 RBE 课程计划满足了 WPI 对课程灵活性的期望，但它要求学生仔细规划自己的课程以满足所有的毕业要求，并及时在各课程开课时修读相关必修课。需要注意的是，大多数学生的课程安排在一定程度上都会有所不同，表 10-1 展示了一名大二学生的课程安排，他正在修读导论课程，紧接着即将修读统一的机器人课程。

表 10-1　工程类专业某大二学生的课程安排

| 年份 | A 学期 | B 学期 | C 学期 | D 学期 |
|---|---|---|---|---|
| 大一 | 数学 1021<br>物理 1110/1<br>人文艺术 | 数学 1022<br>人文艺术<br>机器人学 1001 | 数学 1023<br>人文艺术<br>计算机科学 1101 | 数学 1024<br>电子和计算机科学 2022<br>物理 1120/1 |
| 大二 | 机器人学 2001<br>计算机科学 2022/数学 2201<br>工程科学 2501 | 机器人学 2002<br>人文艺术<br>计算机科学 2223 | 人文艺术<br>电子和计算机科学 2801<br>数学 2621 | 数学 2051<br>人文艺术<br>社会科学 |

续表

| 年份 | A 学期 | B 学期 | C 学期 | D 学期 |
|------|--------|--------|--------|--------|
| 大三 | 工程科学 3011 | 社会科学 | RBE 选修课 | 计算机科学 3733 |
|      | 机器人学 3001 | 机器人学 3002 | RBE 选修课 | RBE 选修课 |
|      | IQP | IQP | IQP | RBE 选修课 |
| 大四 | RBE 选修课 | 自由选修课 | 自由选修课 | 社会影响 |
|      | 创业教育 | RBE 选修课 | RBE 选修课 | 自由选修课 |
|      | MQP | MQP | MQP | 自由选修课 |

# 第四节　评　估

RBE 课程计划推出的时间很短，虽然我们打算通过不同的方法对其进行评估，但是目前还没有足够的可供分析的数据。最关键的问题在于：学生们对此感兴趣么？这个问题似乎已经得到了肯定的回答（参见下面的讨论）。显然，这是我们在课程计划开发阶段最感兴趣的反馈。我们还收到了关于新课程的正式（学生评价）和非正式反馈。大部分反馈都是正面的，虽然也有很少的负面反馈。其中最有趣的，同时也是我们正在研究的反馈是，学生们渴望看到机器人的应用可以紧密融入所有课程材料。过去工程科学通常以抽象的方式教授，要想实现工程科学的情景化属性还需要一些时日。

自从 RBE 专业推出以来，RBE 1001、RBE 2001 和 RBE 2002 等课程已完成了多次授课，期间还进行了一些课程调整。RBE 3001 和 RBE 3002 在 2008—2009 学年首次开课。学生的评价表明，学生普遍对课程具有很高的满意度，尤其是对 RBE 1001 和 RBE 2002 两门课程（在 5 级量表中，总体上均超过了 4 分）。RBE 2001 的评分一直很高，但略有下降。与预期一样，学生们对课程的总体满意度通常与学生对教师的评价密切相关。他们还被问及在这门课上所投入的时间，相当一部分学生每周在这门课上花费的时间超过 21 小时。平均来看，学生用在 RBE 2001 上的学习时间比例是最高的，这表明对该课程总体满意度较低的原因在于学生认为这门课的工作量比其他同类课程要高。

2008 年和 2009 年的夏天，我们两次召集所有参与 RBE 课程计划的老师共同对该计划进行评估，并将主要关注点放在了统一的机器人系列课程的内容和结构上。虽然我们已经确定并解决了一些操作性问题，但在审查过程中并没有发现课程计划存在任何重大缺陷。出现的主要问题多与学生的多样化背景有关，因而需要建议学生尽早选择课程，以补足他们相对薄弱的领域。例如，许多参加这个课程计划的学生本身就有一些编程背景和使用 CAD 系统的经验，没有这些背景的学生则需要参与一些提升相关必要技能的课程。

## 第五节　学校影响力

对于像 WPI 这样的私立大学来说，具备吸引大量高素质学生的能力是十分重要的。学校长期支持 FIRST 和其他机器人比赛，即便在推出 RBE 课程计划之前，WPI 就有专门的人员来提供这些支持。机器人课程计划的推出其成功也需要获得一些额外的支持，截至目前，学校已经聘请了一名技术人员、一名没有终身执教却在课程开发和指导上投入了大量时间的长期跟踪指导人员及两名新进教师。然而，大部分的课程开发和教学工作量由 RBE 对接学系的教师承担，这些对接学系通常采取战略性招聘方式来完成这些工作。

我们已经认真评估了 RBE 课程计划的推出对 WPI 整体招生情况和那些支持 RBE 计划的相关专业的影响。尽管该计划从 2006 年春季才开始启动，2007 年秋季进入 WPI 的学生便有机会选择机器人工程作为主修专业。然而，需要注意的是，学生在进入 WPI 后并不需要选择一个特定的主修专业（很多学生在入学的时候就没有选择），大多数学生会在第一学年快结束时选择特定的主修专业。表 10-2 展示了 2007 年秋季和 2008 年秋季选择 RBE 课程计划、计算机科学、电子与计算机工程及机械工程专业的学生人数。此外，2007 年和 2008 年 WPI 入学总人数为 808 人和 918 人，其中对工程感兴趣但未表明自身专业的人数分别为 140 人和 167 人。一般来说，秋季学期还有大量学生没有选择专业，其中很多人会在大二初选择机械工程专业。2007 年秋季，在 RBE 计划刚刚推出的时候，RBE 的学生人数相对较少，但随着学生们开始选择专业，RBE 的学生人数开始迅速增长。到 2008 年秋季，REB 已经有 47 名大二学生，此外，还有一些大三和大四学生转到了 REB 专业。

表 10-2　WPI 2007 年、2008 年秋学期的入学人数

| 专业 | 年份 | 2012 届 | 2011 届 | 2010 届 | 2009 届 |
|---|---|---|---|---|---|
| 机器人工程（RBE） | 2007 | 28 | 7 | 4 | 5 |
| | 2008 | | 47 | 22 | 3 |
| 机械工程（ME） | 2007 | 114 | 99 | 165 | 139 |
| | 2008 | | 131 | 144 | 143 |
| 计算机科学（CS） | 2007 | 75 | 69 | 65 | 57 |
| | 2008 | | 60 | 52 | 59 |
| 电子与计算机工程（ECE） | 2007 | 66 | 71 | 72 | 76 |
| | 2008 | | 79 | 66 | 92 |

注：数据来自 WPI 学籍注册处。

　　虽然我们没有关于这些大三学生来自哪些专业的详细数据，但其他专业的数据表明，他们很可能来自机械工程，因为这个专业流失了 21 名 2010 届的学生，此外，计算机科学和电子与计算机工程分别流失了 13 名学生和 6 名学生。RBE 计划的推出似乎没有影响 2011 届学生的专业选择，电子与计算机工程和计算机科学的学生人数都比上一年有所增加，机械工程的学生人数虽然有小幅下降，但也在正常的人数浮动范围内。虽然表 10-2 展示了每年秋季入学人数的大致情况，但这并不代表大一学生的人数，因为其中许多学生都没有选择专业或者选择了转专业。例如，2011 年秋季入学时，RBE 只有 7 名学生，一年后则迅速增加到 47 名学生。同样的，到了大一学年中期，RBE 2012 届的大一学生已经从 26 名增长到了 68 名（图表中未具体显示）。

　　尽管难以评估 RBE 计划对 WPI 其他工科课程计划招生的主要影响，但我们发现它对总体招生情况的影响是巨大的。WPI 最近计划扩大新生班级规模，目标是招收 800 名左右的 2012 届学生。为了与几所著名的理工科院校竞争生源，通常录取学生人数会远远大于最终入学人数。然而，WPI 采用了相对完善的录取策略和金融帮扶政策来实现录取目标，所以通常能够成功地招收到非常接近目标值的学生数。2008 年，该校入学人数比预期多了将近 100 人，相比于前几年，这些学生的背景更加多样化。虽然背后的原因可能有很多，但毫无疑问的是，原因之一是 RBE 计划的推出及对该计划的宣传极大提升了 WPI 的知名度。

RBE 计划还引发了许多其他校园活动，而这些活动在没有新专业的情况下是不可能出现的。包括在 2009 年秋季举行的由国家科学基金会资助的机器人创新竞赛与会议（Robotics Innovations Competition and Conference），这项活动旨在促进创新性、实用性机器人应用的发明。同时，RBE 专业还推动了一个名为"Rho Beta Epsilon"的机器人荣誉协会的创立。

除了机器人工程本科生学位计划之外，我们最近还推出了一个硕士学位计划，预计不久将再推出一个博士计划。硕士计划是推出本科学位计划的自然延续，一些本科生已经表示有兴趣继续直接攻读一个硕士学位。由于 WPI 聘用的是专门从事机器人研究的教师，博士计划可以为这些教师提供一个吸引学生和开发高水平研究计划的平台。

## 第六节　结　语

WPI 推出机器人工程课程计划主要基于两点考量，那就是学生的兴趣和产业发展的需要。在设计这个课程计划的过程中，我们试图尽可能多地去讨论究竟是什么让学生对工程教育感到兴奋并被其吸引（见图 10.3）。因此，我们很早就开始启动招生工作，并尽可能地使教学与应用紧密相关，将丰富的项目工作和团队合作整合到课程计划中。虽然 WPI 的其他学术课程计划也存在这些要素，但是一个新的课程计划设计让我们有机会重新思考如何将这些要素整合到特定的课程中并对新的课程模式进行尝试。此外，在整个课程体系的设计过程中，我们还必须明确机器人工程本科生学位的知识体系。我们相信，我们遴选出来的内容及为契合四年制学位计划的课程体系结构所做出的妥协，基本上与机器人领域的主流思想相一致。如果有不同之处，可能在于我们将社会关切和创业精神纳入了 RBE 的知识体系。我们认为这两方面对 21 世纪的工程设计来说都是至关重要的，因为这是由未来趋势而不是一所学校的特色决定的。那些能够将理工科知识与技术转化为产品的个人和国家将从智能机电系统中获得经济利益，要做到这一点，技术熟练度是必要的，但仅有这一点还不够，个体还需要具备构思新产品的创造力、产品设计能力及将产品推向市场的欲望等要素。这项新的学位课程计划将为最先进的技术提供坚实的理论基础和实践经验，帮

助未来工程师树立信心，激发他们的想象力，培养他们的创业精神，从而促进
初创公司的建立并创造更多的就业机会。

图 10.3　机器人工程课剪影

我们坚信，机器人工程专业不仅是行业的需要，也是学生们的需要。机器
人课程计划的受欢迎程度似乎印证了后者，而要证实前者，我们需要观察这些
毕业生在职场中的表现。从我们目前收到的行业反馈来看，我们完全有理由相
信，这些毕业生不仅会在机器人行业做得很好，而且能够在其他需要具备实践
经验、跨学科背景和创业精神人才的领域中大放异彩。

# 致　谢

本章内容主要参考了 ASEE 的两篇会议论文。[43,44]

# 参考文献

1. C.M. Christensen, The Innovator's Dilemma: The Revolutionary Book that Will Change the Way You Do Business. New York: Harper, 2003.

2. IFR, Statistical Department "2007: 6.5 Million Robots in Operation World-Wide." press release. Worldrobotics.org: Oct 15, 2008. Available: http://www. worldrobotics.org/downloads/2008_Pressinfo_english.pdf.

3. Disruptive Civil Technologies: Six Technologies with Potential Impacts on US Interests out to 2025. Conference Report, National Intelligence Council, April 2008. Available: http://www.dni. gov/nic/confreports_disruptive_tech.html.

4. FY2009—2034 Unmanned Systems Integrated Roadmap, 2nd edn. United States of America, Department of Defense, April 6, 2009. Available: http://www.aviation-week.com/media/pdf/ UnmannedHorizons/UMSIntegratedRoadmap2009.pdf.

5. L. Greenemeier, "The Year in Robots." Scientific American, sec. News: Technology, Dec 28 2007. Available: http://www.scientificamerican.com/article.cfm?id=2007-year-in-robots.

6. W.H. Gates, III, "A Robot in Every Home." Scientfic American, pp. 58–65, Jan 2007. Available: http://www.scientificamerican.com/article.cfm?id=a-robot-in-every-home.

7. Massachusetts Technology Leadership Council, Achieving Global Leadership: A Roadmap for Robotics in Massachusetts. Feb 2009. Available: http://www. masstlc.org/roboreportfinal.pdf.

8. FIRST, Annual Report 2008. 2009. Available: http://www.usfirst.org/uploaded-Files/Who/ Annual_Report-Financials/2008_AR_FINAL.pdf.

9. KISS Institute for Practical Robotics, "Botball by the Numbers." 2010. Available: http://old. botball.org/about-botball/statistics_and_numbers.php.

10. BOTSIQ, "Bots IQ News." Available: http://www.battlebotsiq.com/news.php.

11. BEST Robotics, Inc. "What is BEST?" 2010. Available: http://www.bestinc.org/MVC/About/

what_is_best.

12. "Robots Contests and Competitions FAQ." Robots.net. Nov 1, 2010. Available: http://robots.net/rcfaq.html.

13. J.J. Craig, Introduction to Robotics: Mechanics and Control. Reading, MA: Addison-Wesley, 1986.

14. P.H. Winston and B. Horn, The Psychology of Computer Vision. New York: McGraw-Hill, 1975.

15. F.W. Lewis, S. Jagannathan and A. Yesildirak, Neural Network Control of Robot Manipulators and Non-Linear Systems. CRC Press, 1998.

16. A. Meystel, Autonomous Mobile Robots: Vehicles with Cognitive Control, vol. 1 Teaneck, NJ: World Scientific, 1991.

17. B. Bagnall, Maximum Lego NXT: Building Robots with Java Brains. Variant Press, 2008.

18. M. Ferrari, G. Ferrari and R. Hempel, Building Robots with Lego Mindstorms: The Ultimate Tool for Mindstorms Maniacs. Rockland, MA: Syngress, 2001.

19. M. Predko, 123 Robotics Experiments for the Evil Genius. New York: McGraw-Hill/TAB Electronics, 2004.

20. D. Alciatore and M. Histand, Introduction to Mechatronics and Measurement Systems, 3rd edn. New York: McGraw-Hill, 2007.

21. D. Alciatore and M. Histand, Mechatronics and Measurement Systems Laboratory Exercises, 3rd edn. Fort Collins: Kinkos Custom Publishing, 2006.

22. S. Thrun, W. Burgard and D. Fox, Probabilistic Robotics. Cambridge, MA: MIT Press, 2005.

23. R. Siegwart and I. Nourbakhsh, Introduction to Autonomous Mobile Robots. Cambridge, MA: MIT Press, 2004.

24. R. Siegwart, I.R. Nourbakhsh and D. Scaramuzza, The Book's Webpage: Introduction to Autonomous Mobile Robots, 2nd. edn. Cambridge, MA: MIT Press, 2011. Available: http://www.mobilerobots.org.

25. WPI Robotics Engineering, "The WPI Robotics Symposium: Engineering the Revolution." 2007. Available: http://www.wpi.edu/academics/Majors/RBE/Symposium/index.html.

26. ABET, Inc., ABET., 2010. Available: http://www.abet.org.

27. J., Margolis and, A., Fisher, Unlocking the Clubhouse: Women in Computing. Cambridge, MA: MIT Press, 2002.

28. J., Busch-Vishniac and, J.P., Jaroz, "Can Diversity in the Undergraduate Engineering Population be Enhanced Through Curricular Change." Woman and Minorities in Science and Engineering, vol. 10, pp. 255–281, 2004.

29. M., Loftus, "Retention is a Big Issue in Engineering Education, and More Schools Are Developing Programs To Keep Students From Dropping Out." Union in the News, Jan 24 2005. Available: http://www.union.edu/N/DS/s.php?s=5017.

30. P.C. Wankat and F.S. Oreovicz, Teaching Engineering. New York: McGraw-Hill, 1993.

31. R.M. Felder, "Resources in Science and Engineering Education." 2010. Several papers available: http://www.ncsu.edu/felder-public/.

32. J.L. Adams, Conceptual Blockbusting, 3rd edn. Reading, MA: Addison-Wesley, 1986.

33. H.S. Fogler and S.E. Le Blanc, Strategies for Creative Problem Solving. Englewood Cliffs, NJ: Prentice Hall, 1995.

34. E. Lumsdaine and M. Lumsdaine, Creative Problem Solving: Thinking Skills for A Changing World. New York: McGraw Hill, 1995.

35. P. Deitel and H.M. Deitel, C++: How to Program, 7th ed. Englewood Cliffs, NJ: Prentice Hall, 2009.

36. R. N. Norton, Design of Machinery. New York: McGraw Hill pm, 2003.

37. G. Rizzoni, Fundamentals of Electrical Engineering. New York: McGraw-Hill, 2008.

38. M. Ciaraldi, E. Cobb, F. Looft, R. Norton and T. Padir, "AC 2009-1161: Designing an Undergraduate Robotics Curriculum: Unified Robotics I and II." ASEE Annual Conference & Exposition, Austin, TX, June 14-17, 2009.

39. W.R. Michalson, G. Fischer, T. Padir and G. Pollice, "AC 2009-1681: Balancing Breadth and Depth in Engineering Education: Unified Robotics III and IV ." ASEE Annual Conference & Exposition, Austin, TX, June 14–17, 2009.

40. G. Tryggvason and D. Apelian. "Re-Engineering Engineering Education for the Challenges of the 21st Century." Commentary in JOM: The Member Journal of TMS, Oct 2006.

41. I. Asimov, I, Robot. New York: Spectra, 1991.

42. P.W. Singer, Wired for War: The Robotics Revolution and Conflict in the 21st Century. New York: Penguin Press, 2009.

43. M.J. Ciaraldi, E.C. Cobb, D. Cyganski, M. Gennert, M. Demetriou, F. Looft, W.R. Michalson, B. Miller, Y. Rong, Professor, L.E. Schachterle, K. Stafford, G. Tryggvason and J.D. Van de Ven, "AC 2008-1048: The New Robotics Engineering BS Program at WPI." ASEE Annual Conference & Exposition, Pittsburgh, PA, June 22–25, 2008.

44. M. Ciaraldi, E.C. Cobb, D. Cyganski, G. Fischer, M. Gennert, M. Demetriou, F. Looft, W.R. Michalson, B. Miller, T. Padir, Y. Rong, K. Stafford, G. Tryggvason and J.D. Van de Ven, "AC 2009-997: Robotics Engineering: A New Discipline for a New Century." ASEE Annual Conference & Exposition, Austin, TX, June 14–17, 2009.

# 第十一章　面向职业工程师的研究生教育

理查德·D. 西森（Richard D. Sisson）

尼古拉斯·A. 加索尼（Nikolaos A. Gatsonis）

## 第一章　引　言

工程既是一门学科，又是一项职业。在本科阶段，我们希望学生能够了解工程师是如何工作的，如量化的严谨性、物理基础、经济现实及物理工件的设计和实现。然而，我们大多数人并不指望本科阶段大约一年半的工程科学与设计学习就能培养出一名职业工程师。事实上，职业工程考试分为两步：第一步是参加工程基础（EIT）考试，第二步是在工程师拥有展现职业能力所需的技能和经验之后参加工程原理与实践（PE）考试。在其他许多领域，如法律、建筑和医学，职业培训的重要部分是在正式的教育环境中进行的，而工程领域的从业者很乐于接受在职培训。

研究生工程教育拥有悠久而辉煌的历史。1863 年，威拉德·J. 吉布斯（Willard J. Gibbs）获得了美国历史上第一个工程博士学位，目前工程博士已占美国博士学位授予总数的 15%。硕士和博士研究生招生（大部分）都呈现稳步上升趋势。表 11-1 比较了 2000 年至 2009 年美国工程学士学位、硕士学位和博士学位的增长情况，很明显，虽然本科生学位的数量有所增加，但研究生学位增长的速度更快。事实上，在 2009 年，美国的学院和大学在每授予 100 个工程学士学位的同时，就会授予 56 个硕士学位和 12 个博士学位。研究生学位的增长，无论是在绝对数量上，还是在同本科生学位数量的比例上，都表明此类学位具有很高的价值，尽管工程职业本身并未强制要求希望从事该职业的学生必须接受研究生教育。

表 11-1　2000 年和 2009 年的工程学位数量 [1]

| 学位 | 学士 | 硕士 | 博士 |
|---|---|---|---|
| 2000 年 | 63820 个 | 30160 个 | 5999 个 |
| 2009 年 | 74387 个 | 41632 个 | 9083 个 |
| 增长率 | 16.5% | 38.0% | 51.4% |

美国的研究生教育，特别是科学和工程领域的研究生教育，长期以来一直都是全世界羡慕的对象。毫无疑问，美国在科学和工程领域的优势在很大程度上归功于其现有的研究生教育体系。然而，随着世界的变化，技术进步和经济全球化呼唤研究生授课方式和研究生各个专业都必须做出改变。新的现实呼唤新的技能，不断变化的学生群体则呼唤新的教育方式。我们在克服技术障碍和降低生产成本方面所取得的成功，将设计挑战转向了管理用户行为和吸引用户体验上，未来的工程师将更大程度上在一个旧有价值创造观念不断过时、新的商业模式不断涌现的世界中工作。正如音乐行业在后来才发现的那样，他们遇到的问题与其说是数字化盗版，不如说是根深蒂固的观念——认为消费者乐于为符合他们愿望的产品付费，iTunes 的成功表明，"便捷"打败了"免费"。[2] 职业工程师必须了解这些现实情况，积极主动地创造具有经济价值的产品和程序。

正如本书在其他章节中讨论的那样，未来，美国将不再享有压倒性的经济优势，21 世纪的工程师将不得不在全球化的公司和市场的竞争环境中工作。同样，职业工程师必须在全球环境中苦壮成长。尽管熟练的技术仍然是最重要的，但职业工程师必须拥有成功所需的大量额外技能。在电影《爱丽丝梦游仙境 2：镜中奇遇记》中红桃皇后对爱丽丝说的一句话用在此处再恰当不过了：

现在，你看，如果你想保持在同一个地方，你必须尽全力前行。如果你想去别的地方，你必须至少以两倍的速度奔跑。

我们坚信，职业工程师必须具备的态度和品质只能通过正式的教育课程来获得。工程教育工作者必须认识到社会对新技能的需求，并设计教育项目，帮助毕业生获得这些技能。尽管不断变化的世界使工程师对所需的各种技能的成功掌握变得越来越重要，但成功工程师所需要的品质长期以来一直受到人们的赞赏。像 IBM 这样的大公司一直在强调对 T 型人才的需求，这些人才在工程和科学领域有深度，在商业和管理领域有广度。自 20 世纪 90 年代末以来，威廉凯克基金会和阿尔弗雷德·斯隆基金会等基金会一直在支持专业硕士项目的发展。这些项目不仅包括在全国各地的大学和学院的传统科学和数学课程，还包括专业培训和实践体验。[3] 美国国会在 2007 年的《美国竞争法案》和 2009 年的《美国复苏与再投资法案》中为国家科学基金会提供了资金，以鼓励在科学、技术、工程和数学（STEM）领域培养新的专业硕士。专业硕士的课程计划得到了如总统科学技术顾问委员会、美国国家科学委员会、美国全国州长协会、美国竞争力委员会、美国商会、美国大学协会、研究生院委员会等美国国家层面组织的支持。[4]

　　理想的研究生课程应该在受教育者由学生向专业人士转型的过程中提供支持。一项研究生课程计划应该包含对广泛学科（如生物、化学、土木工程、机械工程或物理，仅举几例）的学习及对特定主题的深入研究（例如催化、组织工程、钛合金的相变或医疗数据安全）。此外，研究生课程还应该帮助学生为本学科的专业实践做好准备。专业实践要求毕业生成为高效的团队成员和团队领导者、项目负责人、拥有优秀书面和口头表达能力的沟通者、创新者、创业者或者内部创新者、资金筹集者。毕业生还需敏锐地意识到可持续发展和绿色产品的重要性。最后，毕业生应该意识到全球问题和文化问题。这不是一项小任务，与传统的研究生课程相比，这无疑是一场范式变革。

　　硕士研究生教育对学生做好进入工程领域的准备至关重要。然而，它经常处于其他优先事项之间。教学导向的教育院校聚焦于本科生项目，这也是大部分学费收入的来源。研究导向的院校重点关注博士项目，假设（期望）学生毕业后将从事学术或研究工作。在重视硕士教育的院校中，教师可以教授他们最喜欢的研究生课程。这些硕士计划主要用来为大学创造收入，或者有利于教师招收硕士水平的学生辅助研究工作。但前者通常会造成对学生的具体需求缺乏关注，而后者往往导致学生的目标与教师的期望不相匹配。

　　我们认为，提供硕士层次的教育本身就是一个重要的目标，硕士课程计划的设计需要考虑到这些学生的需求。我们还认为，博士生教育对于那些打算从事工程实践的学生及那些渴望从事学术工作的学生来说是至关重要的；因此，博士课程计划应该为这些学生提供最好的教育。一个接受了来自工业或其他部门非研究职位、具有报酬丰厚的博士生，和一个继续从事研究工作职业生涯的学生，两者都是成功的。本章的其余部分，我们将分别对硕士和博士学位进行考察，但在审视工程研究生教育的未来时，两个学位处于同一连续统一体上，需要同时进行考虑。

## 第二节　硕士学位

我们已经讨论了 21 世纪职业工程师面临的挑战。我们的技术不仅更加复杂，工程师工作的环境也更加充满竞争，更加全球化、一体化。因此，人们越来越清楚地认识到，对于那些想从事工程职业的人来说，学士学位是不够的，硕士学位越来越成为职业工程师的实际要求。例如，在杜德施塔特的讨论 [5] 及美国土木工程师协会（ASCE）的建议中，硕士学位成为获取从业执照和进行专业实践的先决条件。[6] 表 11-2 显示了 2000 年和 2009 年几个工程学科的硕士学位授予数量的增长情况，虽然在化学工程和土木工程等一些领域中的增长幅度比较小，但在其他领域中的增长则十分显著。尽管大学会继续提供工程本科生课程计划，但基于数据我们认为，社会对硕士学位的需求将继续增长，学生将越来越希望这些学位的课程计划在设计上能够帮助他们为进行专业实践做好准备。

表 11-2　2000 年和 2009 年工程硕士学位授予数量 [1]

| 硕士学位 | 航天工程 | 生物工程 | 化学工程 | 土木工程 | 计算机科学 | 电子与计算机工程 | 工业工程 | 机械工程 | 总量 |
|---|---|---|---|---|---|---|---|---|---|
| 2000 年 | 709 | 476 | 1161 | 3530 | 3573 | 8321 | 2455 | 3399 | 30160 |
| 2009 年 | 1075 | 1396 | 1084 | 3659 | 5373 | 11699 | 2986 | 4757 | 41631 |

### 一、满足多元学生的需求

硕士（MS）课程计划必须满足四个不同群体的需求：

• 传统的全日制硕士生，将在获得学位后离开学校。

• 本硕连读的学生，即通过一项由本科生平稳过渡为研究生的课程计划，在同一所院校再待一年的本科生。

• 攻读博士学位的学生，他们以学士的身份入学，并希望在攻读博士学位的过程中获得硕士学位。

• 在职学生，他们在学校、线上或者在校外上课。

在这四类学生中，人数增长最快的是攻读本硕连读计划的学生和在职攻读硕士学位的学生，在攻读博士学位的过程中获得硕士学位的学生人数也在增加。在接下来的内容中，我们将讨论确保这些项目的毕业生能够引领 21 世纪发展的具体举措。

（一）本硕连读计划

本硕连读计划使学生能够通过 5 年的学习直接获得硕士学位。尽管一般情况下，本硕连读计划的规则各不相同，但普遍都将高级本科生课程纳入研究生学位课程中，并允许学生在大四的时候开始学习研究生课程。最初，仅有少量学生选择攻读本硕连读计划，但在各院系持续性的努力下，最终取得了不错的成效。例如，机械工程系努力通过每年的信息会议向本科生传递本硕连读计划的理念，并建立简化的招生流程，该流程包括对大四和大五学生的精心规划，并致力于建立一个本硕连读计划的学生共同体，这些努力促使该计划的报名数量从人数极少增加到占大四学生总人数的 1/5。这种增长发生在过去的 5 年里，尽管增长速度已经放缓，但我们相信现在该计划已经达到了一个最佳点，参与该计划的学生已形成了一个共同体，这无疑有助于吸引其他学生的加入。

该计划的发展也引发了一些挑战，其中最重要的挑战来自参与研究生课程的多元化学生群体，他们中既有典型的研究生，也有参加本硕连读计划的本科生。学生技能水平的差异证明，大多数工程技能都是在大四时传授的，因此需要对课程进行微调，从而在大四和大五之间架起一座桥梁。传统的课程计划通常有明确的界限和学生群体，因而对于在传统计划中接受培训和工作的教师来说，本硕连读计划是一次宝贵的经历。对 WPI 而言，本硕连读计划的另一个挑战来自本科生课程（7 周学期模式）和研究生课程（14 周学期模式）安排上的差异。参与本硕连读计划的本科生已经习惯了 7 周学期模式，因而在参与研究生课程的学习时会感到困难。为了解决这些问题，WPI 调整了研究生和本科生的时间表，此外，机械工程系已经开始试行 7 周学期模式的研究生课程。总的来说，我们有充分的理由相信，由于市场将本硕连读的毕业生视为已经充分准备好开展实践工作的职业工程师，因此，本硕连读计划将会继续受到欢迎。

**（二）在职硕士生**

虽然我们预计本硕连读计划会继续受欢迎，但每个本科生都去选择这个计划并继续获得硕士学位是不太可能的。许多人可能会先工作，但他们会发现，自己可以从更高的学位中受益。对于已经工作的人来说，由于经济原因很难参加全日制的学习。幸运的是，在很多情况下，公司会为攻读在职学位提供支持，将其作为福利待遇和挽留策略的一部分。

除了拥有工程学士学位的人，在职的硕士生可能还包括没有工程学背景的学生，或者想要转到不同工程领域的工程师。并非所有的工科院校都愿意提供在职硕士计划，但为在职学生提供住宿能带来显著的经济效益及其他优势，因为这能够提升该大学在这些学生所在公司的知名度，进而带来其他无形的益处，包括本科生的就业和实习机会、研究生的研究和项目机会及教师的研究机会。此外，如果在职学生是从业工程师，那么他们可以把工作中的真实经验带入课堂，从而丰富教师对工程研究生职业生涯的看法。总的来说，为在职研究生提供服务不只是一个营销机会，重要的是，学生不仅会获得一个学位，而且会对这个大学留下良好的印象。

我们认为，在职研究生教育有需求的原因包括：

（1）WPI 的过往成就。企业与职业教育部（the Division of Corporate and Professional Education）在向东北地区的公司推销各项资格证书的计划方面最为成功。

（2）提供成人在职教育的机构数量的增长。工程教育工作者的讨论越来越多地集中在职业工程师硕士学位的重要性上，[7] 在某些学科，如电气工程，[1] 硕士学位的数量已经超过学士学位数量的一半。

（3）证书的显著增长。通常情况下，那些寻求新知识或可能改变职业道路的人最适合这种提供证书的计划。4～6 门与主题相关的课程很可能正是在职生在一个新的或不断发展的领域所需要的。

因此，在职学生的数量和重要性可能会继续增加。对于那些将培养工程专业毕业生作为其使命的院校来说，这是一个不容忽视的市场。然而，在职学生的需求可能与全日制学生有很大差异，包括：

- 他们优先考虑的可能是他们的职业生涯和个人生活。如若冲突，他们可能会放弃接受教育。
- 他们会受到突然的、不可预见的干扰，比如商务旅行，这使他们难以在最后期限前完成任务、上课和参加考试。
- 他们通常只有在晚上和周末才有时间接受教育。

为了吸引在职的硕士学生，大学需要提供有趣且灵活的课程。这些挑战可以通过以下三种方式来解决：

- 学生到校上课的时间可以是白天，也可以是晚上。
- 大学通过远程在线教育提供课程。
- 大学到企业中（通常是学生的工作场所）给学生上课。

有证据表明，教师和学生之间的直接接触仍将是我们提供教育的一个非常重要的组成部分。因此，工程院校不太可能仅仅依靠远程教育的方式向在职人员提供硕士教育。尽管企业与职业教育的模式目前似乎运作良好，并存在相当大的扩展潜力，但在这种模式下，我们无法触及在规模较小的企业中工作的学生，而且这些企业并不具有学生数增长的临界点。因此，我们需要寻找创造性的方式——可能包括灵活和混合的授课模式，使同一个班级中的学生可以采取不同的方式进行课程学习。

大学目前正以多种方式向在职学生提供教育。例如，在 WPI，有几个学系长期以来都是在晚上提供研究生课程，以适应在职人士的工作安排，此外，一些课程计划已经提供了在线课程。

WPI 的消防工程课程计划在满足在职学生的需求方面尤为成功。该计划为远在澳大利亚的学生提供了在校和在线课程（详见本书第十二章）。WPI 中越来越多的学系选择在线上提供研究生课程，或者采用混合的形式，将常规课程录制后提供给无法参加线下课程的学生。目前，出于管理目的，在线课程的内容通常与在校课程有所差异，其表现为在线课程的部分所有权归信息技术部所有。当在线课程面临更大的技术挑战时，这种做法是很必要的，但我们坚信，未来在线课程将很快成为所有课程授课内容的一个必要组成部分。

除了通过晚间课程和在线课程为在职研究生提供服务外，WPI还努力接触那些希望为员工提供现场课程的企业。企业与职业教育部主要将重点放在为劳动力发展提供量身定制的非学分课程。然而，企业与职业教育部也与一些学系合作提供现场课程，这些课程通常被设置为证书课程计划。那些在与学校有合作关系的企业中工作的本科生工程师，可以通过参加一定数量的课程或攻读常规的硕士课程计划获得企业认可的证书。这些课程通常在正常工作时间开设，每周由一位WPI教师前往企业进行一次授课，每次持续几个小时。在很多情况下，证书计划是最终参加硕士学位课程计划的一个前奏。

在开设在职硕士计划的过程中，已经能够观察到一些出乎意料的积极影响。其中最重要的一点是，教师们将自己沉浸于校外环境，并与实践中的工程师们进行交流。这为教师创造了与工业界建立联系的机会，丰富了其教学经验。此外，我们还观察到，这种方式促进了研究协作，使所有参与者都能从中受益（见图11.1）。

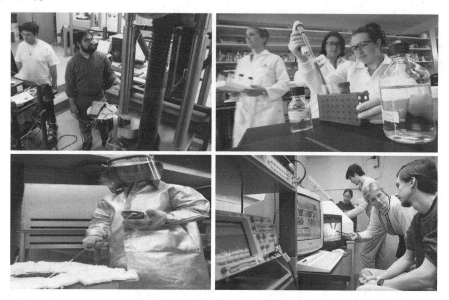

图11.1　在职硕士生项目剪影

## 二、研究生实习

许多大学通过精心设计的工业实习，使研究生能够在一家企业得到暑期工作，从而获得宝贵的经验。在 WPI，消防工程和金属加工这两个研究生课程计划已经将这一体验进行规范化，它不仅为我们的学生提供宝贵的工业经验，而且有助于他们赚取用以支持教育的收入。

这些实习计划具有情境性，其基本理念是为学生提供有意义的教育体验。实习计划在课堂学习和行业体验之间架起了桥梁。与合作教育计划不同的是，实习计划确保了工业实习项目与学生的学业计划相结合。金属加工研究所（Metals Processing Institute，MPI）的实习为研究生教育提供了一种整体性、情境性的教育体验，这是一种新的研究生教育范式。

WPI 的研究生实习计划为研究生教育提供了独特的体验。从学生的角度来看，它提供了宝贵的实践体验。这类似于牙科外科硕士和临床兽医学博士的师徒制实习。它对学生的具体好处包括：

- 学生的专业实践和研究知识在真实的体验中得到加强。
- 临床实践有助于理论和实践的结合，提升教材的实践价值。
- 实习加上硕士学位通常可以算作专业工程师注册的两年经验。
- 在职体验有助于学生建立信心，树立个人目标，并做出职业选择。
- 实习收入大大减轻了学生接受工程教育的经济负担。
- 工作体验通常为确定和形成论文的主题及开展研究生项目提供了良好环境。
- 学生可以接触到校园内没有的专业实验室。

实习计划还为商业企业、咨询公司、政府机构及研究组织等对接单位带来了许多益处，包括：

- 实习计划是成熟工程人才的来源，他们能够在职业工作环境中承担一定角色（所有实习生都至少有学士学位）。
- 学分制的论文和研究生项目工作能够以主办方的利益为导向。这一机制实际上扩大了研究基础，并可在对接单位员工无法触及的领域进行研究。

• 该计划可以帮助对接单位保持新人才的注入。学生和雇主可以对彼此做出早期评估，而无须一开始就签订长期协议。

• 学术和专业领域之间建立了有价值的联系。该计划加强了雇主与新思想、新观点和最新一代技术的联系。

• 该计划促进了 WPI 各项设施的使用和能力的发挥，包括教师的专业知识、实验室和计算机支持能力、软件、数据库和图书馆等。

### （一）消防工程的研究生实习

消防工程专业的学生会参加一个独特的研究生实习计划，他们能够从中获得收入及重要的实践经验。该计划将专业实习和课堂活动相结合，有助于学生获得消防工程硕士学位。实习没有地域限制，而且时间安排灵活，具体的时间表由学生和对接单位共同决定。这对学生和各行各业的雇主来说，是一种双赢的教育方式。

### （二）金属加工的研究生实习

金属加工的课程计划允许学生基于实习经历和课堂活动，获得材料科学和工程学硕士学位。其中，MPI 的实习计划作为有效的衔接工具，推动 WPI 的教师、学生和雇主联结，形成有意义的关系。WPI 负责协调学生和雇主之间的沟通，学校虽然不能确保，但会尽一切努力为每个及格的学生找到合适的实习岗位，最终由企业和学生的直接面谈完成岗位的匹配和选择。在导师和企业代表双方同意的情况下，实习期间的工作可以直接用于完成学生的论文或研究生项目。如有需要，企业的代表可以与两名 WPI 教师一起担任学生的论文委员会成员。

任何实习计划成功的关键都在于学生、对接单位和教师之间的定期交流及评估。对接单位需要根据学校提供的表格来评估学生的表现，学生们也会在执行具体工作任务期间和任务完成之后对实习经历进行评价。

### 三、丰富的内容

同即将入学的本科生相比，攻读研究生学位的学生通常拥有更具体的职业规划。这些规划通常对学生的具体行为起到引导作用。除了保证每个学位课程计划的灵活性之外，我们还推出了一些面向有特定需求的学生的学位。由于研究生层次的教育缺乏认证，同时学校的职责宽泛，这使推出新的研究生学位相对简单，且新学位的推出往往是一种跨越学科边界的好方式。教师们通常更倾向于接受一个新设学位的灵活要求，而不是改变现有学位的要求。一些新推出的学位课程计划具体如下。

#### （一）机器人工程

新推出的机器人工程硕士生计划和博士生计划，要求研究生在管理和系统工程方面获得知识和经验。这一要求可以通过创业、项目管理、市场营销、领导力或创新等课程来实现。这些课程是在机器人工程本科生课程计划成功推出（详见第十章）之后开设的，目标是培养具有成为机器人领域领军人物的背景知识的毕业生。许多专家认为，机器人对我们日常生活的影响可能会比电脑和互联网更大，但要想激发消费者对产品和系统的购买意愿，不仅仅需要技术知识。

#### （二）系统工程

WPI 的系统工程（SE）硕士学位是直接面向行业需求设计的学位之一。根据 INCOSE 的报告，[8] 系统工程是一门工程学科，其职责是创建和执行跨学科流程，确保在系统的整个生命周期内，以高品质、可信赖、高性价比和符合时间表的方式，满足客户和利益相关者的需求。WPI 的系统工程课程计划延续了学校的传统，为学生提供了广泛的课程选择，允许学生定制聚焦于不同行业和不同问题的系统工程学位课程。

WPI 的 SE 课程计划具有在一个复杂产品生命周期的所有阶段，实施结构良好的系统方法的能力，因此受到了国防工业的特别好评。事实上，学校 SE 课程计划的绝大多数客户都是国防、通信、安全和信息技术等领域的大型、知名、高度集成的设计和制造公司。SE 计划的每一个客户通常都希望吸纳更精通该企业特定方法的系统工程师，协助指导极其复杂的工程和信息系统的开发，并通过参与一个短期的 SE 证书计划，使企业中大部分工程师能够理解系统工程师使用 SE 框架的需求，以生产出成功的产品，进而在大型系统合同领域具有竞争力。

虽然该学位目前主要通过企业与职业教育部提供给校外企业群体，但鉴于全日制学生对该学位的兴趣日益浓厚，我们有充足的动力在校内提供这项学位计划。该学位计划的广度和深度也在不断拓展，从系统工程的基础和高级课程到现在涵盖系统优化、系统动力学、可靠性工程、系统集成和测试等领域的专题课程。此外，基于行业的需求和该地区的重要地位，WPI 正计划在软件系统工程中开发一个补充程序。相比于典型的国防、安全、信息产业等传统学位计划，SE 学位是新型硕士学位计划的代表，主要涉及工程领域中不断涌现的高度跨学科和复杂性领域，比如泛在计算与通信、工程项目创新与领导力、机器人与自动车辆及先进医疗设备。

### （三）电力系统工程和电力系统管理

WPI 的电力系统工程（Power Systems Engineering，PSE）和电力系统管理（Power Systems Management，PSM）学位也是研究生工程教育领域中新范式的代表。虽然这两个学位计划的名称可能会让人认为它们类似于电力系统硕士学位计划中的电气工程课程计划，但实际上它们有着很大的不同。

PSM 学位计划最初是为了响应行业对 PSM 证书课程的需求而创建的，该计划面向已成为电力系统工程师并且希望通过接受再培训的非传统工程专业学生，他们所在企业的资助者有能力并期望他们既能成为合格的电力系统设计专家，又能成为工程经理。大部分刚参与该证书课程、而今申请 PSM 硕士学位的人都是电气工程或电子与计算机工程专业的学生，他们没有经过传统的电力系统电气工程专业的训练，或者根本不是电气工程或电子与计算机工程专业的学生（主要是机械、信息、计算机、物理和其他科学或工程专业的学生）。事实上，尽管大多数人已经本科毕业很多年，但他们具有高度的自我激励，愿意通过培训进入一个新的工作领域。PSM 学位的独特之处在于，其必修课程一半来自电力工程领域（电力系统基础、保护、输电线路等），另一半则来自 WPI 的商学院（组织行为学、项目管理、风险管理等专业）。

PSE 学位与 PSM 学位类似，但其重点关注放在电力工程主题，这是经典电气工程项目研究的核心。PSE 学位的课程还包括电力系统瞬态、电力质量基础、电力系统动力学及继电保护的高级应用等科目。参与 PSE 课程计划的学生主要是电气工程或电子与计算机工程专业的本科生，他们在本科时接触电力系统的机会有限，现在他们发现自己既需要获得职业发展的硕士学位，也需要在新的职业领域接受重要的再培训；同时，他们希望继续从事技术工作，并愿意放弃参加 PSM 学位计划中必修的管理课程。

### （四）跨学科硕士计划

目前新的研究领域不断涌现，随着这些领域将创新的研究方式和传统的研究领域相融合，WPI 鼓励引入跨学科研究生课程计划，以满足新的专业需求或学生的兴趣。这种跨学科的硕士计划至少由两名来自不同学系的教师队伍发起，这些教师在一个跨学科领域有着共同的研究兴趣。目前，课程计划包括系统建模、建设项目管理、冲击工程、制造工程管理、电力系统管理和材料系统工程等。需要说明的是，建设跨学科课程计划的门槛要求相对较低，是为了鼓励各个院系都能够推出这些学位。

### 四、专业硕士学位

对专业硕士学位的需求并不是工程学或美国所独有的。WPI 一直站在为学生和数学教师发展数学专业经验的全国性运动的前沿。我们的目标是让学生接触到一些工业问题，这些问题通常是工程师需要依靠数学来解决的问题。[9]2000年，在阿尔弗雷德·斯隆基金会的支持下，WPI 设立了金融数学和工业数学的专业硕士学位。金融数学研究生课程计划旨在让学生们站在 21 世纪金融革命的最前沿。数学和金融、计算实验室、工业实习和项目工作的课程使学生具备在投资银行、证券公司、保险公司和理财公司从事定量化工作所必需的知识、技能和经验。工业数学课程计划旨在通过培养学生的分析、建模和计算技能，为他们在工业环境中的职业生涯提供帮助。这两个计划还培养了学生的沟通和商业技能，旨在为企业界培养成功的专业人才。这些计划包括通过工业暑期实习获得工业经验，这些实习机会由 CIMS 通过其工业合作伙伴和来自当地的工业项目提供。

参加过这些课程计划的毕业生已经全部成功就业。例如，在金融数学课程计划开设的前 10 年，有 36 名学生顺利毕业并获得硕士学位，全部就职于金融行业。尽管数学和科学领域的专业硕士学位在本质上与工程学位不同（例如，没有许可证或者专业证书），但是这类学位要求的非技术技能具有很多共性，因而推出这样的学位课程计划也是为了回应社会对工程硕士计划不断增长的需求。

专业硕士也是博洛尼亚进程的核心，博洛尼亚进程旨在促进欧洲高等教育一体化。这项进程的协议提出建设一个由学士—硕士—博士三部分组成的结构，将此前的 5 年制学位重新拆分为"3+2"或"4+1"模式的学士与硕士学位。我们期望"硕士学位将成为博洛尼亚各签约国几乎所有领域的'本科'教育的首选突破点，无论是在学术导向上还是在职业导向上"。[10]

## 第三节　博士学位

博士生作为从事研究工作的学徒，他们的教育几乎完全是为打算从事研究职业的人设计的。但现实情况是，有相当数量的毕业生会从事非学术性的职业。最近的一项研究显示，美国硅谷 14% 的 CEO 具有博士学位，在其他国家（地区）该数字可能更高。[11]类似的研究还显示，2007 年，在中国台湾新竹科技园园区的 400 家公司，其 GDP 总量占台湾地区 GDP 的 10%，这些公司中有 28% 的 CEO 具有博士学位。在过去的 10 年中，工程博士的数量增长超过了 50%（从 5999 人增长到 9083 人），而所有博士学位的数量增长了约 20%。[1]

自 1904 年起，WPI 一直在开展博士学位的授予工作。传统上，WPI 的博士生接受的是包括高级研究生课程和研究学徒制在内的相当传统的教育。然而，随着过去 20 年博士生课程的发展，教师们越来越关注如何让学生为工作做好准备，因为当今世界已经与他们获得学位时大不相同了。例如，在 2008 年的一次教师创新研讨会上，将创新和创业精神融入博士教育成为一个主要话题。尽管 WPI 还有很多工作需要完善，但已经采取了一些措施帮助博士生为职业生涯做更好的准备。

在材料科学与工程及机械工程系提供的制造类课程计划中，硕士生可以获得的实习机会也同样提供给博士生。这些实习机会为博士生提供了在工业环境中开展大量研究工作的机会。例如，在 12 年的时间里，金属加工研究所有 24 名以上的博士生在工业环境（例如卡特彼勒、空气产品公司、液化空气集团、美国铝业、SPX、史塔克等）中工作。学生们置身于一个可提供工程专业实践体验的环境中，这些实习与医疗行业的实习相类似。

尽管我们还没有对整个研究生课程中的实习计划进行体系化设计，MPI 的骨干教师们已经向研究生教授了关键和重要主题的小模块内容。比如如何阅读和分析企业的年报、影响社会和专业的政策问题、美国国家工程院的大挑战计划和为职场带来的商业机会、职业中的倡导性问题及有关行业中背离社会责任的案例研究。在每周的 MPI 教师会议上，教师们除了进行技术演示和开展讨论外，还会对当前的社会时事话题（来自《经济学人》《纽约时报》等）进行讨论。

我们的研究生课程计划是相当国际化的，有来自希腊、罗马尼亚、印度、中国、美国等国家的学生。去年，在我们每周一次的研讨会上，邀请了学生介绍他们国家的教育体系和特色文化，其内容涵盖了中国音乐、印度神话等。虽然这并不需要改变课程体系的设置，但这些课程确实需要一位教师支持者来确保课程的环境有利于拓宽博士生的思维。

同样，最近推出的机器人工程博士学位就特别要求本专业的研究生要在管理和系统工程方面获得知识和经验，这一要求可以通过创业、项目管理、市场营销、领导力或创新等方面的课程来满足。

到目前为止，我们已经针对学生攻读工程博士学位的准备工作采取了一些温和的改革措施。我们坚信，博士级别的高级工程学位将对那些寻求工程职业实践的学生越来越有吸引力。过去，博士学位只面向那些寻求学术或研究职位的学生，而了解现实世界如何运行的知识充其量只是一种附加内容。未来，每个博士生都必须掌握职业成功所必需的非技术技能。一方面，学术和研究领域的竞争日益激烈；另一方面，作为先进技术的开发者和创业者，博士生将在行业中发挥更大的作用。以下是我们博士生课程计划的具体目标：

- 学科内广泛的技术教育。
- 重点领域的深入技术教育。
- 解决问题和头脑风暴。
- 创新创业。
- 团队合作和领导力。

- 项目管理。

- 口头和书面沟通。

- 行业或实验室实践。

- 可持续性和绿色产品。

- 全球视野和文化意识。

### 一、学科内广泛的技术教育

在传统上，学科内广泛的技术教育由要求学生完成阅读、家庭作业、考试和期末考试的课程。这种方法在传递信息方面是有效的，但在解决实际的、开放式的问题方面却不那么有效。这一重要的学习经验，需要将现实生活问题和团队项目添加到传统的课程设置中。学生需要提交进度报告，说明问题的重要性、问题的定义、解决方案的规划、预期的结果和结果的意义等内容。与本科生课程计划类似，WPI 的研究生经历注重通过团队项目开展以学生为中心的实践学习，具体形式包括团队项目、行业相关的作业和课堂讨论及正式的行业实习等。WPI 的许多研究生课程已经将实际问题和团队项目纳入教学大纲，并正在尝试将教师以项目为基础的本科教学经验融入研究生课程体系。

### 二、重点领域的深入教育

重点领域的深入教育借助一系列课程，以及在导师指导下完成小论文或者毕业论文的方式实现。毕业论文是研究生最重要的学习经历之一，在这个过程中，指导教师就是学生的"师父"，这种师徒关系通常会使毕业生在许多方面与导师非常相似。良好的规划将为学生提供获得专业实践所需技能的机会，使学生在小论文、学位论文或者毕业设计等方面从师徒关系中获益更多。尤其是在毕业设计中，学生将学习和运用解决问题、项目管理、创新和创业的技能，进而完成项目的规划和执行。全球性项目和研究体验为学生提供了在其他国家和文化中生活和工作的机会。

在 WPI，许多小论文、学位论文和毕业设计要么是由行业资助的，要么是关注现实问题的，为学生提供了在重点领域进行深入研究，以及在专业实践所需的关键领域开展体验式学习的机会。

### 三、解决问题和头脑风暴

解决问题和头脑风暴的技巧与方法有利于创新解决问题的方法。学生通过在课堂项目和研究经历中积极参与头脑风暴，以成员或领导者的身份学习这些技巧。

### 四、创新创业

创新创业精神是 21 世纪社会的重要技能（详见第九章和参考文献 12）。我们的学生通过积极参与课堂项目的创新过程、小论文、学位论文和毕业设计来学习创新（如满足顾客的需求）和创业（如创建一个提供和销售产品的企业）的相关技能。团队实践项目的重点是开发满足客户需求的解决方案。在这个过程中，团队需要确定需求、解释他们满足需求的方法、解释通过这种方法满足需求（金融方面和社会方面）的优势，并对竞争情况和替代方案进行分析。这些项目的另一个目标是为新企业制订商业计划。知识渊博的教师和行业联络员是帮助学生通过学徒制习得这些技能的重要导师。

此外，我们还使用了其他非传统的方法。每年春天，WPI 都会举办一个"研究生研究成果日"活动，每个研究生都会准备一张海报来展示自己的研究项目。一个由教师和行业专业人士组成的团队会对海报进行评判。此外，我们还同时举办一年一度的创新展示大赛。研究生需要为他们的项目准备一个 5 分钟的"电梯演讲"，清楚地介绍项目的需求、方法、优势和替代方案。我们会提供在线培训，让指导教师与学生一起筹备 5 分钟的演讲。评委们需要选出 10 个最佳的方案进入决赛。第二天下午，决赛选手将向一个由风险投资家、知识产权律师和企业家组成的评委小组展示他们的作品。[13]

### 五、团队合作和领导力

团队合作和领导力是实践型工程师和科学家需要具备的关键技能。通过积极参与团队项目，学生可以习得如何以团队成员或领导者的身份在团队中开展工作。团队经验很容易在课堂项目和大型的实践项目中获得。我们通过已经在行业和实验室中使用的技术来评估学生的团队工作效率。

WPI 的许多研究生课程和项目都为学生提供了锻炼团队合作能力和领导力的机会。此外，在更大规模研究团队中工作的学生会经常参与团队工作，旨在解决包含实验的设计与分析、模型开发和软件创建等多项任务的大型问题。

## 六、项目管理

项目管理是工程师和科学家的另一项重要技能。有效地计划、分配任务、确定成本和制定时间表的能力对于一个实践型工程师或科学家是至关重要的。包含主动学习的项目管理课程应该成为研究生教育的一部分。学生将在课程项目和实践项目中获得项目管理技能。在一些涉及团队项目的课程中，学生将在规划项目时练习项目管理技能，包括确定任务、制定时间表和进行人员配置；此外，撰写小论文、学位论文和定向研究也可以锻炼学生的项目规划能力。

## 七、口头和书面沟通

口头和书面沟通是工程师和科学家工作的重要组成部分。在法学院，"法律文书写作"是大一的重要课程之一，旨在教会学生如何像律师一样写作。在许多大企业，刚入职的工程师和科学家需要参加"如何撰写企业风格的文本"培训课程。面向工程和科学写作方面的类似课程需要由技术作家、实践型工程师和科学家共同开发。这些课程需要学生在课堂中展示口头沟通能力并对学生的表现进行评估。学生将在课堂上和实践项目的报告和展示中不断磨炼自己的沟通能力。理想情况下，这些报告将由实践型工程师、科学家和教师进行评估。

WPI的研究生有很多机会学习和发展他们的沟通技巧。许多课堂项目都需要学生做口头汇报和书面报告，并从老师和同学那里得到反馈和评论。和大多数研究生课程计划一样，所有的小论文和学位论文都要求进行口头答辩和书面报告。许多学生还与他们的指导教师一起为技术会议和研讨会准备口头汇报，许多学系和课程计划也会在其系列研讨会中提供额外的沟通指导。

## 八、行业或实验室实践

行业或实验室实践只能在现场进行。作为学术计划的一部分，我们努力让每个研究生在企业或实验室实习时都能接触到实践项目。在此期间，学生将应用与专业实践相关的技能技术参与企业或实验室的实践，并融入组织文化。

## 九、可持续性和绿色产品

对于企业来说，可持续性和绿色产品在当下和未来都至关重要，因为客户需要低成本、可持续和绿色的产品。研究生可以在研讨会、选修课和项目中了解可持续发展和绿色工程及绿色科学。

WPI 的一些研究生课程，特别是设计与材料加工课程，介绍了可持续性、绿色工程及绿色科学的概念。课堂项目和家庭作业中经常出现这样一个问题："这种设计或材料是可持续的吗？"继大一新生研讨课上的独特经验之后，WPI正在为研究生开发一个新的重大问题研讨课，研讨课的课程题目是"21 世纪的可持续发展"。这些研讨课通常会邀请教师以独特的方式，聚焦与可持续发展和绿色产品相关的问题并做主题演讲。

**十、全球视野和文化意识**

全球视野和文化意识对任何公司或企业的成功都至关重要。目前，许多产品的设计都跨越了几个大洲，人们在世界各地生产产品的零部件并在一个地方进行组装。因此，管理全球供应链和有效处理文化差异的能力是所有实践型工程师和科学家所必需的。理想情况下，每个学生都有机会参加一个全球性的实践项目。全球性项目和研究经历为学生提供了在其他国家和文化中生活和工作的机会。WPI 作为本科生国际化教育的领导者，在几个大洲都有项目基地，我们正在考虑为研究生提供类似的教育模式。

# 第四节　结　语

我们经常从学术界或者工业界的项目经理那里听到的一个评论是："……刚毕业的学生需要几年的时间才能成为我们小组中富有成效的成员。他们只知道理论，缺乏将其应用到实际问题中的经验。他们不知道如何组织或管理一个项目，而且常常不知道这个项目为什么如此重要，大学在研究生课程中都教了些什么。"在全国各地的许多教育课程中，我们倾向于教授基础知识，并期望研究生在工作、企业、国家实验室或者大学中学习其他重要技能。然而，这种 20 世纪的教育模式已经无法满足 21 世纪的研究、发展和生产需要。亚洲和南美洲的科学和工程课程提供同样的基础教育，培养出的毕业生能够与美国的毕业生竞争，而且教育成本只是美国教育成本的一小部分。为了保持竞争力和满足经济发展的需要，美国的研究生院校需要在继续提供具有深度的技术教育的同时，为学生在新环境下的专业实践做好准备。

研究生课程计划肯定会继续培养攻读硕士和博士学位的全日制学生，就像我们现在提供的课程一样。然而，我们的课程也要考虑到在职学生和打算成为工程领域的高层次人才而不是研究人员的学生的需求。研究生教育必须以学生为中心，教育课程的时间和内容必须迎合潜在学生的兴趣和渴望。和法律、医学一样，工程是一种职业，专业培训必须在研究生阶段进行，这一点也不奇怪。我们相信，以学生为中心的专业硕士学位和博士学位课程为那些愿意提供灵活且富有想象力的课程的大学提供了巨大的机会。

在 WPI，我们已经尝试实施灵活的计划，以满足研究生为工程实践做准备的需要。大多数的课程计划都吸引了大量的学生，这证明了我们需要以灵活的方式设计教育课程。我们需要做的还有很多，无论是我们还是其他人，都还没有完全理解如何将在线学位的灵活性与校内线下课程的质量相结合，我们仍然需要大量的实践和新的技术。同样，我们还没有完全弄清楚如何设计新型的专业博士学位，这种课程计划既能为学生提供行业内高级职位所需的先进技术技能，又能使学生得到与传统研究型博士同样的尊重。当然，WPI 并不是唯一在这些问题上苦苦挣扎的大学。其他大学、资助机构和专业性组织也在思考同样的问题，并尝试提出新的想法。为满足新的需求和机遇而进行的变革将打破教育现状，而且肯定会面临各种既得利益集团的强烈反对。然而，颠覆性的变革通常也是新参与者进入任何领域的机会。

# 参考文献

1. Different sources give different numbers. Here we are using numbers from: M. T. Gibbons. Engineering by the Numbers. ASEE, 2010. Available: http://www.asee. org/papers-and-publications/publications/college-profiles/2009-profile-engi-neering-statistics.pdf. Other sources include: Digest of Education Statistics: 2009. Washington, DC: IES National Center for Education Statistics. Available: http://nces.ed.gov/programs/digest/d09/.M. K. Fiegener, "Numbers of Docto-rates awarded continue to grow in 2009; indicators of employment outcomes mixed." National Science Foundation, NSF 11-305, InfoBrief SRS, Nov 2010. Available: http://www.nsf.gov/statistics/infbrief/nsf11305/nsf11305.pdf.

2. L. Grossman, "The Men Who Stole the World." Time Magazine, Nov 24, 2010.Available:http://www.time.com/times/specials/packages/article/0,28804,2032304_2032746_2032903,00.html.

3. L.B. Sims, Professional Master's Education, A CGS Guide to Establishing Programs. Washington, DC: Council of Graduate Schools, 2006.

4. Science Professionals, Master's Education for a Competitive World. Washington, DC: National Research Council, National Academies Press, 2008.

5. J.J. Duderstadt, Engineering for a Changing World. A Roadmap to the Future of Engineering Practice, Research, and Education, 2007. Ann Arbor, MI: The University of Michigan, Millennium Project, 2008. Available: http://milproj.dc. umich.edu:16080/publications/EngFlex_report/download/EngFlex%20Report.pdf.

6. Academic Prerequisites for Licensure and Professional Practice. ASCE Policy Statement 465. American Society of Civil Engineers, 2001 Available: http://www.neasce.org/pdf/ASCE_Pol_Stat_465.pdf.

7. D. Berkey and B. Vernescu, "AC 2007—2014: A Model for Vertical Integration of Real-World Problems in Mathematics." Proceedings of the ASEE Annual Conference, 2007.

8. A Consensus of the INCOSE Fellows, INCOSE International Council on Systems Engineering, 2010. Available: http://www.incose.org/practice/fellowsconsensus.aspx.

9. P.W. Davis, "WPI Hosts First in Series of SIAM's Regional Math in Industry Workshops." SIAM News, Sept 15, 1998. Available: http://www.siam.org/news/news.php?id=870.

10. C. Adelman, The Bologna Process for U.S. Eyes: Re-learning Higher Education in the Age of Convergence. Institute for Higher Education Policy, April, 2009. Available: www.ihep.org/ assets/files/EYESFINAL.pdf.

11. Y.-S. Chang, T.R. Lin, H.-C. Yu and S.-C. Chang, "The CEOs of Hsinchu Science Park." Research-Technology Management, Nov–Dec 2009. Available: http://findarticles.com/p/ articles/mi_6714/is_6_52/ai_n42262104/.

12. C.R. Carlson and W.W. Wilmot, Innovation: The Five Disciplines for Creating What Customers Want. New York: Crown Business, 2006.

13. WPI, Division of Academic Affairs, "Graduate Research Achievement Days." 2010. Available: http://www.wpi.edu/Admin/Provost/GRAD/.

# 第十二章　整体性研究生教育：消防工程

凯西·A. 诺塔里亚尼（Kathy A. Notarianni）

## 第一节　引　言

世界上几乎所有角落都比 10 年前更加拥挤和发达。在许多地方，人口增长和过度拥挤呈现不断加剧的态势，这使人们的生活环境日益复杂和危险。随着世界各地发展速度的加快，火灾的预防和控制对个人、组织和社会本身都变得越来越重要。教育未来的工程师如何最大限度地减少火灾的破坏潜力这一主题从未显得如此重要。

本书的其他章节清晰地阐明了伍斯特理工学院在工程教育方面的创新，其使命在于帮助未来的工程师和科学家迎接 21 世纪的重大挑战。这些要素在消防工程（fire protection engineering，FPE）的教学方法中体现得最明显。消防工程师必须了解火灾预防和扑灭火灾的技术。此外，他们必须了解法律与监管环境、经济现实，人类作为基础设施的投资者、建设者、使用者的行为模式及在出现问题时作为火灾受害者的行为模式。因此，我们相信，消防工程师身上体现了所有 21 世纪工程师都需具备的要素。

今天，消防安全比以往任何时候都更加重要，而且我们必须降低消防安全的成本。为了满足这些需求，消防工程师必须更深入地理解火的特性和人类的行为。WPI 是在这些方面努力探索的领导者，致力于工程、政策和经济交叉领域的研究。

## 第二节　生死攸关的大事

自从人类开始利用火的惊人能量以来，我们也一直生活在它潜在的破坏性力量之中。火灾造成的损失不仅包括人身伤亡，还包括财产和商业损失。仅在美国，2007年的火灾成本就接近3500亿美元，[1]约占美国GDP的2.5%。

这个惊人的数字包括火灾造成的损失，以及用于防火、保护和减轻的措施等，以防止进一步的损失。已报告或未报告的直接或间接经济损失（财产损失）为186亿美元。保险的净成本（172亿美元）、维持职业消防队的费用（368亿美元）、建筑消防费用（615亿美元）、其他经济成本（423亿美元）、志愿消防队员所付出时间的货币价值（1280亿美元），以及由于火灾造成的伤亡估计费用（424亿美元）等都超过了财产损失。尽管诸如飓风和地震这样的悲剧经常成为头条新闻，[2,3]但每年火灾造成的伤亡人数比其他所有自然灾害加起来还要多。

然而，直到20世纪70年代，预防和应对火灾的科学和工程行为准则还没有得到广泛的实施。在过去的几十年里，为了更好地理解火灾的行为并最大限度地减少其负面影响，教育工作者在工程和科学中应用了来自大量学科的各种理论。于是，消防工程这一领域在学术界诞生了。

## 第三节　悠久的历史

20世纪70年代末，WPI在预防和应对火灾这场运动中发挥了领导作用，并在消防工程领域建立了一个被寄予很高期望的研究生学位课程计划。虽然该计划正式建设于1979年，但WPI早在19世纪就开始为消防运动做出贡献，具体来讲，在1865年WPI成立后不久就开始了。

刊登于1898年的《伍斯特理工学院校报》（*WPI Journal*）的一篇文章是最早将消防工程作为一门学科的文献之一。当时，WPI的1893届学生亨利·卢西恩·菲利普斯（Henry Lucian Phillips）写道："可以肯定地说，过不了几年，科学类院校就会认真考虑这个科目（消防工程），并在学校的课程体系中定期开设这方面的课程。"菲利普斯不知道，81年后，他的母校会成为美国历史上第一所设立消防工程研究生学位计划的大学。菲利普斯还曾担任美国消防协会第七任主席，并在工厂保险协会 [ Factory Insurance Association，后为工业风险保险公司（ Industrial Risk Insurers），现为 GE GAPS ] 中担任早期的领导人。

在菲利普斯发表关于消防工程文章的 10 年后，1888 届的乔治·I. 洛克伍德（ George I. Rockwood）在 WPI 成立了洛克伍德洒水喷头公司（ Rockwood Sprinkler Company）。1892 年，1886 届校友爱德华·B. 沃特金斯（ Edward B. Watkins）创立了新普利斯时间记录器公司（ Simplex Time Recorder Company），该公司后来成为火灾探测和报警系统的世界领军企业。1940 年，1940 届毕业生霍华德·W. 弗里曼（ Howard W. Freeman）加入洛克伍德公司，担任研发部首任负责人。弗里曼在消防设备方面获得了 20 多项专利，其中包括后来发展为美国海军水雾喷嘴的产品。二战期间，这款产品挽救了数十艘海军船只和数千名海员的生命。

菲利普斯、洛克伍德、沃特金斯和弗里曼是 WPI 的四名校友，他们为消防事业做出了巨大贡献。WPI 自从创建了消防工程学位课程计划后，学校便开启了对该领域的深入参与。许多人对 WPI 消防安全课程计划的概念进行了推广，并对这个创新性计划的成功发挥了重要作用。罗伯特·菲茨杰拉德（ Robert Fitzgerald，1953 届毕业生）和大卫·路希特（ David Lucht）在这个课程计划的发展过程中扮演了特殊的角色。菲茨杰拉德是 WPI 土木工程系教授，通过对建筑规范的研究，他对防火产生了兴趣。随着时间的推移，他和其他教师强烈支持在 WPI 建立一个正式的 FPE 学位计划。很快，WPI 就聘请了时任美国商务部消防管理局副局长的路希特担任 FPE 学位计划的首位负责人，以及新成立的消防安全研究中心的主任。

WPI 的 FPE 计划体现了学校独特的教育理念。作为最早的理工科大学之一，WPI 自创建之日起就一直秉承"理论与实践相结合"的精神。1970 年，随着开创性的 WPI 计划的实施，WPI 重新致力于践行这些原则，在 WPI 计划中，所有学生的学习经历都需要大量应用科学和技术来解决实际问题。在现实世界中，没有什么问题比火灾造成的破坏更让人痛心。

这项课程计划目前的使命陈述十分明确："消防工程将努力成为一个蓬勃发展和备受尊重的工程和政策类课程计划，并将在消防安全方面占据重要地位。我们致力于通过教学、学术和多学科合作实现消防工程的转型和推进消防安全政策。"

## 第四节　消防安全领导力的全球化路径

WPI 的 FPE 是一个蓬勃发展的研究领域，因为 FPE 课程计划融合了灵感、世界知名的教学、卓越的学术和工程教育中无与伦比的研究。这是一个具有现实意义的学术学科的大熔炉，是一个在国际上充满活力的学术机构。由于消防工程学系聚焦于全社会面临的专业挑战，而非特定的技术领域，我们的团队由来自工程、科学等不同领域的研究生和教师组成。我们的毕业生拥有各种各样的本科学位，包括机械、土木、化学、电气、环境及机器人工程、物理、化学、数学、计算机科学、建筑、社会科学等方面的专业背景。

目前，我们的国际学生从 40 多个国家来到 WPI，他们通常在毕业后会回到自己的国家，在那里担任消防安全设计、实践、规范和标准制定的高级领导职务。另一些人则在世界各地的教育机构协助建立 FPE 课程计划。WPI 的教育体系是未来全球化和跨文化研究生课程计划的一个典范。实际上，基于在 WPI 获得的知识，FPE 从业人员可以通过以国际个人团队成员的身份开展工作，并且利用他们不同的技能和经验来解决重要的全球性问题。

保护世界免受日益增长的火灾损失，意味着要综合运用工程、数学、管理学、心理学和公共政策等学科来应对这一挑战。我们通过向学生教授法规体系的工作知识，以及如何利用它来提升世界各地的消防安全水平，培养引领世界消防安全的专业人才。

FPE 的学生和教师都有着扎实的学科基础。他们以团队的形式开展工作，运用最先进的研究工具来应对 21 世纪的重大挑战。恐怖袭击的威胁、新合成材料的安全使用及自然灾害的影响等，都是如今 FPE 的学生正在尝试解决的问题。

以往，我们从大量火灾损失中吸取的经验教训，为未来如何采取措施防范火灾风险和破坏性后果提供了依据。在这一过程中获得的知识促进了极其复杂的建筑法规和标准体系的发展，这些法规和标准体系旨在最大限度地提高消防安全和降低风险。然而，随着问题的严重性和规模的扩大，随之而来的是费用问题和在实施这些措施时可能出现的混乱。事实上，大部分控制火灾的财政资金源自为达到国家消防法规所需花费的费用。

FPE 的学生在接受教育的过程中需要进行消防实验和研究。他们对主要工业设施进行风险分析，并就从高层建筑到医院、酒店和体育场馆等各种建筑向建筑师咨询。他们使用最新的基于性能的设计原理来设计安全的建筑物、船舶、火车和其他设施。

消防工程师根据人的行为和保护部件（如消防喷淋、报警系统和烟雾控制系统）设计疏散系统。他们调查火灾和爆炸，并确保各种设施的安全性，如美国宇航局的太空计划及美国在世界各地的军事基地。他们的工作影响了世界各地的消防法规。简而言之，我们的毕业生显著改善了全球无数人的安全和生活质量。

产业界对消防工程师需求的持续增长，为 WPI 的 FPE 毕业生提供了几乎无限的就业机会。高薪工作在企业、政府和行业中比比皆是，包括咨询工程公司、石油化工行业、娱乐业、保险公司、联邦机构、医疗机构、代码执行机构等领域，职位发展的数量总是超过工程师的数量。事实上，区别于许多行业的就业情况，目前 WPI 的 FPE 毕业生失业率仅为百分之零点几。FPE 的毕业生可以在消防设备制造商、政府、保险业、研究实验室、专业协会、消防部门、市政当局和许多其他组织中担任顾问。他们的工作涉及的领域十分宽广，从南极到阿拉斯加的输油管道、迪士尼乐园等。简言之，WPI 的消防工程师正在领导一场全球运动，以创造出一个更加安全的地球。

由于社会越来越关注 FPE，其他相关专业的受关注度也在显著增加。例如，智能建筑和可持续性的进步为防火安全技术创造了机遇和挑战。不断发展的材料技术，如复合材料和纳米技术，让我们产生了进一步了解与火灾相关的威胁、风险、漏洞和机会的需求。

如上所述，火灾每年给美国经济带来近 3500 亿美元的损失，其中很大一部分折射出为了符合国家建筑防火规范所需的成本。我们需要对消防工程及其政策进行研究，以确定如何以更合理的成本提供安全解决方案。与此同时，消防法规和条例也越来越呈现绩效导向。因此，行业和政府需要能够在充分考虑社会成本和效益的情况下完成风险知情设计的消防安全工程师。

# 第五节　WPI 开展 FPE 教育的方式

在高等教育中，"独特"（unique）这个表达经常被过度使用。WPI 的 FPE 教育、研究和合作很好地体现了这个词语的内涵，然而很少有大学可以做到这些。1979 年，WPI 首次在美国建立消防工程硕士学位，它也是目前全国唯一提供 FPE 博士学位的高校。我们的博士研究生与大学里杰出的、国际闻名的教师们携手合作，针对该领域所面临的重要挑战开展研究，创造并传播开创性的 FPE 知识和实践。

FPE 在教学中将校内教学和高级远程学习网络（advanced distance learning network，ADLN）教学无缝结合。我们的五年制课程计划给毕业生提供了机械、电气、土木、化学或环境工程等传统工程学科的学士学位和 FPE 的硕士学位。我们特有的远程学习计划可以让学生获得硕士学位或消防工程专业的毕业证书。

我们认为，学生应该懂得如何应用知识，而不仅仅是明白如何应用事实和理论。我们的本科生和研究生已经准备好迎接 FPE 课程中一些十分困难的挑战。重要的是，他们明白自己的工作如何才能真正对社会和人民生活的改善产生积极影响。无论是帮助设计高楼大厦，还是测试灭火化学品，FPE 的毕业生都能够脱颖而出，因为他们具备了出色的理论基础和实践技能，能够使一个日益拥挤的世界变得不那么动荡和易燃。

这个解决全球重大问题的机会吸引了许多聪明、专注、富有同情心的学生。这个专业通过对科学和工程原理的应用，保护人类及其环境避免遭受破坏性的火灾，它被消防工程协会（Society of Fire Protection Engineering，SPFE）的《SFPE 消防工程手册》定义为广义的工程学科的一部分。[4] 此外，国家职业工程师协会（National Society of Professional Engineers，NSPE）基于专业的职业工程师（Professional Engineer，PE）考试和选定，正式认可了这门学科。

消防工程不仅仅拯救生命和财产，还对美学与建筑设计及美国的竞争力这两个看似相差十万八千里的领域产生了积极的影响。为了解这些影响，WPI 的 FPE 学生仔细研究了消防的历史，对消防和消防工程做了区分。我们的课程使学生能够接触到设计和建筑的交叉领域。许多新建筑都在很大程度上体现了功能和形式的结合，如何在功能和形式的限制下保护建筑免于火灾则变得越来具有挑战性。

一、同步学习

来自附近国家和世界各地的职业从业者和学生，能够在 FPE 课程计划中得到非同寻常的教育机会。我们的同步学习高级远程学习网络（ADLN）为发达国家和发展中国家带来了急需的消防解决方案，同时丰富了在校生和本土学生的教育经历（见图 12.1）。

图 12.1　FPE 课程剪影

学生依托课程、借助共享的在线论坛，在与教师和他人的协作互动中学习。有些人可能坐在 WPI 的教室里，有些人可能在新英格兰或散布在美国各地，还有些人身处异国。在所有的情况下，高级远程学习网络这种教育方式都可以丰富学生的教育体验。学生们经常以团队合作的方式解决重要问题，这些团队跨越了文化、时区、年龄和背景。

其他学校的高级远程学习网络课程与校内课程不同。而在 WPI，有着专业表现的学生团队会把现实世界中独特的问题、观点和技能带到课堂上，并探索了解各种消防安全和国家法规的要求。对学生而言，这种全球化的学习体验远胜于课堂体验。我们的同步学习课程汇集了来自中国、韩国、新加坡、德国、巴西、波多黎各、西班牙、英国、马来西亚、智利及沙特阿拉伯等国家的学生。

WPI 的 FPE 课程计划建立至今，世界各国政府已经认识到派遣其顶尖工程师去美国的好处，无论这些工程师是去到美国还是通过高级远程学习网络的方式，都可以学习相关经验，回到他们的国家筹备并获得资格建立他们自己的学术课程计划、完善消防规范并全面丰富消防安全措施。WPI 的 FPE 同步学习网络在培养培训者方面处于世界领先地位。

### 二、研究生工业实习项目

WPI 特有的毕业生实习计划使 FPE 的学生能够赚取收入并获得重要的实践体验。此外，本科生也可以参加合作教育计划，该计划通过结合实际的实习体验和课堂活动，帮助学生获得 FPE 的硕士学位。

大约 80% 的 FPE 学生完成了实习。事实证明，这种方法对学生、企业和政府机构的雇主及 WPI 自身来说都是一个三方共赢的机会。学生可以在完成一个学期的学习后开始实习，雇主和学生都需要在签订实习协议前互相了解。学生在参加实习计划期间可以保留他们的学生健康保险，并且直到他们完成整个计划的课程之后才需要偿还助学贷款。

学生实习环节使 FPE 课程计划变得更加高效。实习使教师能够与聘用了 WPI 毕业生的企业保持密切联系，并帮助塑造和调整 FPE 计划及其课程内容。在这个过程中，WPI 负责实习计划的协调，学校确认雇主需求，并为他们提供青年人才的简历。在初次接触后，学生和雇主会进行直接交流。实习没有地域限制，时间也很灵活，学生和他们的雇主可以一起制定具体的实习与学习时间表。

## 第六节　WPI 的消防工程：理论和应用的交汇

FPE 课程计划为各种各样的学生提供了学习机会，这些学生涵盖了从高中毕业生和大学毕业生，到拥有多年实践经验的从业者。

### 一、面向高中毕业生的课程

WPI 为高中毕业生提供了一个特殊的五年制课程计划，该计划可以为他们在消防工程领域的职业生涯节省时间和费用。WPI 的毕业生在进入 FPE 就业市场时，会同时拥有一个传统的工程学士学位（如机械、土木、化学、电气等）及一个 FPE 硕士学位。传统工程领域中经认证的学士学位和 FPE 的硕士学位相结合，使 WPI 的毕业生在就业市场上特别具有灵活性。就业市场每年可提供的 FPE 岗位数量远远超过了 FPE 的毕业生数量，这为学生提供了广泛的职业选择和极具竞争力的薪资待遇。

### 二、面向在校大学生的课程

已经在工程、科学或工程技术等专业就读的本科生可以在他们所在院校完成学位课程后，申请 WPI 的 FPE 研究生；已经在其他大学就读的学生可以转学到 WPI，完成本科和 FPE 硕士课程并获得学位。我们鼓励这些学生在校内其他学院选课的时候向我们寻求帮助，以便为他们参加 WPI 研究生课程计划做最好的准备。

### 三、面向大学毕业生的课程

许多学生在获得工程、科学或工程技术的学士学位后，继续攻读 FPE 的硕士学位。这些学生可以在短短 12 个月内完成课程，获得 FPE 硕士学位。已经在其他工程或科学领域获得硕士学位的学生，可以报名参加博士课程计划或攻读第二个硕士学位。经学系批准，学生最多可以将其在另一所大学修读的 9 个学分的研究生课业工作量转过来。

### 四、硕士

FPE 硕士课程计划是消防工程和政策领域的高水平研究生计划，全日制在校学习或远程在职学习具有同等效力。该计划旨在培养行业领袖所必需的批判性思维。无论学生的职业目标是参与工程实践还是研究工作，该计划都可以根据学生个人的职业目标进行灵活调整。取得硕士学位需要完成 30 个学分的学习任务，任务要求中可以有论文，也可以没有论文。

值得注意的是，WPI 的同步学习计划使硕士生能够高度灵活地安排自己的

241

课程表，使校内教学和高级远程学习网络教学实现无缝集成。例如，一个本来打算以高级远程学习网络方式参加学习的学生，可以来到校园继续学习，甚至可以在课程进行到一半的时候转换学习方式。同样，最初在校内学习的学生可以在进行实习或工作后，转到高级远程学习网络课程中，而不必突然中断课程学习。

### 五、博士

WPI 于 1991 年建立了 FPE 博士学位。博士学位要求在硕士学位的学分之外再修 60 个学时，其中包括至少 30 个学时的论文研究任务。硕士学位修读的专业可以是消防工程或其他传统学科。

### 六、企业与职业教育

企业与职业教育（Corporate and professional education，CPE）通过增加从业工程师获得参加研究生课程的机会，促进和支持 FPE 的硕士课程计划。CPE 还为相关从业者提供了一个途径，通过大量的教育和外拓活动，提高他们的消防安全、工程和政策知识。

消防工程毕业证书：该证书表示证书持有者完成了 4 门与消防工程相关的课程。如果该生后续被硕士计划正式录取，这些学分可以用于攻读硕士学位。

消防工程高级证书：该证书专为已获得硕士学位的学生设计，表示证书持有者已经完成 5 门与消防工程相关主题课程的学习。如果学生以后被正式录取攻读研究生学位，这些学分可以用于之后的硕士或博士学位计划。

## 第七节　FPE 的教材和资料

20 世纪 70 年代末，当 FPE 成为 WPI 的一个学系时，世界上几乎没有关于这个学科的教科书。从那时起，FPE 系的教师为支持这个以问题为中心的新学科贡献了大量消防方面的文献。

例如，这个领域的开创性著作包括由米查姆（Meacham）教授和理查德·库斯特（Richard Custer，已退休）教授合著的《基于性能的消防安全工程导论》（*Introduction to Performance-based Fire Safety Engineering*）；扎洛什（Zalosh）

教授和普乔夫斯基（Puchovsky）教授合著的《工业消防工程》（*Industrial Fire Protection Engineering*）。[5]普乔夫斯基（Puchovsky）教授最近与人合著了《自动喷水灭火系统手册》（*Automatic Sprinkler Systems Handbook*）[6]，并共同编辑了《消防泵手册》（*Fire Pump Handbook*）。[7]诺塔里安尼（Notarianni）教授、米查姆教授和普乔夫斯基教授都曾在《SFPE 消防工程手册》（*SFPE Handbook of Fire Protection Engineering*）中撰写部分章节。[4]同样值得一提的是，苏格兰爱丁堡大学的道格·德赖斯代尔（Dougal Drysdale）教授于 20 世纪 80 年代在 WPI 休假期间撰写了他的代表作《火灾动力学》（*Fire Dynamics*）[8]，并在他任教于 WPI 期间，对书中每个章节的内容开展了教学测试。

## 第八节　研究和学术

FPE 的教师在广泛的研究和实践领域享有来之不易的国际认可。我们目前有 6 名专职教师，分别拥有化学、电气、机械、土木、航空航天工程和物理学背景，其中两位教师还拥有公共政策和风险管理的高级学位。

在 WPI，FPE 的特色研究领域包括：

火灾模拟实验室专门用于计算机在消防工程和研究中的应用。研究活动包括建筑物和车辆火灾的计算流体动力学建模和火焰蔓延模型的开发。该实验室由尼古拉斯·登布西（Nicholas Dembsey）教授领衔，他是全球火灾动力学和火灾模型应用研究的领导者。实验室成员正在开发一项新技术及其指导文件，以供从业工程师测量材料的防火性能。这项工作将使工程师能够更准确地预测火灾行为。其他项目关注材料问题，这将使从业工程师能够更准确地预测水和材料在灭火中如何相互作用，以及火焰如何在不同材料上蔓延。这项工作有利于在建筑环境中开发更有效和高效的设计，并以此作为更加完善的法规政策的基础。在注重成本的世界中，这项工作的研究成果将有利于进一步保障生命和财产安全。

阿尔伯特·西蒙尼（Albert Simeoni）教授专注于理解和预测野火。该研究致力于理解、建模和模拟野火，特别关注燃烧、热量和质量传递。这些研究的应用旨在开发用于扑灭野火和改善土地管理的科学工具。他和他的学生致力于开发实验和分析技术，以更好地了解火灾动力学，并预测不同条件下的火灾形势。随着人口增长，城市与荒地界面逐渐出现问题，这类研究也变得越来越迫切。

燃烧实验室的成员在阿里·兰格瓦拉（Ali Rangwala）教授的指导下，研究与消防安全相关的基本燃烧特性。目前的研究项目主要集中在燃烧和防爆领域，包括煤尘的自热效应、汽油罐的易燃性、互相关测速、易燃粉尘的层流燃烧速度。鉴于现有的安全标准没有考虑在工业环境中材料的全部可燃性，也没有提供环境中有害粉尘积累的准确测量，因此，实验室研究的是有关燃烧特性的复杂问题及如何更好地预测火灾和爆炸危险。实验室正在开发的可能拯救生命的项目包括识别烟雾存在、速度和流向的新方法和技术。一旦这项新技术投入使用，隧道、高层建筑和地下交通系统将会变得更加安全。其他项目包括开发基准测试，可以用于更好地理解预混粉尘与空气混合物中点火和爆燃的物理特性。

## 一、法规政策、风险和工程框架

历史上，建筑法规是为了应对灾难性事件而制定的。如今，人们更加关注如何在各种事件中获得有关这些建筑物性能及其承载人员表现的基本知识，并制定符合社会对建筑物安全和性能期望的法规，从而根据关键需求更好地分配资源。米查姆教授致力于研究开发提高公共安全的新方法。这项工作会对美国国内外负责制定建筑法规的决策者产生影响，同时也需要与负责制定法规政策的政府机构密切合作。米查姆撰写了很多相关文献，是国际公认的风险指引和基于性能的设计与管理领域专家。

如今，消防员越来越多地充当紧急医疗呼叫、民事紧急情况、恐怖主义威胁和危险品材料事件的第一响应者。因此，关于消防员的安全和政策正在受到越来越多的关注。诺塔里安尼教授领导的一个研究小组正在进行一项长达数年的研究，以确定最佳的程序标准和资源分配方案，从而大大减少消防员和民众的生命和财产损失。该团队正在与400多个消防队合作，收集整理每个消防队的详细人口统计数据及涵盖消防队数十万人员的救火部署和结果信息的数据库，并基于这些数据进行统计分析。这项研究是与国际消防员协会（International Association of Fire Fighters）和国家标准与技术研究所（National Institute of Standards and Technology）合作开展的。

WPI另一支团队由电子和计算机工程系、生物医学工程系和消防工程系的教师和学生组成，他们正在开发一个综合监控系统的最后部分。该系统旨在减少消防员的伤亡，它可以在三维空间中精确定位和跟踪建筑物内的消防员，并持续监测他们的生命体征。系统会在消防员因压力过大而存在心脏病发作风险时向火灾事故指挥官发出警告，还会获取建筑物内从地板到天花板的温度读数，为即将发生的闪络提供预警（闪络现象会在瞬间夺去人的生命[9]）。

除了上述重点领域的研究外，FPE学生还有机会在最先进的火灾科学实验室进行基于课程的研究和其他独立的研究，该实验室支持火灾动力学、燃烧与爆炸现象、探测及火灾和爆炸抑制方面的实验。此外，实验室配备了火焰传播设备、锥形量热仪、红外成像系统、相位多普勒粒子分析仪和室内量热仪，还带有相关的气体分析和数据采集系统。增压降压舱实验区域支持水基灭火和示范项目，该实验室既是教学设施又是研究设施，可以同时为本科生的项目开展及研究生在消防工程、机械工程和相关学科领域的研究工作提供服务。

消防工程系长期以来吸引了来自行业的外部专家和从业人员与学生一起开展合作，其目标是帮助学生认识到他们可以通过新的或改进的消防安全问题解决方案，通过开发新的产品、服务或设计方法，以及通过影响法规政策，为他们当前和未来的雇主、顾客和委托人带来价值。今天，实践型教授普乔夫斯基扮演了这一重要角色。普乔夫斯基教授长期致力于WPI的研究和工程理论，以及面向更广泛的实践和政策的课程体系等工作。他拥有超过20年的行业经验，具有真实世界的视角，这使他能够将类似一个执业消防工程师在现实生活中承担的各项任务结合起来。

# 第九节 结 语

随着世界变得更加拥挤和复杂，火灾造成死亡和破坏的风险也在增加。WPI的消防工程系在寻找更成功、更经济的工具和技术以避免火灾发生这一领域处于世界领先地位。

FPE课程计划自1979年建立以来，已经有超过400名毕业生。这些受过良好教育的毕业生每天都在世界各地从事拯救生命和保护财产的工作。FPE是一个极好的例子，它出色地展示了 WPI 是如何帮助学生准备好应对工程和科学领域有趣的挑战，以及一些最紧迫的挑战。这些努力促成了一门学术课程的建设，该课程将理论和实践融合在一个令人兴奋的、触及全球数十亿人生活的真实世界中。

在 1979 年之前，很少有大学开设 FPE 课程计划。因此，在此之前几乎没有 FPE 的教材或课程。我们在这一领域的主要贡献之一是出版了 FPE 的教材，这些教材被公认为是该领域教材的原始模板。WPI 的 FPE 课程计划则可以作为全球学术课程计划的典范。

FPE 是一个真正的多学科团队。FPE 的教师和学生都来自世界各地，他们的学术背景几乎涉及工程、科学等各个领域。我们深信，通过吸引世界各地最优秀的学术人才，我们创造出来的学术环境能够涵盖对消防工程至关重要的各种观点。

我们每天都在努力，希望继续建设成一个更好的学系。30 多年来，多学科的创新、卓越和协作已成为我们的一张名片。我们完全可以预见，在未来几年里，我们的学生、教师和研究伙伴将在这一优秀传统的基础上再接再厉，WPI 的消防工程真正可以让世界变得更加安全。

# 参考文献

1.　J.R. Hall, "The Total Cost of Fire in the United States." National Fire Protection Association, Fire Analysis and Research Division, March 2010. Available: http://www.nfpa.org/assets/files/PDF/totalcostsum.pdf.

2.　M. Ahrens, "Smoke Alarms in U.S. Home Fires." National Fire Protection Association, Fire Analysis and Research Division, Sept 2009. Available: http://www.nfpa.org/assets/files/PDF/OS.SmokeAlarms.pdf.

3.　"Natural Hazards—A National Threat." Fact Sheet 2007-3009. U.S. Geological Survey, Feb 2007. Available: http://pubs.usgs.gov/fs/2007/3009/2007-3009.pdf.

4.　SFPE Handbook of Fire Protection Engineering. Quincy, MA: National Fire Protection Association, 2002.

5.　R.G. Zalosh, Industrial Fire Protection Engineering. Hoboken, NJ: Wiley, 2003.

6.　C. Dubay and M. T. Puchovsky (eds.), Automatic Sprinkler Systems Handbook, 9th edn. Quincy, MA: National Fire Protection Association, 2002.

7.　K.E. Isman and M.T. Puchovsky (eds.), Fire Pump Handbook. Quincy, MA: National Fire Protection Association, 1998.

8.　D. Drysdale, An Introduction to Fire Dynamics, 2nd edn. Hoboken, NJ: Wiley, 1999.

9.　Worcester Polytechnic Institute, "A High Tech, High Stakes Game of Hide and Seek." News Releases 2010—2011. Available: http://www.wpi.edu/news/20101/locationworkshop.html.

# 第三部分

# 成果与启示

PART 3

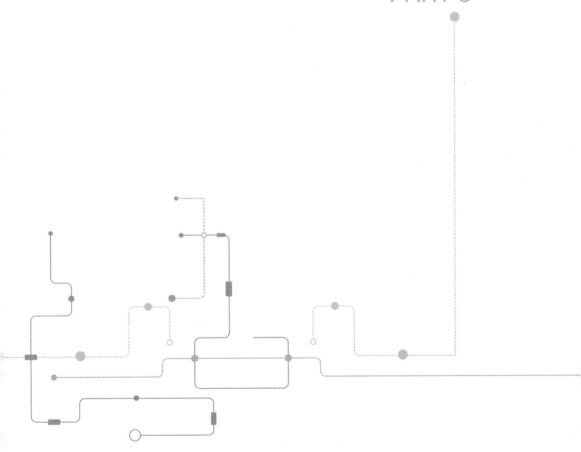

# 第十三章　基于成果的项目中心式教育体系：40年的经验启示

约翰·奥尔（John Orr）

## 第一节　引　言

20世纪60年代末，当各国登月竞赛达到高潮时，WPI的教师认为学校的教育方式需要进行彻底的改革。他们在报告中认为：

> 在全国范围内，越来越多的人感到许多科学和工程教育工作者过于关注一种狭隘的专业主义，以至于他们无法对周围令人不安的迹象做出充分反应。十多年来，我们看到高中生对工程的兴趣下降了，工科学生的幻想开始破灭；我们听到了很多强调科学和工程与人们的需要相联系的重要性的言论。国家领导人撰写了许多文章，他们对当前教育缺乏对工程人才的关注表示遗憾，并一再指出需要培养具有人道主义精神的专业人员。目前人们普遍认为，需要对科学家、工程师及那些愿意与他们一起工作的人的培养方法进行根本性的改变。[1]

离发起不到一年，在1970年5月10日，WPI计划就交由WPI全体教师投票表决，结果92票赞成，46票反对，3票弃权。虽远未得到一致认可，但还是得到了强有力的支持，WPI开始在美国高等教育中实施一场更加根本、更为深远的变革。前几章已经描述了这个系统的重要组成部分，但是拆开看每个部分都无法充分描述这次转型的规模。该校规划委员会的教育哲学可以概括为："从开始接受本科教育，WPI的学生就应该证明他拥有自学能力，能够将学习转化为有价值的行动，并且完全了解基础知识、技术进步和人类需求之间的相互关系"。[1] 在这句话的基础上进行适当的修改，即同时考虑到不同性别的学生，便可以继续用来指导 WPI 的学术项目。这个简单的主张催生了日后该校革命性的学术结构：

- 没有必修课。
- 没有不及格记录的非传统评分体系，除非在极个别情况下。
- 每学年有 4 个各 7 周的学期，而不是 2 个学期。
- 将 3 个重要项目纳入学位要求。
- 对学生进行持续多天的针对专业领域的口头及书面考试，以此作为毕业要求。

WPI 计划目前的实施情况已经在第四章进行了说明。截至目前，WPI 计划已有 40 年的历史，我们有必要审视一下哪些方面运行良好、哪些方面被修订、哪些方面需要被替换。同时，从整体上评估这种工程教育方式是否成功也有着很重要的意义。

在拥有了 40 年的经验之后，有大量的证据表明，WPI 计划是一种可实现、可持续、迷人、灵活和有效的本科工程教育的实施方法。上述每个方面对于任何一个教育系统都很重要，本章将在 WPI 的背景下详细介绍其中的每个方面。

本章对过去 40 年来 WPI 的工程教育方式进行了概述。从这段经历中我们得到了不少经验启示，并将在本章中对其进行重点阐释。

让我们回顾一下我们所学到的最重要的经验：重大的变革不是一件容易的事，但它仍然是有可能实现的！

## 第二节　教育计划的有效性评估

### 一、我们完成了既定的教育目标吗？

毫无疑问，关于教育改革最普遍的问题是："它有效吗？"一个与之相关的问题是："它比它所取代的传统教育方式更好吗？"这些问题有两个含义：第一，教育系统是否"有效"招收了那些能够成功毕业且流失率相对较低的学生，并且由能够将教育计划的执行成本控制在可承受范围内的教师负责教授？第二个内涵则更加简洁：教育目标实现了吗？这些目标是否有利于实现我们对学生毕业后的期望成就？在过去40年里，WPI的招生数据、教师招聘和留用、毕业生就业以及财务状况都表明，WPI计划确实代表了一种可行的工程教育方式。我们需要对该计划的教育成就进行更为详细的调查。

学生和教师可能会很享受这个计划，但是我们需要采用更实质性的评估措施。在高等教育环境中，定量衡量教育成果是相当困难的。我们已经对WPI计划进行了各种形式的评估：

　　•由外部评审人员对整个教育项目进行定性评估，如国家科学基金会报告"重构本科科学教育——NSF—WPI项目咨询委员会进行的总结性评估"。[2]

　　•与NSF资助报告类似的同行对比报告，如"WPI计划对学生和毕业生的影响"。[3]

　　•跨学科研究项目（IQP）计划的外部审查。

　　•ABET、AACSB和NEASC的认证审查。

　　•学生和校友调查，包括NSSE、EBI和Noel Levitz的内部调查和第三方调查。

　　•学生焦点小组。

此外，基于同其他机构中具有相似背景和潜力的毕业生的客观数据对比，如就业结果和研究生院录取结果的对比，可以证明这项教育计划是十分成功的。本节将总结主要的总体评估活动，特别强调对跨学科研究资格项目的评估，这个项目可以说是WPI计划中最独特的一个方面。

## 二、整个本科计划的外部同行评审

### （一）美国国家科学基金会

对WPI计划的同行评审始于1972年国家科学基金会提供的73.3万美元支

持，后来增加到 120 万美元（考虑到通货膨胀，相当于 2009 年的约 640 万美元）。从 1972 年到 1975 年，NSF-WPI 顾问团每年至少对 WPI 走访 2 次，并于 1975 年 7 月发布了最终报告。[2] 小组成员包括：

- 李·哈里斯伯格（Lee Harrisberger），得克萨斯大学帕米亚盆地分校科学与工程学院院长。
- 布鲁斯·马兹利什（Bruce Mazlish）博士，麻省理工学院人文学科系主任。
- 乔治·帕克（George Pake）博士，施乐公司副总裁。
- 肯尼斯·皮查（Kenneth Picha）博士，马萨诸塞大学阿默斯特分校工程学院院长。
- 尤金·里德（Eugene Reed）博士，贝尔实验室执行主任。
- 大卫·瑞斯曼（David Riesman）博士，哈佛大学亨利·福特二世社会科学研究中心教授。
- 约翰·威纳里（John Winnery）博士，美国加州大学伯克利分校电气工程教授。

这些专家小组的每一位成员在提出建议和结论时都采取了不同的，有时甚至相当个人化的方法。我们在这里强调了其中可能对其他机构产生启示的方面。

评估小组一致认为 WPI 在有限资源的约束下，所实施的这一具有开拓性的、雄心勃勃的本科教育方式非常成功，这也证明了大型的变革项目是可以成功的。正如哈里斯伯格博士所说："它非常好地实现了三年的目标。执行方面的问题得到满足和解决，并且几乎没有在目标上打折扣。"同时，他警告道："大学还没有将此项目制度化，并配置资源以适应其成本和需求。这就像给一个家庭买了一头宠物大象，却不给它提供它每天必需的一吨干草。"自计划制订以来的 24 年里，WPI 已将该计划制度化，并分配相关资源以支持计划运转。这个过程并不容易，但它的成功表明了寻找所需资源的显著价值。用哈里斯伯格博士的话来说："该项目的初具成效表明一个管理得当、构思良好并拥有雄厚外部支持的计划是可以成功的。国家科学基金会这笔花销产生了应有的价值。"

综上所述，哈里斯伯格博士指出，该项目是一个优秀的新型教学系统，是对工程教育的一个值得称赞的补充，也是 NSF 最值得投资的项目。然而，该小组对于将 WPI 计划移植到其他大学的能力表示悲观。哈里斯伯格博士强调："……它不是一个可输出的软件包，没有任何东西可以证明该计划可以继续存在，我们甚至很难在另一个校区实施该计划。"这并不像乍看起来那么悲观。正如前面讨论的，在一个大学中，任何重大变革成功的关键，都在于这所大学的愿景和承诺。WPI 计划的成功可以激发其他大学对成功的期待，该计划的创新内容应在其他大学激发类似的新思维。

与此同时，评估小组成员比较乐观地认为，该计划的某些方面可以成功移植到其他地方。用皮查博士的话来说："然而，致力于解决实际问题的概念，无论是技术上的还是社会上的，都可以输出……我们希望工业界和政府机构能够认识到与我国工程院校合作的教育价值，并愿意进行人力投资和财政投资，共同推动这些项目的发展。"

基于 WPI 计划的运作情况，专家小组也给出了清晰的结论。1975 年，该小组得出结论，该计划的大多数方面都运行良好，其中许多方面都表现得非常好。小组成员并没有特意强调 WPI 计划的教育成果这一重要问题，这并不令人意外。他们的报告中没有包含任何负面的结论，并引导读者得出这样的结论——WPI 计划的教育至少与传统教育相当。但是这样更好吗？在这一点上，里德博士说："我们还不清楚该计划是否能提供优于传统方式的工程教育……我们需要数年时间才能得到两种教育计划的最终比较结果，这可能确实是国家科学基金会和整个教育界感兴趣的。"

（二）科恩报告

在 1972 年至 1978 年期间，在国家科学基金会的支持下，凯伦·科恩（Karen Cohen）针对 WPI 计划对学生和毕业生的影响进行了相当全面的研究。[3] 该研究的数据来源于学生采访、考试成绩、学习成绩、各种学生调查、校友及其导师的电话调查。其中一些数据是面向 WPI 及克拉克森大学和史蒂文斯大学的学生和校友收集的，除教育计划（传统计划和 WPI 计划）外，这两所大学的学生和校友情况与 WPI 相似，具有较高的可比性，其中相当多的数据是在克拉克森大学收集到的。在 WPI 与克拉克森大学的对比研究中，我们发现了以下差异（没有与史蒂文斯大学的毕业生进行对比研究）：

- WPI 毕业生往往在更大的公司工作。
- WPI 毕业生更有可能从事非传统的专业工作。
- WPI 毕业生被认为是更有效的沟通者。
- WPI 毕业生更有可能继续深造。
- 导师对 WPI 毕业生迄今为止的表现给出了更高的分数。

这些数据来自学生毕业两年后的追踪结果，调研的样本规模相对较小，分别为 100 名 WPI 毕业生和 50 名克拉克森大学毕业生。

（三）外部调查

除了上述专门委托进行的调查外，WPI 还参与了大量外部调查，旨在衡量和比较各院校学生学术体验的各个方面。值得关注的是，自 2001 年以来，也就是调查的第二年开始，WPI 一直定期参加全国学生参与度调查（NSSE）。NSSE 调查的总体目的是确定大学生如何使用他们的时间，特别是他们学习的投入度如何，如花费在课堂参与和课外学术工作的时长。1300 多所高校参与了这项研究，并提供了大量的比较数据。与同类院校相比，WPI 的学生在大多数类别中都取得了不错的成绩。例如，据报道，WPI 的学生比任何其他学校的学生花费了更多的时间去预习。[4]

NSSE 的调查涵盖了所有本科专业的学生，而其他研究则纯粹针对工科学生。EBI 公司进行了一个持续的商业调查，具体涉及基于 ABET 认证标准评估工程专业学生的学习成果的完成情况，以及提供工程和计算机科学项目认证的教育机构。在这里，WPI 的学生报告的结果通常优于其他学校。

除了这些提供有用的跟踪数据和比较数据的持续研究外，WPI 还参加旨在解决具体问题的一次性研究。最近的一个例子是由华盛顿大学进行的解决工程气候问题的项目（PACE）研究。这是一项深入的研究，包括通过在线和面对面的方式与学生进行访谈。这项研究的主要目的是确定并测量影响学生完成工程学位的要素，主题包括家庭作业的数量、与同学的关系、教师的教学方法等。许多方面的指标与 WPI 的教育理念直接相关，如鼓励创造性思维、与教授见面的舒适度、小组项目及学生互相帮助的程度。在参与评估的院校中，WPI在许多相关指标上的排名都在前二或前三名，而且几乎所有指标都高于所有学校的均值。[5]

### 三、跨学科研究资格项目的评估

许多大学已经将服务学习纳入教育计划，而跨学科研究资格项目（IQP）是开展服务学习的一种重要种方法。WPI计划的这一独特方面在第十三章第三节进行了描述。其中最为特别的是这一项目与WPI的课程和教育理念的深度融合性，以及所参与教职员工和学科覆盖面的广泛性。事实上，WPI选派教职工住在学生公寓，并十分关注学生学术方面和具体学习成果。

正如下文所述，与广泛的"服务学习"活动一样，许多IQP产生了积极的社会影响。尽管以上好处也是我们渴望的，但它们不是实行IQP的根本原因。教师们已经总结了IQP的一系列要点：

- 展示对项目的技术、社会和人文背景的理解。
- 项目目标定义清晰、可实现。
- 严格识别、利用和适当地引用信息源，并集成来自多个信息源的信息，以确定满足项目目标的适当方法。
- 选择并运用一个合理的方法来解决一个跨学科的问题。
- 适当地从社会、伦理、人文、技术或其他角度进行综合分析。
- 与项目团队和项目顾问维持有效的工作关系，认识并解决可能出现的各项问题。
- 展示清晰的、具有批判性和说服力的写作能力。
- 表现出较强的口头沟通能力，使用适当、有效的视觉辅助工具。
- 对项目工作的道德层面有一定的认识。

我们已经采用了几种评价方法来评估这些成果。

### （一）内部IQP评估

跨学科和全球研究部对IQP报告（包括校内和校外项目）定期进行全面内

部评估。[6]这项审查于 1989 年开始，每三年进行一次。这些评估结果是相当一致的，这些发现促进了 IQP 过程和结果的改进。特别是 IQP 基于评估给出的建议，更多地进行了适当的文献回顾，有意识地选择研究方法并对研究结果进行了适当的分析。

IQP 评审过程包括一支受过专门培训（并支付报酬）的教员评审员团队，他们首先基于一些既有的项目报告，确认评审维度。然后，会将之前一年的项目报告（200 个以上）随机放到审阅人池，每个审阅人在阅读完报告后填写评估表格（平均大约 100 页）。表 13-1 列出了一些具有代表性的评审维度，我们对校园项目与全球中心项目分别采用 5 分制量表进行打分，1 分表示很差，3 分表示可接受，5 分表示优秀。请注意，这些分数是基于书面报告中呈现的数据和材料得出的，不排除这个项目还有其他没有呈现在书面报告中的教育成果。

表 13-1  IQP 属性评级（5 点量表）

| 项目属性 | 校内项目 | 国际项目 |
| --- | --- | --- |
| 明确的目标 | 3.4 | 4.3 |
| 查阅并综合相关文献 | 2.8 | 4.0 |
| 恰当的方法使用 | 2.7 | 4.1 |
| 恰当和完整的分析 | 2.6 | 4.1 |
| 可靠的结论 | 2.9 | 4.2 |
| 写作和演示质量 | 2.9 | 4.1 |
| 多学科团队和主题 | 2.9 | 4.1 |
| 具有终身学习能力的证据 | 3.0 | 4.1 |
| 对社会影响的理解 | 2.5 | 3.3 |
| 对当代问题的了解 | 3.1 | 3.7 |
| 对专业和道德责任的理解 | 2.2 | 2.8 |

校内成绩和全球成绩的差异是显而易见的。大多数在校生的成绩都处于及格边缘，而校外学生的成绩一般都是良好或优秀，但职业和道德责任在校内和全球项目得分均比较低。值得注意的是，所有这些结果都是通过评估项目报告得出的，而不是通过直接测量学生的知识和理解得出的。因此，这里的低分数不应该被解释为学生非常缺乏对道德问题的理解，而是意味着我们确实无法从项目报告中推断出这一点。由于伦理非常重要，这方面值得进一步研究。虽然我们并没有完全理解校园和全球项目差距存在的原因，但我们认为主要的影响

要素包括学生动机（全球计划包含一个高竞争性的申请过程）、高水平的组织、对全球项目本身的关注，以及外部机构的参与。也许最重要的因素是，在正式开展校外住宿项目前，我们会为学生提供密集的、涉及当地文化的、适当的社会科学研究方法等主题的预备课程。

（二）**案例研究**

评估这些项目有效性的另一个方法是案例研究。我们对两个典型工程项目案例进行了深入的评价。[7]

第一个案例是为伍斯特市的社会服务项目设计和搭建网站。该项目为那些在与毒品和／或酗酒斗争的无家可归者搭建了一个收容所，简称"PIP收容所"。PIP最初指的是"公共醉酒计划"（Public Inebriate Program，PIP），但现在据说指的是"处于危险中的人们"（People in Peril）。这个项目的技术（web开发）部分对项目的完成至关重要，但是社会要素方面占据了学生更多的注意力。四人小组中的一名学生评论说："在采访过程中，我们注意到人们普遍不喜欢PIP收容所及其位置设置；似乎许多人把PIP社区的惨淡状况完全归咎于收容所，而这在很大程度上是没有道理的。这促使我们设计了一个关注康复和希望的网站，网站中包含令人振奋的图像，整体给人一种积极的印象。"有学生提到了IQP目标中一个非同寻常的方面，他说："我学会了如何管理一个大项目。我们使用实际的项目管理技术并将其应用到我们的项目中。我们有时间表、沟通的指导方针、一个完整的蓝图／项目计划，以及很好的项目边界感。"

基本上IQP都是在团队中进行的，通常由2～4名学生组成，学生通常会将必要的团队合作视为最困难的方面之一。在本案例中，我们发现学生在团队合作方面进展顺利，其中一个团队总结说："报告撰写、研究、团队合作、时间管理等技能几乎在任何职业都是有用的，所以这些经验非常宝贵。"这个项目的技术方面也很重要，正如这篇评论所指出的："我们都坐下来，并一致同意要研究ASP（Active Server Pages，微软的一个网页产品）。这告诉我，没有什么是遥不可及的，如果我需要学习一个新的软件包或任何贯穿我职业生涯的东西，我都可以做到。"最后，项目以一个产品（本例中是一个web站点）结束，这一点在学生看来非常重要。一个学生评论说："我喜欢这个项目，因为最终的物理产品体现了我们的努力和体验。"

第二个案例研究是在纳米比亚的温得和克周围的非正式定居点进行的一个项目。项目主题是能源效率，学生们努力为棚屋居住者发明一种使他们的家在炎热和寒冷的条件下都更舒适的能源解决方案。学生们经历了与上个案例相同的体验，甚至包含更强烈的人性维度。用一名学生的话说："在发展中国家的社区工作是情感上、职业上和精神上最充实的经历之一。我努力做我的项目不是为了成绩，而是因为我相信我的努力会帮助人们更多。"

作者最后得出结论，IQP教授学生如何定义没有脚本的现实世界问题，如何适当地利用一系列资源去理解问题以及可能的解决方法，最后给出一个可靠的结论。学生们对科技的社会和文化影响有了更多的认识，口头和书面交流能力也有了很大的提高。

另一个WPI项目中心位于南非开普敦，那里的学生也在非正式定居点（棚户区）开展活动。如同在纳米比亚和所有的IQP项目一样，该项目的核心是由当地社区的学生设计和执行的某种专业级别的活动。在与学生小组合作2年后，开普敦萨斯特基金会的主任黛安·C.沃默斯利（Dianne C. Womersley）女士对他们的表现进行了评估："学生们表现出了敏锐实际的问题解决能力。尽管语言不同，但他们都把社区工作做得非常好。WPI的学生希望尽可能多地了解他们所帮助的人，而不仅仅是停留在技术工作方面。他们以自信和富有创造力的姿态和良好的幽默感完成了他们的工作。"她还提到了驻地教员顾问的重要作用："WPI指导教师鸠斯特（Jiusto）教授和赫尔施（Hersch）教授的密切参与极大地提高了学生们的工作效率，也让整个社区放心。他们在学生与各种对接单位和社区成员之间提供了极好的联系。在棚户区工作既不容易，也不简单，但经过向社区领导者咨询及与居住者的开放式讨论，教员顾问们成功地为学生们创造了一个安全、激励人心和开放的环境。"

总体来看，沃默斯利女士说："学生们显然做好了在这样困难的环境中工作的充分准备，并迅速有效地掌握了形势。他们所做的工作和在这个社区所花的时间似乎是一个良好的性格建设练习，也是一种教育体验。他们对不同的思考方法和问题解决方法持开放态度，而这些显然是他们以前没有遇到过的。他们和一些住在这个社区的研究人员一起工作。这些社区研究人员从WPI学生和工作人员那里学到了宝贵的经验，其中许多人后来都在其他地方找到了正式的工作。WPI 计划在创造就业方面卓有成效，我们发现它对一个失业率高达 75% 的社区产生了非常积极的影响。"[8]

（三）外部评估

跨学科和全球研究部门负责监督 IQP，定期进行内部审查并偶尔进行外部评估。最近的一次外部评估是在 2004 年，由罗伯特·休恩伯格（Robert Shoenberg）和卡尔·赫林（Carl Herrin）两位顾问负责执行。[9]休恩伯格提出的具体问题是，IQP 对 WPI 教育的价值是什么？或者换句话说，与参加这个项目相比，学生和教师把他们的时间花在其他类型的教育活动上是不是更高效，或者用更少的时间、精力来获得同样的好处？休恩伯格博士的结论是："IQP 作为一种教育策略、一种结果评估的手段、一种 WPI 身份认知的来源及一种吸引学生的手段，具有特殊的价值。"不过，报告指出了这项工作可以改进的几个方面，以更好地将每个项目与 IQP 的基本目的联系起来，并使学生清楚地了解这些目的。

• 开发一种 IQP 项目执行标准，为在世界各地的住宿区开展的校园项目提供指导经验。

• 在社会科学方法论、写作技巧及大型项目的组织和管理方法方面的认真准备将会很有帮助。

• 吸引更多的教师参与这个项目，以及让教师为 IQP 的咨询工作做更多的准备工作。

• 专注于可以产出成果的 IQP 项目，以确保项目质量并吸引更多的教师。

赫林博士更关注全球 IQP 项目的操作方面，但他也谈到了学术方面，并得出以下主要结论：

• 全球项目在实现其教育目标方面是严谨和成功的。

• 半学期的项目是一个有价值的教育选择，并可能同样适用于其他大学。

- 全球项目办公室的政策和实践与美国留学社区的最佳实践是一致的。
- 在学生项目准备、学生评估机制和学生重返校园方面都有改进的空间。

总体来说，在内外部评审的结论中，IQP 都被视为 WPI 计划的基石，其中大部分项目都比较成功，但也有少数项目要么不符合 IQP 的目标，要么不符合学术性要求，要么两者都不符合。

# 第三节　哪些方面运转良好？

基于近 40 年的经验和培养了超过 1 万名的工科专业毕业生，我们可以满怀信心地说，WPI 计划在总体上运行良好。在这里，我们将研究对该计划的整体成功做出贡献的各部分内容，主要有如下几个方面：

- 课程要求精简灵活。
- 部门之间协同工作。
- 每学期拆分为两个学术学期，每个学术学期设有不同的学术活动。
- 非惩罚性评分体系。
- 跨学科研究资格项目（IQP）。
- 专业研究资格项目（MQP）。
- 虚拟项目中心。

## 一、灵活性

灵活性并不是工程课程的特征，但在这一点上，人们已经认识到，一种放之四海而皆准的方法既不适合学生，也不适合从业人员。本计划潜在主题的范围很广，任何一个学科中的技术专长都很多，职业选择也很多，我们很难说通过这些课程，你将成为一个什么工程师。而且，现在的文化很大程度上建立在个性化基础上，所以现在的学生期望我们可以在一定程度上关注他们的诉求。

在这种背景下，课程的一个主要挑战是设计一种同时考量个性化和连贯性的教育方案。也许弹性工程课程最大的障碍是，教师担心会遗漏一些教学内容。

WPI 基于一些原则来设计学位要求和专业要求，这些要求对学生的学术经历有重大影响。第一，不对课程设置参与要求。大多数的课程都会向学生推荐一个背景性的课程列表，包括学生需要知道或及时掌握的课程的材料。这实现了两个截然不同的目标：一是它将课程规划责任更明确地交给了学生；二是它允许课程安排具有一定程度的灵活性，这可能会对学生很有帮助，而且我们发现学生并没有滥用这种权利。第二，对四年制课程计划的课程数量有相当严格的限制，课程数量主要由专业指定。在学分方面，指定课程在要求达到的 135 个学分中占 90 个学分左右，这为包括语言和表演艺术在内的社会科学和人文学科等科学与工程领域之外的学术活动提供了大量的空间。

### 二、有限的跨系藩篱

在 WPI 的管理工作中，有一个方面十分有助于学术创新，即未对 14 个学系做任何行政划分。所有的系主任都直接向教务长汇报，所有学生无论专业是什么，都以相同的要求和标准被学院录取。这种简单的结构为教师和部门领导人共同讨论新课程计划的设置提供了便利，同样也使所有学生都有资格参加这些计划。最近两个具体的课程计划为机械工程、电气和计算机工程及计算机科学部门合作创建的机器人工程计划，以及由计算机科学和人文艺术系合作创建的互动媒体与游戏开发（IMGD）计划。其中，后者获得了更多的关注，这个开创性的课程计划结合了模拟和电脑游戏开发的技术方面及叙述、视觉艺术和音乐等对该计划成功十分重要的要素。

随着各学科复杂性的不断增加，其活动类型也在不断丰富，这种管理结构正在发生变化，比如出现了工程、艺术、科学和商学院院长等职位。令人遗憾的是，在 WPI 处理当今的复杂性和机遇时，过去的简单性必须被抛在脑后。每个院长的职责的一个基本方面将是促进各类合作并提升运行效率。

### 三、学年与学期设置

在 WPI 计划中，一个学年分为 4 个学期，外加一个额外的夏季学期。具体来讲，是将每个传统的学期分成两半，一半的学术活动（课程或项目）在前 7

周完成，另一半在第二个 7 周完成。每 7 周，学生都要进行 3 次学术活动。这些可能是 3 个不同的课程、一个包含相当于 3 门课学分的大项目，或一些课程和项目的组合。这里我们给出一个具体的例子，工科学生需要在第一年修读微积分、物理和人文学科课程。在第一学期，学生可能会选修微积分 I、物理 I 和美国历史。在秋季学期的下学期，他可以选修微积分 II、物理 II 和经济学。这些课程的强度都很高，相当于 3 个学分的课程。因此，在一个学期中，学生名义上完成了 18 个学分的课程。这个系统有几个优点：它允许学生在同一时间专注于较少的活动；它提供了一个有先后次序的课程模式；它为长达半学期的实习项目提供了灵活性，促进了校外体验；最后，它制造了每年 4 次期末"恐慌期"，而不是仅仅 2 次，这意味着学生在学期末需要准备的东西减少了。同时，这种学期设置也存在一些负面的影响，包括 4 个学期的成绩报告单和注册等行政负担等。此外，对于一些学生和一些科目来说，阅读材料的速度可能比最佳速度更快。最后，高强度的课程可能对学生或教师的身心健康造成一定影响。

学校对这个系统的支持力度仍然很大，几乎所有学生都表达了强烈的支持。一些教师表达了上述担忧，同时也担心，在一周 7 天的课程中，他们很难离开学校去参加会议，但是这可以在某种程度上通过安排一个没有教学任务的学期来解决。

## 四、评分体系

本科教育的评级体系是基于 WPI 教育体系的基本原则设计的，主要是为了激励学生参与其所在专业的课程而设计，而且学生不会过度害怕错误对结果的影响，同时促进学生之间开展合作而非竞争。因此，大多数学术活动没有不及格的记录，也不会计算班级排名。WPI 的等级为 A、B、C、NR 和 NAC（极少数情况下）。前三个等级具有标准意义；NR 的意思是无记录，并表示如果学生在某项活动中未取得至少 C 以上的成绩，该活动的记录不会出现在学生的成绩单上。在专业项目（IQP 和 MQP）中，可能出现不及格（NAC 或不及格）。之所以设计这个选项，是因为在大多数项目工作中，学生对团队成员和项目发起人做出了承诺，做这些承诺时应当小心谨慎，因为如果学生未能坚持到底，那么不仅会对自身学习有影响，还会对其他人造成负面影响，因此这种情况会被记录为不及格。虽然教师很少使用这个选项，但也确实使用过。

学生每学期必须完成一定数量的教育活动，避免留校察看和休学，并取得令人满意的学业成绩，不及格是学生需要承担的可能后果。这一系统（如第四节所述，这里仅做了一项修改）已经实行了40年，得到了学生和教师的大力支持。学校对可能的变化（如加减等级、增加 D 级）进行了讨论，目前，我们对现在的评分体系进行了再次确认。

### 五、跨学科研究资格项目

可以说，WPI 计划最独特的部分是跨学科研究资格项目（IQP），该项目通常设置在大三，与设置在大四的专业资格项目相匹配。这两个项目在 WPI 体系中都算 1 个学分，名义上相当于 9 个学时。WPI 教育计划中的这一独特设置在 2003 年获得了西奥多·M. 赫斯伯格（Theodore M. Hesburgh）卓越证书，该奖项是为了纪念美国著名教育家、圣母大学名誉校长赫斯伯格设立的，奖项旨在表彰那些为提高本科教学水平建立的计划，并鼓励美国各个大学积极开展此类工作。

IQP 的总体目标是通过项目工作，引导学生了解教育各方面的相互关系，并教授团队合作、口头和书面沟通、项目管理等具体技能。一般来说，这涉及在一个范围更大、定义不明确的问题范围内，讨论技术和社会之间的关系。

IQP 是 WPI 教育理念的核心，占总学分的 1/16。因此，定期审查教育内容和过程的严谨性是很重要的，如前所述，我们已经进行了各种各样的评估。

### 六、专业研究资格项目

高水平的工程设计项目，通常被称为"顶点设计项目"，已经成为工程课程体系的一部分，也是 ABET 专业认证的要求之一。WPI 的项目经历至少具备两个基本方面的特点：第一，该专业项目被列为所有专业的学位要求（MQP），而非只针对工程专业的学生；第二，该项目事实上是一项"专业"活动，具有相当于 3 门常规课程的学分。其他的显著特征包括每个项目均由学生团队和指导教师单独组织，而不是以课程形式组织。这种看似微小的差异却产生了真正独立的项目，当然，这也增加了教师的工作量。

我们希望有尽可能多的专业研究资格项目得到校外组织的赞助。其中一些赞助项目被纳入了项目中心，而且这些项目可能需要前往某地居住（如在硅谷或爱尔兰），也可能只是在通勤距离之内（如麻省理工学院的林肯实验室项目中心）。要获取企业的赞助，所面临的一个挑战在于，企业通常有自己的实习和合作项目，我们很难将企业的模式和目标与 WPI 对 MQP 的要求和模式相匹配。

从 2006—2007 学年开始，所有资格项目报告已通过电子方式存入学校的戈登图书馆，并可通过网络公开获取。本书则强化了这些项目的专业属性。

### 七、虚拟项目中心

每个毕业班有一半或一半以上的学生在 WPI 的全球视野计划中获得了丰富的海外经验，而跨学科研究项目是 WPI 教育体系中两个突出的组成部分之一。这个项目在其他章节有详细的描述，但是在"什么才是有效的"背景下，我们有必要指出这个项目成功的一个关键要素在于其遍布世界各地的项目中心，而没有建设长期存在的实体。WPI 既不拥有也不租赁任何房产，学生和教师在项目期间（7～9 周）住在带家具的租住公寓里，并在对接单位里工作。较大型的项目中心通常会雇用当地的兼职协调员，并支付适当的费用。协调员会帮助学生和教师安排住房等类似事务，但不一定参与项目本身的实施。

行政和学术系统由三个部分组成，分别是跨学科与全球研究部（IGSD）、每个项目中心的主任及与校内学生共同居住在学校的项目指导教师。IGSD 监督所有方面的工作，特别是管理学生申请过程、确定项目中心主任和指导教师及许多必要的风险管理活动。考虑到这个管理体系的重要性，项目运作成功的关键因素是找到一名优秀的教师，至少在一开始要负责新项目中心的建立和发展。在 IGSD 的帮助下，这名教师将招募其他的教工共同开展咨询工作。

设立虚拟项目中心的一个重要优势是，我们可以根据各种条件的变化来建立和关闭项目中心，这些条件包括学生的兴趣、现场的人身安全、当地项目对接单位的可获得性，以及最重要的，教师是否有兴趣成为指导老师和项目中心主任。这也意味着我们没有必要因为非学术原因（如房地产履约）而维持项目中心的运营。

# 第四节　出现了什么问题？

尽管 WPI 计划已经取得了相当大的成功，而且目前从总体上看，无论是业务还是学术方面都运转良好，但我们仍需要对其最初的形式和一些方面进行一定的修正。本节将描述这些问题中最重要的部分。

## 一、将产出作为主要的毕业标准

WPI 计划的最初毕业要求是通过一个"能力考试"。这是一个在大四开展的为期 3～4 天的笔试和口试。这个考试本质上是入门级的专业项目（针对主修工程专业的学生的一个工程项目）。学生们可以独立学习，也可以与他人进行交流讨论，这些交流讨论的内容均进行书面记录。考试时，学生对项目结果进行口头陈述，由 2～3 名教师组成的委员会进行提问。每学年的各个学期将进行 3～4 次这种考试。学生可以重考无数次，但只有通过考试才能毕业，整个学院的通过率在 70%～80%。如果有很多学生成功完成课程和项目但没能通过考试，将会引起教师对这一现象及那些没有通过考试的学生的重视。

哈里斯伯格博士在美国国家科学基金会的最终报告中指出，任何试图像 WPI 能力考试那样进行全面的、高风险评估的考试都存在一些固有问题。他认为，"……教师人数、评估的一致性和（教育成果）目标的问题变得非常现实"。"它的初衷应该是评估，而不是抹去失败或因教育项目的失败而尴尬"，"我强烈支持将 MQP（甚至 IQP）评估与能力评估结合起来"。[2]

这些评论预示着 10 年后的最终决定，即能力测试没有有效满足它的主要目标：激励学生进行适当的学习，或对毕业生进行公平的、一致的评估。值得注意的是，这个考试确实也有积极影响，校友和学生是该考试最强烈的支持者。

## 二、初始的计划评分体系

初始的评分体系只包括两个有实际意义的等级，即"及格"和"优秀"，以及"NR"或"无记录"。这个评分体系的目的是淡化成绩的重要性，鼓励学生专注于学习本身。随着时间的推移，很明显，我们并没有达到所期望的结果，即人们没有理解这个非传统的评分体系，外部社会也没有认可和接受这个系统。外部可接受的评分范围是 A 到 D，这导致学生既没有收到关于他们对课程内容掌握程度的有益反馈，也没有得到争取得 B 的动力（如果得分是 C 的话）。在 20 世纪 80 年代中期，这一评分体系被 A、B、C、NR 体系所取代，并一直沿用至今。

### 三、项目质量的波动

大三项目（IQP）和大四项目（MQP）都不可避免地包含许多可变的内容，它们是基于真实情况设计的，这就意味着其学术质量可能产生波动。这些影响因素包括学生能力、项目主题、赞助机构的支持、学生可获得的资源、教师对项目的关注及教师是否能提供学生所需的教育。事实上，对早期项目的非正式审查就表明了这一点。解决这一问题的主要方法是由特设教师委员定期（通常是隔年）审查项目报告，这在确定项目执行弱点方面相当有效，后续工作一般由部门主管或跨学科与全球研究部进行监督。总体上，这种推动项目改进的方式是相当有效的。然而，正如其他地方指出的那样，我们难以保障统一、高质量的校内 IQP。在某种程度上，这是一个内生性问题，因为 IQP 主题在某种程度上是开放的，我们通常没有明确的研究方法或预期结果。在这种情况下，学生倾向于选择更容易理解、目标更明确的常规课程。参加校外 IQP 的学生没有其他的课程，因此更愿意沉浸在 IQP 的主题中，而这通常会促进项目呈现出良好的效果。

### 四、成本与可持续性

课堂教学是截至目前最常见的教育形式，其主要原因在于，它在传递某些类型的内容方面相当有效。然而，有效并不一定意味着高效，WPI 的一些重要教育目标无法通过课堂教学的方法实现。与课堂教学相比，基于 WPI 项目的教学方法在每个学分和每个学生身上都要花费更多的时间。教师需要根据每个新项目和每组学生的特性来调整他们的教学，并花时间组织项目，可能还需要与潜在的赞助商进行谈判。

WPI 计划强调项目工作、项目的灵活性和密切的师生关系，这种方式在花费上比传统基于课程的教育体系要昂贵得多，因为在传统课程系统中，学生只需要遵守一系列严格的规定即可。粗略估计，开设学生项目相当于给每个教师增加了一门课程的工作量。这并不完全是净增量，因为如果这些学生没有完成项目，他们将通过课程作业获得同等学分，这需要教师花费一些时间，但是比同等学分下花在项目上的时间要少。全球视野计划也是一项成本增量的工作，主要包括管理全球项目基地和风险管理费用的开销。尽管这些费用不容忽视，但它与传统课程中的可变成本是非常相似的，因为这些传统课程也需要考虑班级规模、安排终身制长聘教授、聘任制教师还有教学助理或兼职人员等进行教学工作。

## 第五节　如何在其他大学实施 WPI 计划？

WPI 计划是否可以运用到其他大学？如果目的是不经过规划和构想，简单地在另一所大学复制 WPI 计划的主要部分，那么答案几乎绝对是否定的。我们很难给出保障计划运行的必要的工作内容。但是，WPI 计划中有许多单独的要素，其本身也都具有价值。我们回顾一下 WPI 计划的主要组成部分：

- 基于广泛指导方针的、灵活的课程规划。
- 一个鼓励学生共同承担学术风险并开展合作的评分体系。
- 所有学术活动都以产出为导向。
- 注重理论和实践的结合，即通过实施实质性项目将理论应用于实际。
- 每学期 7 周，学术活动相对较少。
- 强调学生的学习责任。

这些要素协同地联结在一起，但每一个要素本身也有价值。任何尝试实施 WPI 计划的管理者都必须考虑本地环境，而且这些要素在学术研究和项目运行方面都非常重要。因此，在任何计划的执行之前都要进行规划，让有关人员了解为什么要实施变革，以及预期的结果和影响，这是一项非常重要的工作。

## 第六节　经验启示：启动变革

WPI 的规划小组认识到，新教育计划的细节必须以明确、简明的目标为支撑：

> 为了使这所大学有效地运作，它的教育目标必须比现在更加明确，而且我们必须在整个大学不断地推广和执行这个目标。如果我们没有定义我们试图做什么，我们的大学将被削弱并分裂成不同的、相互竞争的功能单元。[1]

基于这个阐述，WPI 计划的发起者们提出了我们在之前章节中提到的 "WPI 的目标"。在回顾 WPI 计划的设计和实施的历史时，我们发现了以下原则：

- 规划是必要的，并且至少服务于两个目的，一是制定实施路线图，二是作为必要的进行讨论和达成共识的工具。
- 领导力是必要的，特别是要发展和促进一致的愿景，并产生某种紧迫感。
- 在保持愿景的同时，灵活性和协商意愿是至关重要的。
- 需要让每个人都明白"世界已经改变了"、没有回头路可走的重要性。
- 必须由学术和行政系统作为支撑，就像跨学科与全球研究部对全球项目所发挥的支持作用一样。

这些要点都很简单，但重要的是，它们各有侧重点，而且每一个都对 WPI 计划的成功起着重要作用。

WPI 的教育方式之所以被称为 "WPI 计划"，并非巧合。正是这个计划使全体教师走到了一起，并为他们的讨论和行动提供了框架。在获得了教师的采纳和行政部门的支持后，WPI 计划进一步提供了实施蓝图。本科生教务长威廉·R. 格罗根（William R. Grogan）和由格罗根教务长领导的 "常务执行委员会" 共同为 WPI 计划提供行政指导，其中，教务长负责整个计划实施期间的工作。

WPI 计划的一个关键方面是，它要求对基本学术实践进行根本性的改革，如学期长度、评分实践、课程要求、项目和课堂体验。每项改革都有着良好的教学论基础。此外，它们具有非常重要的象征意义，因为它们向学生和教师表明"这是一种与众不同的教育方式"，从而激发人们对教育过程预期成果的思考。

## 第七节　下一步该做什么？

自从实施了 WPI 本科教育计划以来，许多教师都希望在研究生课程计划中实施类似的教育计划。40 年后的今天，这个时刻似乎已经到来。目前为止，研究生与本科生的课程计划是各自独立的，研究生计划在一个学期系统中运行，传统的课程和学年设置与本科生计划并不一致。2010—2011 学年，研究生和本科生的学年设置已经同步，这样研究生和本科生的秋季学期会在同一天开启，本学期的最后一天是本科生第二个学期的最后一天，春季也有类似的同步性。我们正在将一些研究生课程重新开发为 7 周制的课程，将一些硕士学位计划中的毕业论文替换为项目。这些都是一些小的进步，一些教师希望通过这些小进步来制订一个涵盖硕士教育和博士教育、全面的 WPI 研究生教育计划。与本科教育、博士教育相比，硕士课程计划在大多数院校受到的关注比较少。在 WPI，我们相信现在到了改变这种状况的时候了。未来 40 年将会同过去 40 年一样激动人心，专业硕士教育将变得与本科教育几乎同等重要。

# 参考文献

1.　Faculty Planning Committee, "A Planning Program for Worcester Polytechnic Institute: The Future of Two Towers—Part Three: A Model." in The Story of the WPI Plan. Worcester, MA: Worcester Polytechnic Institute, Sept 1969. Available: http://www.wpi.edu/academics/Library/Archives/Plan/Three/.

2.　L. Harrisberger, B. Mazlish, G. Pake, K. Picha, E. Reed, D. Riesman and J. Whinnery, Restructuring Undergraduate Science Education at Worcester Polytechnic Institute, Worcester, Massachusetts. A Summative Assessment by the NSF-WPI Project Advisory Committee Constituted from 1972–1975. Project Report No. 1, July, 1975. Available: http://www.eric.ed.gov/PDFS/ED129588.pdf.

3.　K.Cohen, The Impact of the WPI Planonits Students and Graduates,1972—1978: A Six Year Evaluation. Washington, D.C.: National Science Foundation, 1978.

4.　"Best Colleges and Universities." US News & World Report, 2007.

5.　S.G.Brainard, Project to Assess the Climate in Engineering, Final Report for WPI. PACE Project, University of Washington, Sept 2009.

6.　D. DiBiasio and N. Mello, "Multi-Level Assessment of Program Outcomes: Assessing a Nontraditional Study Abroad Program in the Engineering Disciplines." Frontiers: the Interdisciplinary Journal of Study Abroad, pp. 237–252, 2004. Available: http://www.eric.ed.gov/PDFS/EJ891459.pdf.

7.　M. Elmes and E. Loiacono, " Project-Based Service-Learning for an Unscripted World: The WPI IQP Experience." International Journal of Organizational Analysis, vol. 17, no. 1, pp. 23–39, 2009.

8.　D. Womersley, Director, Shaster Foundation, Cape Town, South Africa, private correspondence to Richard Vaz, Dean of IGSD.

9.　R. Shoenberg and C. Herrin, "IQP Review." report to IGSD, WPI, 2004.

# 第十四章　成就卓著：未尽之事

埃利·弗洛姆（Eli Fromm）

已经有很多文章记述了工程教育不断变化的面貌。自20世纪80年代以来，工程教育界已经意识到工程教育计划要做的不仅仅是为我们的学生在科学、数学、工程科学及工程领域内许多学科的专业课程打下坚实的基础。在过去的几十年里，这种需求变得越来越明显。人们开始认真思考，从20世纪50年代以来的几十年里，工程教育以牺牲工程实践为代价、变得更加以工程科学为中心的变革是否走得太远了。人们正在思考的议题包括如何提供一个培养同时具备复合型和分析型能力的人才的教育环境；学生需要在广泛的社会背景下深入理解他们未来的工作和职业发展；学生需要了解与工程实践相关的商业和营销知识。近年来，我们还识别出一些毕业生应具备的额外技能与特质。然而我们仍然面临一个难题，即如何实现我们想要的一切。我们已经在之前的章节从历史的角度和卓越实践案例的角度阐释了很多此类问题。

20世纪80年代中期，美国各地的工程院校面临着越来越大的压力。一些研究指出了美国工程教育的缺陷；[1-3]80年代后期，美国国家科学基金会（NSF）的教育与人力资源理事会发起了一个重大挑战和支持进程的计划，呼吁工程教育界发起工程教育变革。该计划所支持的改革举措大部分是由一所院校单独负责的，如始于1988年的德雷克塞尔大学改革计划（即提升工科学生的教育体验），后来被称为E4（Enhanced Educational Experience for Engineering Students）。教育与人力资源理事会在1990年向NSF主任介绍其计划的概念和成果时，提出了将这项计划进行拓展，以支持面向更大型、跨校的多校合作计划。随后，在工程理事会主持下的NSF贝尔蒙特会议促成了"NSF工程教育联盟计划"，到90年代中期，该计划已经取得了一些进展。美国国家研究委员会主持召开大会，正式讨论了当时工程教育面临的问题及工程教育改革需要解决的课程内容之外的问题。会议报告讨论了诸如资源获取、素养、中小学教学、能力、深度、课程组织与结构、教学方法、技术、教师发展、认可和奖励、资源和伙伴关系等很多问题。[4] 人们已经意识到，所有这些问题，甚至更多的问题，对于任何严肃的工程教育改革而言都很重要。基于以上问题处理方式的差异，早期 NSF 资助的项目与工程教育联盟的项目是有所区别的。这些问题对其他学科的教育现代化也同样重要。过去 10 年里，我们进一步认识到，我们需要借助美国国家工程院等机构的力量来解决工程教育问题，继而建立了工程教育学术促进中心（Center for the Advancement of Scholarship on Engineering Education，CASEE），设立了伯纳德·戈登奖，修改了美国国家工程院的成员选举规则，将重大工程教育创新和贡献以及工程实践也纳入选举规则，此外，最近还举办了"教育前沿"内容主题的年度专题研讨会和许多工作坊，发布了大量的研究报告。因此，过去的几十年里形成了许多支持和鼓励工程教育创新的渠道，而且这种支持将持续不断地发展。

下面我们将首先介绍德雷克塞尔大学自 20 世纪 80 年代中期开始实施的系列举措，接着是对未来的展望。德雷克塞尔大学行动的一个基本前提是从根本上重构和再组织整个工程教育事业，这意味着教育事业的某些方面脱离了工程院校的把控范围，但工程院校必须在工程教育环境中发挥作用。此外，一个与此相关的前提是这项行动的方式可以使教育事业在为学生提供教育时变得更有效和更高效。

20 世纪 80 年代中期，德雷克塞尔大学工程学院开始对其本科生工程课程进行彻底的重新评估。这次改革主要是基于以下两个方面提出的：一是前面提到的几项研究 [1-3] 指出了变革必要性的权威结论和建议；二是我们对 21 世纪毕业生所需要具备的特征和能力的共识。他们在评估当时的既有课程计划的优势和劣势时，同时考虑到了这两方面的因素，其结果是重构了工程课程体系前两年课程的蓝图。

德雷克塞尔大学超越了当时大多数工程教育计划的传统内容（如基础科学、工程科学、职业层面的课程和通识教育），设立了一个涉猎广泛的大四高级设计计划，要求全校学生都学习使用电脑（这在当时是很独特的）并将其广泛纳入课程体系，形成一种支持整个学生群体合作教育的理念。然而，这个计划也出现了一些问题：课程负担过重、没有充分整合早期的实验室工作及缺乏问题解决导向等，限制了学生对工程师所需要了解的学科多样性；通信、商业、技术政策、艺术和科学等方面的工程与非工程要素整合不足；缺乏培养学生学习热情和批判性思维的能力。

评估得出的结论是，来自课程的压力，要求对整个教育体验进行重大调整。重组工作将重点放在本科低年级课程上，从而对改革边界提供了一些初始的限定范围，这同时成为高年级课程改革的动力。重组工作的重点是保留上述现有的基本要素，同时更加强调综合和设计，保持技术主题的深度和优势，更加强调非技术教育，以培养学生的历史和社会观点，发展管理和沟通技能、跨学科视野、国际视野，以及为学生持续实现专业发展和终身学习做好准备。不幸的是，对本已不堪重负的课程再提出这些要求，意味着留给学生独立思考、发展领导力及体验"理解的乐趣"的时间所剩无几，因此有人呼吁对学术课程计划进行重大改革。

为了应对这一挑战，工程学院于 1988 年成立了一个由所有工程学科教师代表组成的委员会，该校其他学院的教师有时也会加入进来。委员会确定了 21 世纪毕业生应具备的特征，并编写了一套相应的课程重点。

## 第一节　毕业生的理想特质

工程院校毕业生的理想特质有：

- 在基础科学、数学和工程基础方面具有扎实的基础。
- 具备将这些基本原理应用于解决各种问题的能力。
- 拥有实验方法的相关知识和经验。
- 具备工程实践基础知识和技能。
- 拥有所选的专业级技术的先进知识。
- 具备较强的口头和书面沟通能力。
- 掌握企业和商业的基础知识。
- 具有社会、道德、政治和人类责任感。

- 能够从历史和社会视角分析技术影响。
- 具有创造精神和智慧，以及批判性判断的能力和学习的热情。

## 第二节  相应的课程重点

工程教育相应的课程重点如下：

- 强调由构成工程专业结构、持续具有有效性和重要性的知识、经验、方法和态度所形成的核心主体。
- 强调工程的统一性和跨学科性，而不是狭隘的单学科利益。
- 强调工程中的实验方法及其在分析、设计、开发和制造中的应用，以及对实验结果进行书面和口头的阐述和有效展示。
- 强调将电脑作为学习的辅助工具、研究对象、专业工具、知识工具和促进社会变革的工具；最重要的是，它对工程学科所有专业的性质和实践的革命性影响。
- 强调使用各种各样的教育方法和技术来提高效率和效益。特别强调自学和定向学习，以培养毕业后持续发展专业能力所必需的技能和态度。
- 强调持续和充满活力的终身学习对实现职业成就和个人发展的必要性。
- 强调优秀的书面和口头沟通能力是职业成功的先决条件。
- 强调工程师和专业人员的社会意识和责任感的重要性日益增长。

整个课程的重组工作以一种系统性的试验方式进行，具体是将工程作为学生面临的知识问题的核心，从而将基础科学、数学和工程基础知识的学习内容，与同步并行的开放式工程探究和工程实验方法相结合。这项工作在实现这些目标的同时，还作为一组嵌入相互交织的课程组成部分嵌入在重组计划中，使学生具备了更好的口头和书面沟通能力、领导能力和许多其他对工程毕业生而言很重要的特质，这些能力和特质对工程毕业生在现代工业的社会互动、沟通和商业环境中发挥良好作用来说是非常重要的。这些目标还结合了学生的创造与

求知精神、批判性思维、学习热情及追求工程学习和工程职业生涯中享受乐趣
的机会。各教师团队打破了传统大学中跨院系的壁垒，从而推进这项重组计划
的方案制定和实施工作。

改革计划始于 1989 年，起初是启动了一个规模为 100 名学生的实验班级试
点①，这些班级占新生班数量的 15%，这个数字在经过最初几年的试点后逐年递
增。改革计划得到了该校多个部门的帮助，不仅是工程学科的教师，数学、物
理、化学、生物和人文学科等教师也一起推动了这个计划，最初的主题被设置
为 4 个相互交叠的课程序列：

- 工程的数学和科学基础
- 工程基础
- 工程实验室
- 非常设组成部分

这些相互交叠的课程序列或取代或整合了学校的数学、物理、化学、生物
和人文学科等原有的 37 门传统低年级课程中的内容材料。

前两个课程序列以跨院系的方式改变、统一和整合了之前在 6 门数学、4
门物理、1 门生物、1 门计算机编程、3 门化学及一些工程课程中提供的内容材料。
工程实验室是一个新的组成部分，它将成为这几个交叠系列课程的核心，并成
为工程前沿发展的基石。这项战略的核心要素是，所有 3 个组成部分紧密耦合
并同步发展，从而相辅相成，不断发展壮大。

从一开始，学生在课堂上解决的问题就具有工程性质。他们通过确定和运
用解决问题的技术、数学和科学原理及实验方法来提出解决方案。工程实验室
后来成为学生进行物理实验和完成练习的场所，目的是激发学生的好奇心，并
为学生提供以批判性分析应对知识挑战的机会，以上这些都支持了在前两个课
程序列中所讨论的内容。将所有内容统一整合在一起是非常重要的。早期的将
工程学知识教予学生，减轻过重的课程负担，同时满足前面所提到的改革计划

---

① 提升工科学生的教育体验（E4）项目部分资助经费来源于 NSF 奖 USE-8854555 和通用电气基金会。

重点等一系列的目标正在实现。改革计划从最初两年以科学和人文学科为中心，发展到以工程学为中心，学生不再面对多个抑或相互割裂的单个课程，取而代之的是一个由教师团队的形式开发和授课的纵向整合课程套餐。

实验组的学生保留率明显高于（采用传统课程的）对照组。被确定为完成预期学业任务"按时"毕业的"在轨"人数也有所增加。对最早一批班级的跟踪数据表明，这些班级自大一到大二的学生保留增长率，从对照组的平均约70%上升到实验组的平均约85%。本章作者所追踪的第一批的几个学生群体，其学业的按时完成率大约增加了50%，从最低的40%增长至中等的60%。来自合作企业雇主的反馈都非常积极，他们中有许多人对学生的团队合作能力、思路表达能力及制定解决特定问题或情况的方案的能力表示惊讶，并给予了非常积极的评价。不断变化的教育结构、组织和文化似乎正在产生预期的积极影响。

由于所有工程学院的学生都是德雷克塞尔大学合作性重组计划的一部分，因此人们认为，在非常设的合作教育体验中，学生可以参与到比校内课程专业化程度更高、个体发展程度更充分的项目中。这些合作教育体验和其他序列课程是相辅相成的，其概念为开发处理非技术问题的模块，如市场营销、商业组织、社会影响、人文、伦理、可持续性等，并且可以将一个非常大体量的此类模块组合开发为一个课程资料室，以供学生完成合作教育体验课程的任务。不幸的是，整合计划的这一方面工作开展得并不顺利。虽然开发出了一些模块，但由于缺乏必要的资金和资源等困难的存在，无法将模块开发到适当的独立专业水平，供学生作为课程正式内容进行学习。这一概念必然是与利用所有可用的途径将非技术性知识带入21世纪工程教育的理念相一致的，而且不会因为额外的校内课程而使整个课程出现持续负担过重的情况。这是一个应该抓住的机会。

最初几年，实验成功提升了工程专业的学生保留率及学生的发展进步情况，引起了相当大的关注。这促使德雷克塞尔大学于1992年在所有工程专业逐步推广实施了这个新的整合计划并将其制度化，同时还推动了一个大学联盟的形成，即"Gateway 工程教育联盟"（Gateway Engineering Education Coalition）[1]，以追求

---

[1] Gateway 工程教育联盟得到了美国国家科学基金会资助的 EEC-9109794 和 EEC-9727413 项目的支持。详见：http:// www.gatewaycoalition.org。

更宏伟的教育目标。虽然早期的 E4 项目努力在单个大学内开展跨院系的工程教育合作，但这个联盟在创新工程教育举措的发展和实施方面为跨校合作提供了机会。该联盟的大学成员包括德雷克塞尔大学、哥伦比亚大学、库珀联盟学院、新泽西理工学院、俄亥俄州立大学、纽约大学工学院和南卡罗纳大学，其中德雷克塞尔大学为牵头高校。此外，联盟的第一阶段还包括了宾夕法尼亚大学、凯斯西储大学和佛罗里达国际大学。联盟的第一项任务是将早期的整合和工程导论的概念 [5] 拓展到新的大学成员中。联盟的早期工作是创新和开发最初的产品和流程，并使这些想法在联盟内部开花结果，进而传播这些工作成果。在此期间，广泛的跨校课程改革举措在各低年级和高年级课程中开始进行。来自多所大学的教师团队共同合作开发特定的教学材料，用于每所大学的教育计划。作为跨校团队合作的一个例证，各合作大学成员从一开始就制定了一项政策，即大学对努力实现共同议程的支持，与每所大学参与具体计划的举措和项目的程度成比例，而非事先对可用资金进行公式化划分。此外，联盟涉及的不仅仅是课程内容的开发和实施，它还开始着手解决教育计划的组织与结构、教师和学生的专业发展（即教育方法和内容）、合作团队学习、教学技术的创新使用、提高对工程毕业生中少数族裔人口比例的特别关注、向学生提供跨学科的接触机会及制订有组织的广泛评估计划等问题。

任何教育事业的核心都是我们如何组织和构建教育计划，以建立最佳的环境、教授内容及教授方式三者之间的相互关系。Gateway 联盟作为其中的一个要素，促成了重大的组织和结构变革，将工程导论引入了大学一年级的课程中。自 1992 年联盟成立以来，参与实验设计的大一学生人数不断增加。新生设计课既有驱动性也有促进性，学生可以通过该课程获得工程原理、设计过程、统计分析、CAD 工具使用和模型制作方面的专业知识。同样常见的要素还有团队合作、时间管理、领导力、工程实践中的人际关系及与学生的工程兴趣相关的写作和人文知识等。联盟的大学成员将综合设计体验引入大一课程，使一年级学生能够借助工程背景知识更好地掌握基础数学和科学。随着每个大学成员将过去开发的课程模块和模型越来越多地整合到现有课程体系中，并将试点项目设置为整个课程体系中的主流课程，这些学校的各种新生设计课程的参与者（学生和教师）数量不断增加。从最初只有不到 150 名学生参加，到 10 年后，大多数联盟的大学伙伴成员将全体大一新生（近4000人）参加新生设计体验课程作为标准动作。这种对新生设计的关注和将工程引入大一课程的做法，成了主流的标准实践，变革工程教育事业结构的进化运动正在生根发芽。这一点，再加上人文和科学与工程核心的融合，立刻就给人一种应用性和情境化的感觉。

除了提供大量的大一设计课程、大一工程实验室导论课，并将课程体系的各组成部分（这些组成部分提高了沟通技巧）进行整合之外，联盟的变革计划还带来了工程教育在广泛的结构、教育文化和内容模式上的变革。这种模式的一个关键点是认识到本科生课程计划是由一组相互关联的部分组成的，这些组成部分必须协同工作，而不仅仅是各个独立课程的集合体。这一重点得到了Gateway联盟大学成员的大力支持。变革程度因学校而异，从最初只是大学大一课程的一部分，到向高年级课程延伸，再到一些学校实施全校范围内整个课程体系的改革。

在高年级课程中，联盟的领导层确定了几个重点改革领域，包括工程生物技术、材料科学与工程、制造与并行工程及环境工程。这些多学科主题，每一个都是由联盟中工作的教师团队共同进行跨校课程开发的结果。

在生物技术领域，该联盟开发了一种综合方法来教授生物技术产品开发和制造所涉及的生物和工程原理，其主题包括基因工程原理、生物制药、药物递送、生物传感和生物检测。在材料领域，联盟的合作大学成员开发了适合在入门级和中级水平演示材料科学和工程概念的教育模块，其中包括实验室和仪器操作程序、多媒体教学模块和视频演示。并行工程与快速原型设计团队创建了一套课程，从机械、工业和制造工程的角度将设计与制造结合起来。参与这个项目的大学之间能够通过远程会议共享信息和设备。作为Gateway联盟环境工程计划的一部分，联盟开发了在固体和危险废弃物、单元工艺、环境水力学及废水质量和垃圾填埋管理数据库领域的多个软件模块。在大多数情况下，这些材料以独立的电子多媒体模块形式呈现，使其便携性和可迁移性与Gateway联盟对未来的展望保持一致。这些不同的部分经过组织之后，可供教师根据所在大学的实施策略挑选合适的教学工具。

将网络技术融入教育过程是Gateway联盟教育技术与方法重点领域的一个中心主题。该联盟创建了一个通信基础设施，支持并鼓励在线共享各种分布式资源，如教师、实验室和学习或教学工具，其重点在于将教学的范围扩大到课堂之外和每所大学之外。这包括电子课件的共享，远程访问，实验室和其他特有设施的控制，连接 Gateway 联盟内教师和学生的校际视频会议，专家实时进课堂，实时共享图片、程序和文本材料，以及进行电子课程设计和教学的合作等。这些工具在联盟的大学成员内部和大学成员之间所进行的积极试验，主导了技术活动的开展。联盟很早就在一项具有领先意义的计划中建立了一个网络，该网络帮助整个联盟共享专业设计模型制作设备的使用，并作为未来工作的前沿，试验了基于网络的实验室设备远程控制和实验。

不断变化的教育环境因高级教师重新致力于本科工程教育而得到改善。许多教师开始将更多的时间投入本科生教学上，并认识到了他们作为导师和教练的角色，这与以往的授课角色有所不同。与 1992 年相比，教授大一、大二学生的准聘和长聘工程教师数量从占教师总数的略高于 1/5，增长到 2002 年的 1/2以上，而大一、大二通常是学生保留问题最为严重的节点。参与这两个年级教学的高级教师人数从极少量增加到教师总数的 1/3。工程教师思维中的"学术"概念也发生了变化。从联盟成立到 2002 年，联盟中成员学校的教师以教育为导向发表的出版物或所做的演讲数量每年增加 6 倍以上。跨学科课程的数量也大幅增加，对于嵌入了沟通技能和工程伦理问题的工程课程，学生积极参与学习，参与人数增加了 12 倍。学生和教师在并行工程等课程中进行跨校团队合作。例如，分散在地理位置不同的 5 所学校的学生共同参加了一个项目，为四肢瘫痪人员设计和生产一种喂食装置。学生们通过包括视频在内的各种电子通信形式进行交流，值得注意的是，这些事情都发生在 Skype 出现之前。在就基本设计达成一致后，每个学生团队都致力于一个特定的部分开展工作，并最终将所有组件组合在一起，以提供完整的系统。通过这种方式，学生们能够在一个类似于他们在跨国公司可能遇到的环境中进行工作。

当然，课程体系中的团队合作和跨校工作已经将学生发展作为其中的一个部分囊括在内，但有一项具体的计划还侧重于口语和写作技能。这些主要针对大一和大二阶段的学生，这个时期所聚焦的第二个重点则是终身学习。课程中的新生设计实验室部分最先开启并重点培养了学生的团队合作学习和团队合作能力。教育技术和方法论项目（Educational Technology and Methodology Program）

领域中的各项计划支持了上述的每一个重点。

虽然 Gateway 联盟的一个基本前提是提高所有入学学生的保留率，但也特别强调提高传统上属于少数族裔的工科学生的保留率和毕业率。联盟的每一个大学成员都长期开展了一些传统的课程计划，用于支持提高对少数族裔学生的吸引力和保留率。联盟培育了具体的附加或扩大计划，如桥梁项目、敏感性培训、指导项目、暑期研究机会、旨在支持和构建网络的少数族裔校友名录、面向住校生的教育学习助理试点计划、面向工程师项目的计算机软件能力训练计划、毕业生多媒体资源中心、为工程专业的新生构建学习环境，以及一个中心驱动的"接通源头：改善师生互动"计划。与联盟成立前的基准年 1991—1992 学年相比，联盟的各合作大学成员在 2000—2001 学年授予女性的工程本科学位比例总共增加了 46%，授予非洲裔美国人的比例增加了 118%，授予西班牙裔学生的比例增加了 65%。与同一基准年相比，授予的本科工程学位总数增加了 12.7%。根据学生保留数据共享联合会（Consortium for Student Retention Data Exchange，CSRDE）在 2002 年报告中对 175 所提供科学、技术、工程或数学（STEM）学位的大学进行的全国性研究，Gateway 联盟成员学校的一、二年级女生和其他少数族裔学生的保留率比全国平均水平至少高 20%。前面提到的各个课程、提高教师的认识、促进教师与少数族裔学生和女学生之间的互动，以及要求每个大学建立一个支持这一目标的行政办事处或机构，无疑都有助于应对这些挑战（见图 14.1、图 14.2）。

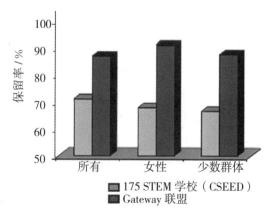

图 14.1　Gateway 联盟前两年学生保留率与全国学生样本的数据比较

注：数据来自学生保留率数据共享联合会在 1999 年收集的全国科学、工程和技术专业的样本（CSRDE），详见 www.occe.ou.edu/csrde。

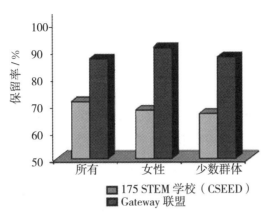

图 14.2　本科前两年的学生保留率比较

联盟在对不同层次教育计划的结果评估的需求和价值的理解上，也发生了重大的文化转变和修正。该计划始于各个团队的一种有条不紊的方法，即说明受众是谁、目标是什么、如何知道目标何时实现、生成这些评估需要什么工具，最后建立一个反馈过程，使教师和领导层能够有价值地利用所获得的信息。评估计划由自上而下和自下至上两种方式相结合。联盟内的所有成员学校都实施了正式的课程和教师评估系统，其中有一些是基于电子化提供的，涉及学生对教师和院系的回应和反馈，以鼓励不断调整和改进。系统首先明确定义了课程目标和每门课程的预期结果，这些内容会在课程开始时提供给学生，并继续提供学生的反馈，表明他们认为这些目标达到了何种程度。为了辅助评估过程，联盟开发了一个辅助工具箱，里面包括一个学系工作簿、一个教师工作簿和一个配套教师库存工作簿。在 20 世纪 90 年代早期，这样的过程在工程教育计划中基本不存在，但在 Gateway 联盟的所有工程院校中则成了一个持续的嵌入过程。联盟开发了一个完整的基于网络的评估计划及工具和其他辅助工具，以帮助明确目标、确定结果和抽样调查工具，这项评估计划和工具可以通过联盟的网络存储库获取。

人们经常问这样一个问题：这些举措的发展和成果是否能够坚持下去？这里引用马基雅维利的一段名言：

我们必须记住，一个新体系的规划非常困难，其管理会充满风险，其成功也容易受到质疑。因为发起者的敌人是所有能从旧制度的保存中获益的人，而新体系的热心捍卫者只能是那些能从新制度中获利的人。

这是一个合理的问题，它的答案是肯定的，但在结果上存在程度的差异。Gateway 联盟的建设是经过慎重考虑的，联盟包括了各种类型的大学，包括大型的研究型院校、无博士授予权的院校、大型的公立院校和私立院校。然而，所有院校对本科工程教育实施变革的意愿是一致的，因此，变革中最重要的是教师和行政领导实施变革的意愿，而并不在于学校的结构或规模如何。联盟的大学成员将这些课程的许多方面（但不一定是所有方面）加以实施，并作为新主流做法的一部分进行制度化，这些内容通过与许多国内外其他大学的广泛交流与合作，得到不断推广和使用。

工程教育事业的新方法和新途径正在被继续发现，例如在建立 E4 改革计划或 Gateway 联盟时期就没有考虑到认知的问题。这些新的方法和途径通常都建立在他人先前工作的基础上。如果你愿意的话，可以关注一下备受推崇的《工程教育杂志》（*Journal of Engineering Education*）、《国际工程教育杂志》（*The International Journal of Engineering Education*）及 ASEE 年会（ASEE Annual Meeting）、国际工程教育联合会年会（The FIE Annual Meeting）、地区性会议（Regional Meetings）及目前国内和国际许多其他会议和研讨会的报告和出版物。工程教育的世界确实在改变，这种改变甚至还包括了工程学院内工程教育系的建设。因此，请思考一下温斯顿·丘吉尔的一句话，尽管这句话是在谈论一个完全不同的主题时引用的——"时间如此之少，要做的事情却如此之多"，因此也许有必要研究一下我们应该走向何处，还有什么事情要去做。

## 第三节　展望未来

对未来的假设可能既有趣又刺激。一些机会和挑战正在不断凸显，而另一些则是需要我们运用工程创造力来进行思考和建立的猜想。工程学院教育环境的变化至少可以从两个角度来预见：一个是工科学生教育过程的变化，另一个是工程学院在大学中更广泛的作用。鉴于技术在普通大众日常生活中的中心地位，工程学院有机会也有义务在全校所有学生而不仅仅是工科学生的教育中发挥更广泛的甚至核心的作用。这是一个凸显技术在社会参与的多方面作用及作为经济引擎价值的机会，这是一个将其纳入全体学生整体教育的重要组成部分的机会，也是一个广大学生群体及我们这个行业让更多人了解技术的机会，后者对 21 世纪的治理和关键决策十分重要。在德雷克塞尔大学，这一过程始于教务长的一项要求，即每个学术单位必须提供一门与其所在领域相关的课程，大学里的所有学生都可以选修该课程，无论学生是什么专业或之前上过哪些课程。一旦有了这样的课程，就可以提供技术在这些应用领域的高级系统概览，比如"娱乐工程导论"这门课就介绍了电气工程在娱乐产业或通信和社交网络中的应用情况。虽然提供服务性课程通常对工程教师来说是一件令人头疼的事，但对于工程学院的某些教师来说，这可能也是一个开发"柔性"课程的绝佳机会。不过，这些课程很快就供不应求，事实证明了这些课程很有意思而且有着很大的需求量。

对于我们自己的工科学生来说，未来几年的教育计划显然正朝着融合更多跨校项目和培养全球视野的方向前进。未来培养学生的全球视野，除了服务于有限学生群体的出国留学项目外，还将推出服务于整个学生群体的项目。同时，有助于提升学生整体体验和兴奋感的重要组成部分将进一步融入教育过程。比较早的一个例子是 Gateway 联盟支持的"全球科技"（Globe Tech）技术管理模拟项目，[6] 该项目主要的学习工具是基于互联网的国际合资企业谈判模拟，项目通过与国际团队交流，使工科学生熟悉影响全球技术决策的真实且十分复杂的政治、经济、社会、金融及技术问题。无论是从全球企业的角度，还是从工科毕业生将与之打交道的全球客户群的角度来看，理解全球化并在全球性环境中工作的需求都将继续增加。此外，与全球互动并行的是文化理解、人际交往技巧与团队合作发展、创业精神、商业或管理敏感性等相关问题，以及 21 世纪的工程师应该具备的许多其他特质。我们可以通过本校的工程教育计划来培养学生的这些能力和特质，但不能只是简单地增加更多的教育计划，而不去找到将这些和其他重要问题纳入基本框架的办法。工程教育界会慢慢出现一种新趋势，即通过创造性地使用新方法和新工具来创造一个有效且高效的教育环境。

　　这些工具大部分将以信息技术和电子通信为基础，而所有工具都将服务于丰富常规学生（而不仅仅是工程师）或普通大众的教育体验。我们可以考虑一下通过远程访问和以视频反馈的形式控制实验设备，最终实现学生在远程操作时得到感官上的直接反馈的可能性。这种远程访问和控制虽然曾在 Gateway 联盟内以某种原始状态进行尝试，但现在通过具有以太网连接的设备就很容易实现了。随着时间的推移，这些技术资源会不断发展，未来还可能通过触觉、压力甚至嗅觉等感官的反馈实现控制。这种远程控制和反馈能力将为工程教育学士学位计划全面运行远程教育功能有效赋能，它允许任何人从世界任何地方进行远程访问，学生不仅可以收获课堂体验和实验室体验，它还允许工程教育系统有机会采用许多以前没有过的新方法。再考虑一下云教室的可能性，当许多参与课程的学生分布在不同的地理位置，他们和教师、课堂主持人及工程实践方面的内容专家都可以在云中访问音频、视频和课程内容。除此之外，还可以考虑一下例如一些以技术为中心的计算机模块，模块中弹出的菜单或下拉菜单可用于更深入地研究技术问题中关于社会、历史或经济等多个主题。通过这种方法，许多人所关心的技术深度得以保留，同时可以将技术同社会经济背景等其他方面联系在一起。这些新出现的专业人员将更好地理解如何通过利用地理位置分散的各种设施，与分布在不同地区的同事团队一起工作。同样重要的是，这种融合和联系将有利于促进学生的心智成熟和更广泛的文化理解。

　　随着高速高带宽网络的出现，更多的人可以享受到越来越多高质量的视频和音频，因此需要考虑这种专业网络存储库所带来的影响，如 MIT 结构化和系统化的开放式课件，或者通过 YouTube 等社交媒体渠道获得的许多非正式资源。这些仅仅是革新的开始。这些形式的资源将影响人们的学习方式、学习地点和学习时间，尤其是当多种形式的资源与远程控制实验的能力相结合之后，将会对工科学生产生很大的影响。技术力量促进本科工程教育课程变得更加灵活的机会得到不断发展，技术基于多种组合方式和途径在有需要的地方发挥作用，并满足学生职业兴趣的拓展。在学生需求的推动下，我们现存的传统学术结构将发生重大变化。我们应该将这视作机会而不是威胁，在这样的前提下思考这样一个情景，假设一个有意愿从事非技术类职业的学生希望了解技术并获得一定的技术素养，那么我们前面提到的技术工具和结构将使之成为可能，而且不会造成不必要的负担。或者举例来说，学生若想要深入学习特定科目背后的科学、工程、社会与历史及伦理的含义，必须通过各个单独的课程来学习，这些课程都有自己的时间框架，而且通常独立于其他课程，这种学习效率低下的方式将让位于对学生和大学都有利的、更加深度融合的整体性体验。对于学生而言，整合不仅是时间效率的问题，也是改善教育体验的问题，在这种体验中，学生能够在情境中学习各个部分的课程内容。如果工程学院建立适当灵活的教育方式，那么学生就会不断寄希望于将工程教育作为通往市场营销、投资银行、商业领导、创业、设计工程、前沿工程研究或许多其他挑战性职业的途径。学生在攻读学士学位的过程中，会想要，也需要多元的教育机会和途径。

有些人认为，一个共同的核心知识体系对本科教育而言至关重要。如果是这样，这个核心必须被定义为一个最小的集合，而不是期望所有学生都追求或需要在数学或物理学上严格达到同样水平。那些为学生提供机会并鼓励他们追求其他方面知识拓展的组合性课程，将会吸引更多的学生，而有许多的教育机构都可以建立这些课程。在这些组合性课程中，有些可能适合那些在工程实践不同方面中正在入门的学生，有些适合那些希望将工科学生习得的定量思维运用到其他非工程职业发展中的学生，而另一些则适合那些寻求工程研究前沿职业发展的学生。我们必须也一定会找到满足这些职业发展道路的方法。总的来说，教育体系需要具备灵活性，能够容纳多种工程职业路径、个体知识兴趣及精通技术的公民，使学生、普通公民和工程专业人员都将从中受益。然而，这将是对工程教育界的一项重大挑战。

# 参考文献

1.  Undergraduate Science, Mathematics and Engineering Education, Report of the National Science Board Task Committee on Undergraduate Science and Engi- neering Education (H.A. Neal, chairman). Washington, DC: National Science Foundation, 1986.

2.  "Quality in Engineering Education." Executive Summary of the Final Report of the ASEE Quality of Engineering Education Project, Engineering Education, vol. 77, no. 1, pp. 16–24, 49–50, Oct 1986.

3.  A National Action Agenda for Engineering Education, Report of the Task Force on a National Action Agenda for Engineering Education (E.E. David, chairman). Washington, DC: ASEE, 1987.

4.  From Analysis to Action: Report of a Convocation, Center for Science, Mathematics, and Engineering Education, National Research Council, Washington, DC, April 9–11, 1995.

5.  J. Bordogna, E. Fromm and E.W. Ernst, "Engineering Education: Innovation through Integration." ASEE Journal of Engineering Education, vol. 82, no. 1, pp. 3–8, Jan 1993.

6.  R. Jacoby, "The Globetech Simulation Project at the Cooper Union." Gateway Engineering Education Coalition, 2010. Available: http://www.gatewaycoalition. org/includes/display_project.aspx?ID=648&maincatid=105&subcatid=1024& thirdcatid=0.

# 作者简介

迪兰·阿佩利安

迪兰·阿佩利安（Diran Apelian）是伍斯特理
工学院的豪梅特（Howmet）工程教授和金属加工
研究所所长。他于 1968 年获得德雷克塞尔大学冶
金工程学士学位，1972 年获得麻省理工学院材料
科学和工程博士学位；在 1976 年加入德雷克塞尔
大学之前，他在伯利恒钢铁公司的荷马研究实验
室工作。在德雷克塞尔大学，他担任过各种职务，
包括教授、材料工程系主任、工程学院副院长

迪兰·阿佩利安

及学校副校长；1990 年 7 月，他加入了伍斯特理工学院，担任学校的教务长；
1996 年，他重返教职，领导金属加工研究所的工作。

阿佩利安凭借在金属加工、铝合金开发、等离子沉积、喷射铸造与成形及
材料回收与循环利用等领域的开创性工作获得了广泛赞誉。他获得了许多国内
外的杰出荣誉和奖项，发表了 500 多项出版物，并在多个技术机构、公司和编
辑委员会任职。2008—2009 年，他担任 TMS 总裁。此外，他还是 TMS、美国
金属协会和美国项目管理协会院士，以及美国国家工程院和亚美尼亚科学院的
成员。

## 丹尼斯·D. 伯基

丹尼斯·D. 伯基

丹尼斯·D. 伯基（Dennis D. Berkey）曾是波士顿大学的终身教职员工和高级管理人员，他在波士顿大学为高等教育领域服务了30年后，于2004年被任命为伍斯特理工学院的校长兼首席执行官。他是一名获奖教师，也是几本数学教科书的作者。他发表了许多应用数学领域的研究成果，并担任过系主任、文理学院院长和大学教务长等行政职务。他拥有的学位都是数学学位，包括1969年获得的马斯京根学院数学学士学位，1971年获得的迈阿密大学数学硕士学位，1974年获得的辛辛那提大学数学博士学位。

伯基积极为伍斯特市和马萨诸塞州提供服务。最近，他在这方面的工作包括负责为伍斯特公立学校寻找校长的人选，在马萨诸塞州新成立的科学、技术、工程与数学（STEM）教育特别工作组中任职，并在马萨诸塞州议会面前表态支持公共教育改革立法提案。在全国性的服务工作方面，他目前主要负责对哈维姆德学院（加利福尼亚州克莱蒙的一所顶级工程学院）进行重新认证的现场考察团的领导工作。

## 柯蒂斯·R. 卡尔森

柯蒂斯·R. 卡尔森

柯蒂斯·R. 卡尔森（Curtis R. Carlson）博士是斯坦福国际研究院（SRI）的总裁兼首席执行官，也是萨诺夫（Sarnoff）公司（SRI位于新泽西州普林斯顿的全资子公司）的董事长，他还是西班牙马德里研究所的名誉主席。他与威廉·威尔莫特（William Wilmot）合著了《创新：创造顾客所想的五大原则》一书，该书于 2006 年由兰登书屋出版，被《商业周刊》评为 2006 年最佳商业书籍之一。

卡尔森获得了 WPI 颁发的物理学学士学位，并入选了"学生名人录"，随后他在罗格斯大学取得了硕士和博士学位。卡尔森出版和发表了许多技术出版物，并在图像质量和计算机视觉领域拥有原始专利。2006 年，卡尔森与罗杰·科恩（Roger Cohen）博士共同获得了信息显示协会（Society for Information Display）颁发的奥托·沙德（Otto Schade Prize）显示性能与图像质量奖。他累计获得了四个荣誉学位。在萨诺夫公司，他发起并协助领导了成为美国标准的高清电视项目，该项目是大联盟（Grand Alliance）计划的一个部分。1997 年，该项目团队以杰出的技术成就获得了艾美（Emmy）奖。2000 年，由卡尔森发起的另一个团队凭借其开发的一个优化卫星广播图像质量的系统也获得了艾美奖。他先后帮助建立了 10 多家新公司。

卡尔森作为一名创新和全球竞争力方面的演说家和思想领袖，受到了广泛的欢迎。他是美国国家创新与创业委员会的成员、新加坡科学咨询委员会的联合主席、世界经济论坛创新领导力理事会的创始成员，并曾在奥巴马总统的研发特别工作组任职。卡尔森还曾在许多公司和政府委员会任职，包括纽昂斯通信（Nuance Communications）、盛赛尔（Sensar Systems）、通用汽车科技咨询委员会、空军科学咨询委员会、海军研究实验室审查小组、美国陆军研究实验室技术评估委员会和生化防御国防科学委员会。

## 戴维·迪比亚西奥

戴维·迪比亚西奥（David DiBiasio）是伍斯特理工学院化学工程副教授和化学工程系主任。他分别于 1972 年、1977 年和 1980 年在普渡大学获得学士、硕士和博士学位。迪比亚西奥曾在田纳西州纳什维尔的杜邦公司工作。1980 年以来，他一直是伍斯特理工学院的教师，从事生物反应器工程研究，他还担任了两个国际会议（生化工程第六次会议和第

戴维·迪比亚西奥

七次会议）的联合主席职务。他目前的兴趣主要在学生学习过程、国际工程教育和教育评估等教育研究领域。他与别人合作开发了伍斯特理工学院一个新的基于项目的螺旋式课程，该课程面向化学工程专业的大二学生，并获得了 2001 年化学工程教育威廉·柯克兰奖（William Corcoran Award）。他曾在 2004 年担任 ASEE 的化学工程部主席，是 ABET 的课程计划评估员，并在 ABET 的美国化学工程师协会教育与认证委员会任职。他还曾担任伍斯特理工学院跨学科与全球研究部的评估协调员，也是该校华盛顿特区项目中心的主任。最近，他被选为美国化学工程师协会新成立的教育部门的秘书和财务主管，并于 2009 年被授予 ASEE 院士的头衔。

## 迈克尔·J. 多兰

迈克尔·J. 多兰（Michael J. Dolan）是得克萨斯州欧文市埃克森美孚公司的高级副总裁。多兰先生于 1980 年加入美孚石油公司，在之后的 13 年里，他在支持美孚全球炼油厂的各种工程和管理岗位上工作。1993 年，他加入了位于得克萨斯州休斯敦的美孚全球石化部门。多兰先生在 1998 年成为美洲石化公司副总裁兼总经理之前，曾在芳烃、烯烃和聚乙烯业务中担任多种战略规划和业务管理职务。

迈克尔·J. 多兰

在埃克森美孚公司和美孚石油公司合并后，2000 年，多兰先生成为位于比利时布鲁塞尔的埃克森美孚化工公司中东和非洲地区总监。2001 年，他来到沙特阿拉伯，在那里担任埃克森美孚沙特阿拉伯公司的执行副总裁。2003 年，他回到美国，担任位于弗吉尼亚州费尔法克斯的埃克森美孚炼油与供应公司总裁的副手。从 2004 年 9 月起，他担任埃克森美孚化工公司总裁和埃克森美孚公司副总裁，直到 2008 年 4 月被任命为公司的高级副总裁。多兰先生是美国—沙特阿拉伯贸易理事会、美中贸易理事会的成员，还是美国石油协会的前主任。他是马萨诸塞州伍斯特理工学院董事会成员，并担任过美国化学委员会、化学工业协会和美国童子军萨姆·休斯敦地区理事会的主任。

多兰先生是马萨诸塞州人，他获得了伍斯特理工学院化学工程学士学位和宾夕法尼亚州德雷克塞尔大学的工商管理硕士学位。

## 埃利·弗洛姆

埃利·弗洛姆（Eli Fromm）是罗伊兄弟大学的教授、电子与计算机工程教授、教育研究中心主任及宾夕法尼亚州德雷克塞尔大学工程学院负责大一新生课程的副院长。他于1967年加入德雷克塞尔大学，担任过教师和学术领导职务，包括负责教育研究的副校长、负责研究与研究生学习的副教务长、工程学

埃利·弗洛姆

院代理院长、生物科学系代理系主任。多年来，他一直致力于教育领导和工程教育改革运动的活动，包括担任德雷克塞尔大学 E4 项目的首席研究员和多所大学参与的 Gateway 工程教育联盟的首席研究员。最近，他将注意力转向将工程发展为 K-12 社区中数学和科学教育的情境化工具，以努力影响未来技术劳动力的发展。

他是美国国家工程院院士、电气与电子工程师协会院士、美国医学与生物工程学会的特许院士、美国工程教育学会院士和国际工程联合会院士。鉴于其对工程和技术教育做出的重大贡献，他成为美国国家工程院伯纳德·戈登奖的首位获得者。他还获得过许多来自电气与电子工程师协会、美国工程教育学会、史密森学会、德雷克塞尔大学、托马斯·杰弗逊大学等组织颁发的其他奖项和荣誉。弗洛姆博士于1962年获得德雷克塞尔大学电气工程学士学位，1964年获得工程硕士学位，1967年在宾夕法尼亚州的杰斐逊医学院获得生物工程与生理学博士学位。

## 尼古拉斯·A. 加索尼

尼古拉斯·A. 加索尼

尼古拉斯·A. 加索尼（Nikolaos A. Gatsonis）1983 年在希腊塞萨洛尼基亚里士多德大学获得物理学学士学位，1996 年在密歇根大学获得大气科学硕士学位，1987 年、1991 年在麻省理工学院航空航天系分别获得硕士学位和博士学位。1991 年至 1993 年，他在约翰·霍普金斯大学应用物理实验室航天系开展博士后研究工作。1994 年，他加入了伍斯特理工学院的机械工程系，目前是机械工程系的一名教授。他在 2007 年至 2010 年担任机械工程系副主任，并且是伍斯特理工学院航空航天工程本科生课程的创始负责人。

加索尼的研究兴趣在于气体和等离子体流动建模、模拟和实验。他撰写和合著了 80 多篇期刊论文和会议论文，指导了超过 25 位博士后、博士生和硕士生。他拥有广泛的工业合作履历，并多次获得 STTR 和 SBIR 奖提供的研究支持。

他是《AIAA 宇宙飞船和火箭》杂志的副主编（2003—2006 年），曾在 AIAA 电力推进技术委员会（1998—2003 年）和 AIAA 空间科学技术委员会（1992—1996 年）任职。目前，他是美国国家科学院空间生物与物理科学十年调查指导委员会（2009—2010 年）的成员。他是伍斯特理工学院杰出研究与创造性学术理事奖（2004 年）的获得者，也是乔治·奥尔登（George Alden）工程教授（2007—2010 年）。

## 迈克尔·A. 根纳特

迈 克 尔·A. 根 纳 特（Michael A. Gennert）是伍斯特理工学院计算机科学系主任和机器人工程课程计划主任，也是计算机科学副教授、电子与计算机工程副教授。他于 1980 年获得麻省理工学院计算机科学理学学士学位、电气工程学士学位和电气工程硕士学位，并于 1987 年获得电气工程学博士学位。

迈克尔·A. 根纳特

他曾在马萨诸塞大学医学中心、加州大学河滨分校、通用电气军械系统公司、马萨诸塞州皮茨菲尔德和纽约州新哈特福德市的 PAR 技术公司工作。

根纳特博士的研究涵盖计算机视觉、图像处理、科学数据库和编程语言，正在进行的项目涉及生物医学图像处理、机器人技术及立体视觉和运动视觉等。他撰写和合著了 100 多篇论文，曾带领一个教师团队创建了伍斯特理工学院机器人工程学士学位计划，这是美国第一个机器人本科学位计划。他是美国工程教育协会电气与电子工程师协会、美国工程教育学会、美国科学家研究荣誉学会、国际计算机科学荣誉协会、国防工业协会机器人部、马萨诸塞州技术领导委员会机器人组团的成员，也是计算机械协会的高级成员。

## 亚瑟·C. 海因里希

亚 瑟·C. 海 因 里 希（Arthur C. Heinricher）于 1992 年加入伍斯特理工学院的数学科学系，2007 年至 2009 年担任一年级课程工作的副院长，并于 2008 年 11 月成为学校本科生院院长，他的主要职责是开发学校的重大问题研

亚瑟·C. 海因里希

讨课，让大一学生参与和当前全球重要问题紧密相关的跨学科项目。

海因里希获得了密苏里大学圣路易斯分校的应用数学学士学位和卡内基梅隆大学的数学博士学位。作为伍斯特理工学院数学科学系的一员，他帮助建立了工业数学与统计中心，并担任中心主任。作为一名项目顾问，他已经和100多名本科生一起致力于30多个与商业和工业相关的不同数学项目。1998—2007年，他协助组织了面向工业数学与统计学本科生的伍斯特理工研究体验。海因里希为高中教师合作组织了伍斯特理工学院的"面向高中教师：工业研究所中的数学"活动，帮助教师开发高中生可以参与的工业数学项目。他还与波士顿大学、马萨诸塞大学洛厄尔分校以及教育发展中心的数学家合作，为波士顿地区的5个学区开发了数学研究博览会课程，超过8000名中学生在课程的前5年完成了一个数学研究项目。

## 弗雷德·J. 洛夫特

弗雷德·J. 洛夫特

弗雷德·J. 洛夫特（Fred J. Looft）是伍斯特理工学院电子与计算机工程系的教授和负责人。他在密歇根大学安娜堡分校获得了电气工程学士、硕士和博士学位。1979年毕业后，他接受了位于马萨诸塞州安多弗的贝尔实验室的工作。随后，他成为一名伍斯特理工学院电气工程（现在的电子与计算机工程）教师，过去的30年里他一直在那里教学。洛夫特教授一直积极为校内和校外的大三和大四学生项目提供指导。特别是他曾在华盛顿特区、英国伦敦、意大利威尼斯、波多黎各圣胡安、纳米比亚温得和克、丹麦哥本哈根为大三的学生项目进行指导。同样，1998—2006年，作为伍斯特理工学院戈达德太空飞行中心（Goddard Space Flight Center）项目计划的一部分，他为近250名学生提供了指导。最近，他还参与了学校的重要项目指导工作和新的机器人工程课程计划的开发工作。洛夫特教授的专业兴趣包括计算机体系结构与设计、研究生系统工程课程中的毕业设计项目，以及本科生项目式教育和学习的各个方面。

## 娜塔莉·A. 梅洛

娜塔莉·A. 梅洛（Natalie A. Mello）是伍斯特理工学院跨学科与全球研究部的全球运营主管。她负责监督学校"全球视野计划"的所有行政和管理事务，包括招生、风险管理、健康与安全问题、参与者取向以及教师发展与培训。这些项目分布在美国、欧洲、拉丁美洲、东南亚、非洲和南太平洋，每年都吸

娜塔莉·A. 梅洛

引了 600 多人参与。当学生们在意大利威尼斯，圣何塞、哥斯达黎加和华盛顿特区完成获取学位所要求的项目时，梅洛同时还会担任学生的现场顾问。她拥有康涅狄格大学的艺术学士学位、英语（作为第二语言）教学的研究生证书和克拉克大学的文科硕士学位。

梅洛参与了国外专业组织的教育工作，特别是在风险管理领域，她为学生的校外体验开发了已得到认可的负责任的风险管理模式。2010 年 5 月，她被授予了 NAFSA 国际教育工作者协会莉莉·冯·克伦佩雷尔奖（Lily von Klemperer Award）。2010 年 11 月，梅洛获得了 NAFSA 国际教育工作者协会第十一届莎莉·M. 海姆奖（Sally M. Heym），该奖项旨在表彰在国际教育领域做出杰出贡献的专业人士。

## 斯维特拉娜·尼基蒂娜

斯维特拉娜·尼基蒂娜（Svetlana Nikitina）是伍斯特理工学院人文艺术系的英语助理教授。她的专业兴趣集中在三个主要领域，分别是多媒体时代出现的新的叙事形式，比较与环境文学及跨

斯维特拉娜·尼基蒂娜

学科教学法。她教授各种各样的写作和文学课程，从《写作要素》到《现代小说中的伦理问题》和《美国文学与环境》。她与迪兰·阿佩利安共同教授"重大挑战：21世纪的可持续发展"研讨课，并从一开始就参与了学校大一体验课程的开发。在教学过程中，她利用不同的学科知识，在认识论和文化之间进行广泛的类比，这些内容提出了道德选择、人类、环境和技术的关系等重要问题。

在来到伍斯特理工学院之前，尼基蒂娜曾是一名高级研究员，在哈佛教育研究生院开展的全国跨学科教育研究项目中，负责评估大学和专业水平的跨学科课程和学习经历。她在莫斯科大学获得了比较文学博士学位，并在哈佛大学获得了人类发展与心理学教育博士学位。她是现代语言协会（Modern Language Association）、整合性学习协会（Association for Integrative Studies）、美国斯拉夫语研究促进协会（American Association for the Advancement of Slavic Studies）、文学与环境研究协会（Association for the Study of Literature and the Environment）成员，也是俄罗斯偶像博物馆（Museum of Russian Icons）理事。

## 凯西·A. 诺塔里亚尼

凯西·A. 诺塔里亚尼

凯西·A. 诺塔里亚尼（Kathy A. Notarianni）是伍斯特理工学院消防工程系主任。她是一名有执照的职业工程师，拥有包括卡内基梅隆大学博士学位在内的四个工程学位。她极大地加强了美国国家消防规范的建设，并被选为所在专业协会的研究员。在加入伍斯特理工学院之前，诺塔里亚尼在位于马里兰州盖瑟斯堡的国家标准与技术研究所（NIST）的一个综合性能评估与风险技术项目中管理着一批科学家和工程师。在国际舞台上，诺塔里亚尼博士是众所周知的人物，英国、瑞典、冰岛和日本在内的十几个国家曾邀请她进行演讲或开展研究。

除了学术和专业领域的工作，诺塔里亚尼还将大量时间投入为他人服务的工作上。美国国家工程院在"工程师女孩"计划中对诺塔里亚尼的形象进行了重点打造，该计划通过对成功女工程师进行剖析，为高中女生提供了探索工程职业的机会。诺塔里亚尼为初中女生和高中女生举办了研讨会和座谈会，通过实践活动向她们介绍了工程专业。在当地社区，她领导了一支女童子军队伍并教授电荷耦合器件的知识。她还在自己家里举办了许多筹款活动，为伍斯特食品银行提供了数以万计的食物。

## 约翰·A. 奥尔

约翰·A.奥尔（John A. Orr）是伍斯特理工学院电子与计算机工程系教授。他曾在 2007 年至 2010 年间担任伍斯特理工学院的教务长，在此之前，他还担任过本科生院院长。依托这些角色，奥尔博士参与了伍斯特理工学院本科生和研究生活动大幅增长的工作中，在此期间，学校增加了包括机器人工程和学习科学等具有创新性的本科生和研究生专业。

约翰·A. 奥尔

奥尔博士于 1977 年加入伍斯特理工学院，并于 1988 年至 2003 年间担任电子与计算机工程系主任。他在伊利诺伊大学厄巴纳—香槟分校获得了电气工程学士学位和博士学位，在斯坦福大学获得电气工程硕士学位，并在新泽西州霍姆德尔的贝尔实验室开始了他的职业生涯。在伍斯特理工学院，奥尔博士的研究兴趣跨越了数字信号处理的多个领域，他最近开展的工作主要是定位系统领域及室内环境中的精确人员跟踪。他创作了许多出版物，并取得了一项关于高度多径环境中优化定位算法的专利。

他的另一个专业兴趣是工程教育，并在该领域领导了几个创新课程的开发，包括沉浸式的大一工程"重大问题"体验课程和研究生的跨学科计算机网络课程。此外，他曾担任电子与计算机工程系主任协会的主席，也曾是工程荣誉协会（Eta Kappa Nu）理事会和 IEC 董事会的成员、ABET 工程技术评审委员会的成员以及电气与电子工程师协会和美国工程教育学会的院士。

## 荣凯文

荣易明（荣凯文）

荣凯文（Yiming/Kebin Rong）是伍斯特理工学院的约翰·希金斯（John Higgins）机械工程教授、担任学校的制造与材料工程课程计划副主任和计算机辅助制造实验室（CAM Lab）主任职务，他同时是机器人技术学士学位计划的协调人和伍斯特理工学院—中国大四项目中心交流项目的负责人。

荣博士于 1981 年获得哈尔滨工业大学机械工程学士学位，1984 年获得清华大学制造工程硕士学位，1987 年获得威斯康星大学麦迪逊分校工业工程硕士学位，1989 年获得肯塔基大学机械工程博士学位。在 1998 年加入伍斯特理工学院之前，荣博士在卡本代尔的南伊利诺伊斯大学从事了 8 年的教职工作。

荣博士的研究领域是计算机辅助制造，包括制造系统、加工和热处理工艺，以及计算机辅助夹具设计（CAFD），其中，其 CAFD 的研究得到了国内外的广泛认可。他是许多研究项目的学术带头人，这些项目分别由美国国家科学基金会、美国能源部、美国空军、美国机械工程师协会和几家主要的制造公司资助。荣博士是美国机械工程师协会的研究员，同时也是机械工程师协会、美国金属协会和美国工程教育学会的成员，他出版了两本关于 CAFD 的书籍，并在期刊和会议上发表了许多技术论文。

## 杰罗姆·杰瑞·J. 舒菲尔德

杰罗姆·杰瑞·J. 舒菲尔德（Jerome/Jerry J. Schaufeld）先生在创业、运营和技术公司的综合管理方面拥有丰富的经验，他目前是伍斯特理工学院的创业学教授、波士顿儿童医院的商业化顾问和克恩（Kern）基金会资助项目（该项目旨在开发创新创业和技术商业化领域的课程）的合伙人。他还是瑞士政府创业领域的顾问，与一位瑞士同事合作撰写了一篇关于创新创业的文章。他担任过 RI Slater 基金的董事、Mass Ventures 的前任总裁和首席执行官，曾在几家初创公司有"实操"工作记录，具体的工作范围覆盖了从职能类岗位到董事会级别的顾问岗位等角色。

杰罗姆（杰瑞）·J. 舒菲尔德

舒菲尔德先生是韦尔斯利发射台天使小组的成员，也是罗德岛切里斯通天使基金的联合创始人。此外，他还是国家天使资本协会（ACA）的特许会员，也是区域性天使 ACA 集团的创始人/参与者。舒菲尔德先生是麻省理工学院企业论坛的创始人和首任主席，该论坛旨在为面向全球范围拓展的初创公司提供资源。他还创立了 Incus 集团，这是一个 CEO 级别的业务收购和资源组织。

舒菲尔德先生拥有工程硕士学位、麻省理工学院的研究经历、工商管理硕士学位、职业工程师执照（MA）及专业委员会主任证书，因此他有着出众的技术和运营管理经验。他目前的兴趣和研究领域包括提高初创阶段的成功率、创新、技术型企业。这种兴趣始于他还是麻省理工学院斯隆管理学院（MIT Sloan School）的一名特殊学生的时候，当时他的研究聚焦于研发管理、技术转让和创业。

## 理查德·D. 西森

理查德·D. 西森（Richard D. Sisson JR.）是伍斯特理工学院研究生院的现任院长、机械工程教授、制造与材料工程系主任。他于 1969 年获得弗吉尼亚理工学院冶金工程学士学位，1971 年获得普渡大学冶金工程硕士学位，1975 年获得普渡大学材料科学与工程博士学位。西森博士的教学和研究主要聚焦热力学和动力学在金属与陶瓷

理查德·D. 西森

材料的加工和降解方面的应用。他撰写了200多本出版物和180多份技术报告，主题涵盖了钢和铝合金的热处理与淬火、纳米晶陶瓷的合成、高强度钢的氢脆以及材料加工中的环境问题。

西森在1993年成为美国金属协会院士，2002年成为ASM太平洋国际理事。2007—2009年，他担任热处理协会主席。1987年，西森博士获得了伍斯特理工学院理事会年度最佳教师奖。2006年，他进入弗吉尼亚理工大学工程学院，并于2007年被授予首届伍斯特理工学院主席模范教师奖（Chairman's Exemplary Faculty Prize）。

## 戴维·斯潘纳格尔

戴维·斯潘纳格尔

戴维·斯潘纳格尔（David Spanagel）是伍斯特理工学院人文艺术系的历史助理教授。他于2005年进入伍斯特理工学院担任兼职教授，并一直积极参与课程改革。他不仅彻底改革和更新了人文艺术系提供的科学技术史课程，而且开创了教授探究式研讨课毕业设计经验的新方法，以满足新的人文和艺术要求，并为新的大一体验目标共同开发了历时最长的重大问题研讨课。

在获得科学史博士学位后，斯潘纳格尔在麻省理工学院、爱默生学院和哈佛大学从事了一系列全职的教学工作。他是美国历史协会、美国科学史论坛、地球科学史学会、科学史学会和早期美国共和国历史学会的成员。斯潘纳格尔于1983年获得奥伯林学院的数学学士学位和美国研究文学学士学位，1984年获得罗切斯特大学教育学硕士学位，1996年获得哈佛大学科学史博士学位。

## 格雷塔尔·特里格瓦森

格雷塔尔·特里格瓦森（Grétar Tryggvason）是圣母大学航空航天与机械工程教授。1985 年，他获得了布朗大学的博士学位，并在密歇根大学安娜堡分校任教，直到 2000 年才转岗到伍斯特理工学院担任机械工程系主任，并在 2010 年回到圣母大学工作。特里格瓦森教授因其对计算流体力学的贡献而闻名，特别是他发展了多相流动方法和对这种流动的直接数值模拟。他发表了 100 多篇期刊论文，做了大量的应邀演讲，并指导了 20 多名博士生的研究工作。

格雷塔尔·特里格瓦森

他的研究得到了许多联邦机构和公司的资助，他还是美国物理学会和机械工程师协会的研究员，也是《计算物理学》杂志的主编。

## 理查德·F. 瓦兹

理查德·F. 瓦兹（Richard F.Vaz）拥有伍斯特理工学院的电气工程博士学位，专攻信号分析和机器视觉。在 1987 年加入伍斯特理工学院电子与计算机工程系之前，他曾在雷神公司、GenRad 公司和 MITRE 公司的系统与设计工程岗位任职。

瓦兹目前是伍斯特理工学院跨学科与全球研究部主任，主要负责对学校在全球 26 个项目中心构成的全球网络和一个聚焦地方与区域可持续性的学术

理查德·F. 瓦兹

单位的监督工作。他的教学和研究兴趣包括服务和体验学习、工程设计和适当技术以及国际化工程教育。他在美洲、非洲、澳大利亚和亚洲开发和建议了数百个学生研究项目。

瓦兹在同行评议研讨会上发表了 40 多篇论文，并获得了多项教学和咨询奖

项，包括伍斯特理工学院理事奖（WPI Trustees' Awards），以表彰其杰出的教学与咨询成就。自 2004 年以来，他一直担任美国国家高等院校协会的高级科学研究员。

## 查尔斯·M. 维斯特

查尔斯·M. 维斯特

查尔斯 M.·维斯特（Charles M. Vest）是美国国家工程院院长、麻省理工学院名誉院长、麻省理工学院机械工程教授，曾在密歇根大学任教。1994 年至 2008 年，他在美国总统科学技术顾问委员会任职，担任美国空间站再设计项目总统委员会以及能源部未来科学特别工作组的组长。他是美国大规模杀伤性武器情报能力委员会的成员，也是高等教育未来教育委员会的部长。此外，他曾连续 7 年担任美国竞争力委员会副主席，任职于杜邦和 IBM 的董事会，并被授予 2006 年国家技术奖章。他还编写了一本关于全像干涉测量学和两本关于高等教育的书籍。他的整个职业生涯所关注的主题涵盖了美国工程师队伍的质量和多样性，美国高等教育的持续卓越，对人员、教育和思想流动的全球开放，大学—政府—产业的伙伴关系以及美国的创新能力。

## 克里斯汀·沃伯

克里斯汀·沃伯

克里斯汀·沃伯（Kristin Wobbe）是伍斯特理工学院的约翰·梅茨格（John C. Metzger）副教授，化学与生物化学教授，化学与生物化学系主任和一年级课程副院长。1995 年至今，她一直在伍斯特理工学院任教。

她的研究最初集中在病原体与其宿主生物体间的相互作用上，致力于研究病原体逃避宿主防御机制的策略。她还参与了以植物为基础的青蒿素生产研究（青蒿素是一种短缺的有效抗疟药物）。她是本科教育创新青年教师奖的获得者，也是重大问题研讨课的课程创始导师。沃伯博士拥有圣奥拉夫学院的化学学士学位、博士学位及哈佛大学生物化学博士学位。此外，她还获得了美国国家科学基金会的植物分子生物学研究资助，继而开始了在哈佛大学医学院和罗格斯大学的博士后经历。